附注：

1 巴勒斯坦地区的地区界系1947年11月联合国安理会决议所规定的"犹太国"（以色列）疆域。

2 玻利维亚法定首都苏克雷，拉巴斯为议会、政府所在地。

序号图说明注记：

1 黑山
2 克罗地亚
3 斯洛文尼亚
4 波斯尼亚和黑塞哥维那
5 马其顿
6 阿拉伯河
7 圣基茨和尼维斯
8 圣文森特和格林纳丁斯
9 荷属安的列斯
10 爱沙尼亚
11 拉脱维亚
12 俄罗斯
13 荷兰
14 比利时
15 卢森堡
16 梵蒂冈
17 圣马力诺
18 列支敦士登
19 亚美尼亚
20 阿塞拜疆
21 黎巴嫩
22 阿拉伯联合酋长国
23 卡塔尔
24 斯洛伐克
25 塞尔维亚

四季旅行

每到秋天，密歇根下半岛奥塞布尔河河畔的森林就会变得色彩缤纷。

NATIONAL GEOGRAPHIC

四季旅行

全球最美的400个旅行目的地

美国国家地理学会 编著　田彩霞 净源 译

中国摄影出版社
China Photographic Publishing House

在普罗旺斯，瓦朗索平原的薰衣草和向日葵沐浴在夏日灿烂的阳光中。瓦朗索来自于拉丁文，意思是“太阳之谷”。

目 录

加拿大惠斯勒的七重天滑雪场名不虚传，是极为壮观的冬季滑雪胜地。

序言

由安德鲁·伊万斯撰写，他是《国家地理旅行者》杂志特约编辑，也是一名“数字游民”。

在12月的下旬，大概没有比圣彼得堡更冷的地方了。每呼吸一下，都能感觉到寒冷像刀一样滑过肺部，我的胸口在零下几十度的空气里隐隐作痛。色彩淡雅柔和的公寓就像一块块小方蛋糕，整齐地排列在结冰的莫伊卡河河畔，冬季的莫伊卡河完全凝结成了一片坚固的白冰，将宏伟的圣彼得堡镶嵌其中。

我最多在大街上待2分钟，就会冻得受不了。为了取暖，我随意进入路边的一家茶馆，喝茶的人们即使在室内也都穿着大衣，啜饮着杯中从俄式茶壶里斟满的浓烈的黑色混合茶。“6月再来这里吧，”脸颊红扑扑的女服务员对我说，“6月有白昼节。”她描述着阳光灿烂的悠长夏日，而此刻，我却很乐于去了解白昼很短的俄罗斯冬日，在这个季节，俄罗斯干净又安静。

冬季是我最爱的季节，直到春天来临，五颜六色的郁金香开满荷兰的大地。在美好的春天，我可以放松在弗吉尼亚西部拍摄惊险刺激的少年漂流而紧绷的神经，或者回到我年轻时生活过的法国南部，吉普赛人汇聚在圣玛丽海滩，举行热闹的庆祝游行活动，将圣莎拉雕像抬入蔚蓝的地中海。

伴随着夏天的来临，各种各样的庆祝活动精彩纷呈，有热闹的地方集市、街头狂欢，有星光璀璨的暖夜，有在森林里闲逛的黑熊。然而，就在我内心几乎开始觉得夏天其实也是我最爱的季节时，秋天却不声不响地靠近了，带着一抹红色和硕果累累的葡萄园。

在时间和空间完美交汇的时刻，旅行赋予我们一本兼收并蓄的日历，容纳各种变换的情绪。那些四处游走的人们注定会邂逅四季的壮丽和美好，无论是受惊的斑马群奔跑时扬起的尘埃，还是夏日南极波光粼粼的蓝色冰山。

本书带着你在最美的季节探索最美的地方，去发现那时空交错的美好：有肯尼亚成千上万的粉色火烈鸟聚集在一起，有波利尼西亚的香草散发出甜蜜的香味，有挪威的极光亮起，有印度盛大的雨季婚宴拉开序幕，有威尼斯戴上神秘的面具。本书围绕一年四季探索全球各地，告诉每一位读者：旅行不仅仅与目的地有关，更与季节有关。

当时间和地点汇聚成完美的时刻，旅行给我们提供了一张改变心情的日历。

第一章：春季 (pp. 10 – 77)

1. 加利福尼亚州，圣胡安-卡皮斯特拉诺(p. 12)
2. 爱达荷州，月表地形火山坑 (p. 13)
3. 北达科他州，西奥多・罗斯福国家公园(p. 14)
4. 田纳西州，纳什维尔 (p. 15)
5. 印第安纳州，印第安纳波利斯 (pp. 16 – 17)
6. 田纳西州，孟菲斯 (p. 18)
7. 路易斯安那州，新奥尔良 (p. 19)
8. 德克萨斯州，库尔市 (pp. 20 – 21)
9. 美国，佛蒙特州 (p. 22)
10. 美国，西弗吉尼亚州 (p. 23)
11. 美国，弗吉尼亚州 (p. 24)
12. 佐治亚州，奥古斯塔 (p. 25)
13. 田纳西州／北卡罗来纳州，大烟山国家公园 (pp. 26 – 27)
14. 加勒比海地区，波多黎各(p. 28)
15. 加勒比海地区，圣卢西亚 (p. 29)
16. 加勒比海地区，安提瓜岛 (p. 30)
17. 尼加拉瓜，莱昂 (p. 31)
18. 墨西哥，特奥蒂瓦坎 (p. 34)
19. 南美，厄瓜多尔(p. 35)
20. 中美洲，危地马拉高地(pp. 36 – 37)
21. 爱尔兰，都柏林 (p. 38)
22. 苏格兰，洛蒙德湖 (p. 39)
23. 荷兰，阿姆斯特丹 (p. 42)
24. 荷兰，席凡宁根 (p. 43)
25. 丹麦，瓦登海国家公园 (p. 44)
26. 摩纳哥，蒙特卡罗 (p. 45)
27. 法国，巴黎 (pp. 46 – 49)
28. 法国，圣玛丽 (pp. 52 – 53)
29. 意大利，科莫湖(pp. 54 – 57)
30. 西班牙，赫罗纳 (pp. 58 – 59)
31. 西班牙，塞维利亚 (p. 60)
32. 罗马尼亚，多瑙河三角洲 (p. 61)
33. 土耳其，伊斯坦布尔 (pp. 62 – 63)
34. 埃及，圣凯瑟琳修道院 (pp. 64 – 65)
35. 摩洛哥，菲斯 (p. 66)
36. 摩洛哥，阿特拉斯山 (p. 67)
37. 赞比亚/津巴布韦，维多利亚瀑布(p. 70)
38. 缅甸，仰光(p. 71)
39. 印度，斋浦尔 (pp. 72 – 73)
40. 乌克兰，基辅 (pp. 74 – 75)
41. 日本，大阪和东京 (p. 76)
42. 亚洲，日本(p. 77)

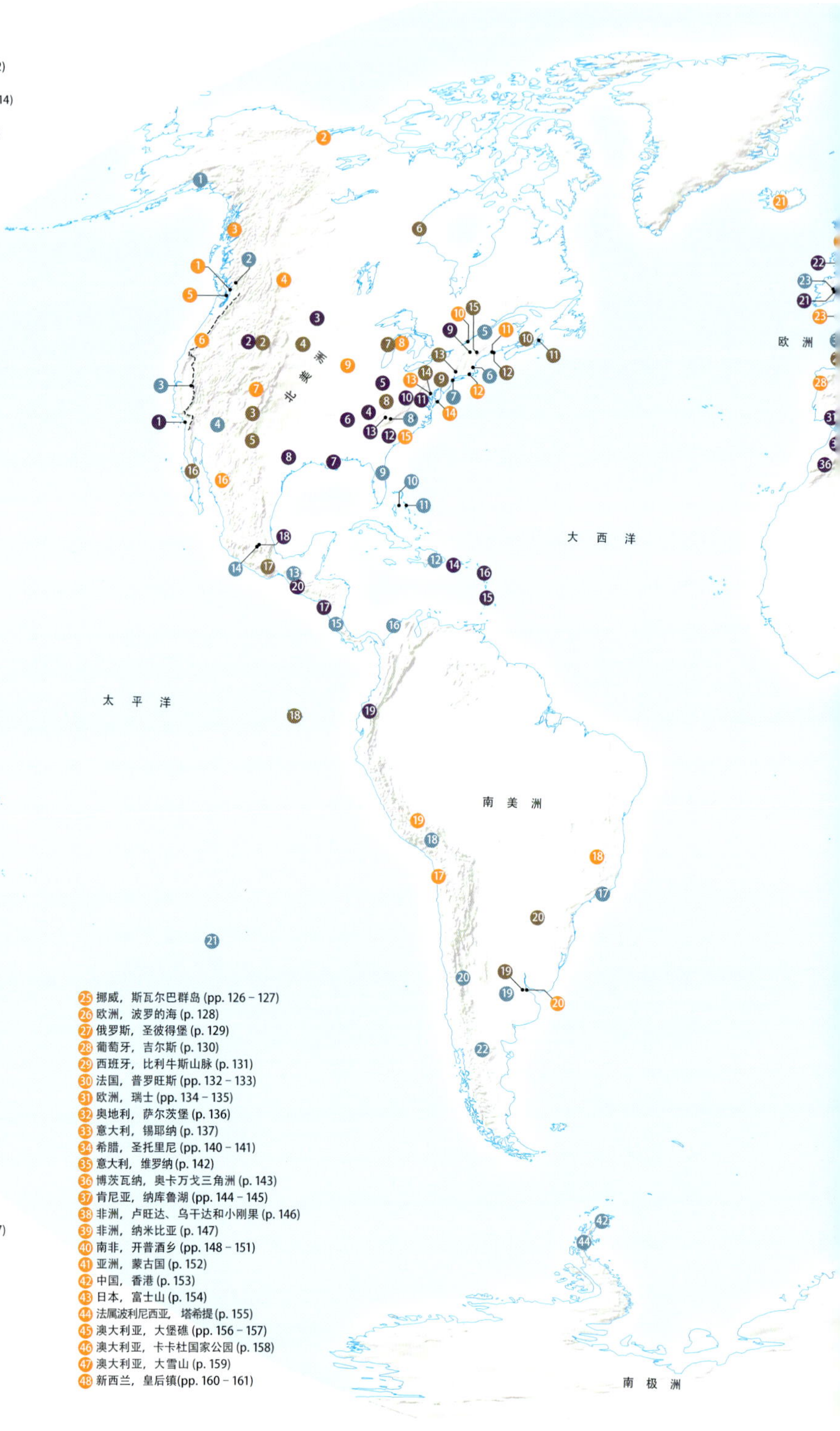

第二章：夏季(pp. 78 – 161)

1. 加拿大，温哥华(p. 80)
2. 加拿大，伊努维克 (p. 81)
3. 美国，阿拉斯加 (pp. 82 – 85)
4. 加拿大，卡尔加里 (p. 88)
5. 华盛顿州，圣胡安岛(pp. 89 – 91)
6. 加利福尼亚州/俄勒冈州/华盛顿州太平洋屋脊步道 (pp. 92 – 93)
7. 科罗拉多州，特柳赖德 (p. 94)
8. 密歇根州，特拉弗斯城 (p. 95)
9. 爱荷华州，得梅因 (p. 98)
10. 加拿大，蒙特利尔 (p. 99)
11. 缅因州，蓝山 (pp. 100 – 101)
12. 罗德岛，新港 (p. 102)
13. 美国，华盛顿特区(p. 103)
14. 弗吉尼亚州，钦科蒂格 (pp. 106 – 107)
15. 南卡罗来纳州，帕利斯岛 (p. 108)
16. 墨西哥，铜峡谷 (p. 109)
17. 智利，拉地拉那 (p. 110)
18. 巴西，迪亚曼蒂那国家公园 (p. 111)
19. 秘鲁，萨克塞华曼 (pp. 112 – 113)
20. 阿根廷，布宜诺斯艾利斯 (p. 114)
21. 欧洲，冰岛(p. 115)
22. 苏格兰，爱丁堡 (pp. 118 – 121)
23. 英格兰，康沃尔海滩 (p. 124)
24. 瑞典，哥得兰岛 (p. 125)
25. 挪威，斯瓦尔巴群岛 (pp. 126 – 127)
26. 欧洲，波罗的海 (p. 128)
27. 俄罗斯，圣彼得堡 (p. 129)
28. 葡萄牙，吉尔斯 (p. 130)
29. 西班牙，比利牛斯山脉 (p. 131)
30. 法国，普罗旺斯 (pp. 132 – 133)
31. 欧洲，瑞士 (pp. 134 – 135)
32. 奥地利，萨尔茨堡 (p. 136)
33. 意大利，锡耶纳 (p. 137)
34. 希腊，圣托里尼 (pp. 140 – 141)
35. 意大利，维罗纳 (p. 142)
36. 博茨瓦纳，奥卡万戈三角洲 (p. 143)
37. 肯尼亚，纳库鲁湖 (pp. 144 – 145)
38. 非洲，卢旺达、乌干达和小刚果 (p. 146)
39. 非洲，纳米比亚 (p. 147)
40. 南非，开普酒乡 (pp. 148 – 151)
41. 亚洲，蒙古国 (p. 152)
42. 中国，香港 (p. 153)
43. 日本，富士山 (p. 154)
44. 法属波利尼西亚，塔希提(p. 155)
45. 澳大利亚，大堡礁 (pp. 156 – 157)
46. 澳大利亚，卡卡杜国家公园 (p. 158)
47. 澳大利亚，大雪山 (p. 159)
48. 新西兰，皇后镇(pp. 160 – 161)

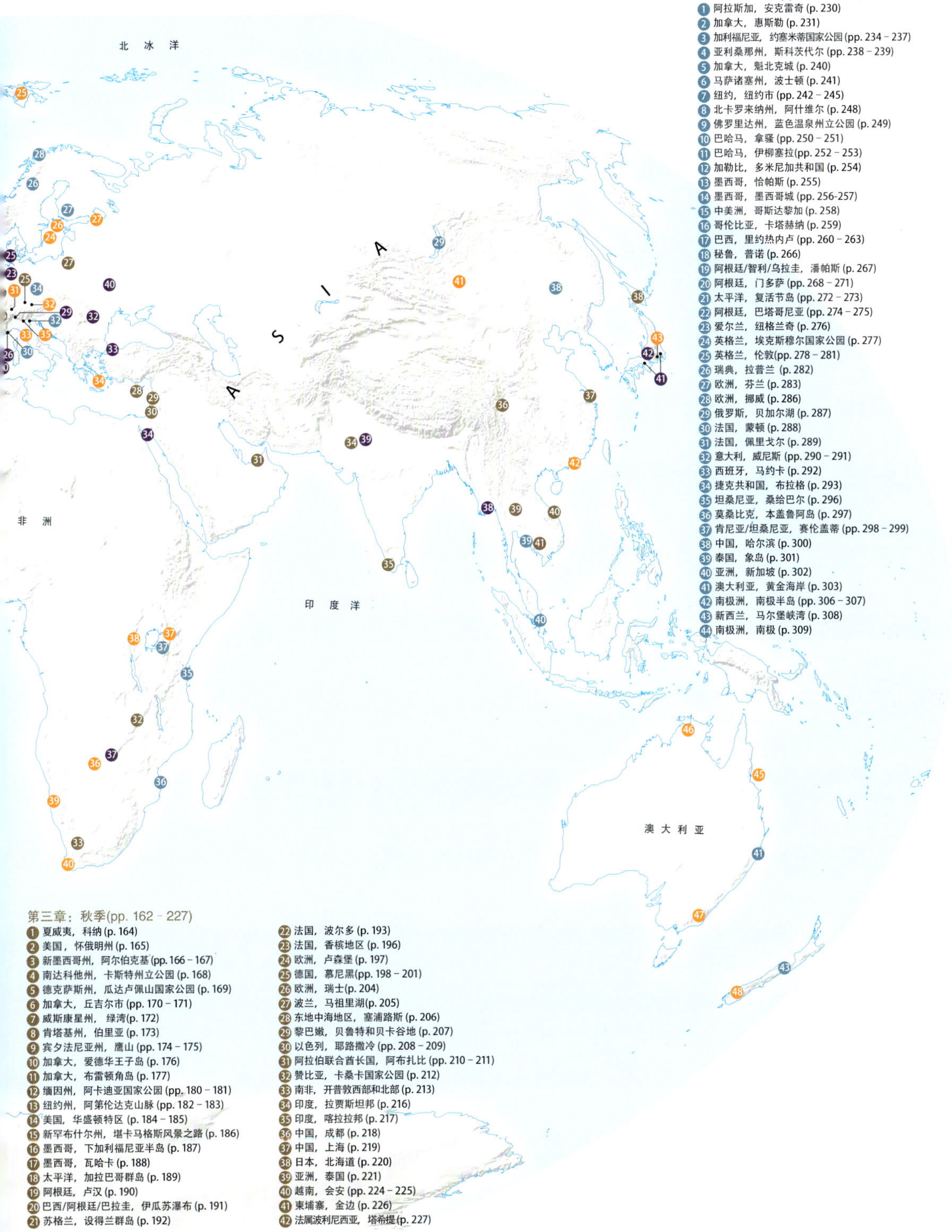

第四章：冬季(pp. 228 – 309)

第三章：秋季(pp. 162 – 227)

春

含苞待放的花朵、冬眠中苏醒的动物、加勒比海的礁石，以及全球各地的音乐。

季

名古屋城堡是修建于17世纪的防御工程，如今静静地矗立着，静观每一季樱花的花开花谢。

圣胡安-卡皮斯特拉诺

春暖花开之季，跟着返回的燕子来到这座有着古老布道所的小城。

燕子每年并不会在某个特定的日期飞回圣胡安-卡皮斯特拉诺。传说中的神奇日子是3月19日，也就是所谓的圣约瑟夫日，燕子会在这一天集中飞回来。跟所有聚会一样，总是会有一些早到的，也会有一些晚到的，现实生活也是这样。无论如何，鸟儿对我们选择旅行日期的影响不会那么大。但是赶上燕子集中飞回的日子，慕名而来的游客更容易看到迁徙回来的燕子在布道所筑巢的景象。

一个多世纪以来，人们描述圣约瑟夫日前后圣胡安-卡皮斯特拉诺的天空，总是会说燕子飞过时，天空黑压压一片，几个世纪前建造的圣胡安-卡皮斯特拉诺布道所的泥砖墙就好像是专门为燕子筑巢而建的。如今，当你听见教堂的钟声响起，你可以想象无数的燕子跟着钟声齐鸣。在黄金盛装的神坛前方是狭窄的、小小的塞拉礼拜堂，房客点燃的蜡烛火光摇曳，就像飞来飞去的燕子那翅膀留下的光影。

在过去几年里，返回的燕子越来越少。布道所正在做各种努力，希望能让燕子再次回到这里，如此这般，数以千计的燕子对着教堂窗户齐鸣的春日旋律才能得以延续。

游客必知
传教布道

圣胡安-卡皮斯特拉诺所在的位置是21座布道所中的第7座，布道所沿着古老的国王大道而建。西班牙人在18世纪末至19世纪初，修建了这21座布道所，从圣地亚哥开始一直向北延伸至旧金山，每一座布道所大概需要花一天的时间来游览，而且每一座布道所几乎都是按照一座独立的城邦来设计，有自己的农场、铁匠铺和工厂。无论是小而静的礼拜堂，还是大而繁忙的提供每日服务的教堂，都是靠透过小窗的自然光线来照亮的。沿着布道所开始加州之旅，你可以沿着101高速公路进入加州的心脏地带。

www.parks.ca.gov

计划： 圣胡安-卡皮斯特拉诺 www.san-juancapistrano.org。布道所 www.missionsjc.com。从洛杉矶开车出发，往南大约1小时即可抵达位于市中心的布道所。

圣胡安-卡皮斯特拉诺布道所的钟静静地等待着燕子的归来。

爱达荷南部春天来临的一个重要标志就是美洲羚羊在残留的积雪上奔跑而过留下的痕迹。

爱达荷州

月表地形火山坑

抓住美洲羚羊沿着月表地形火山坑国家保护区迁徙的季节。

在爱达荷州的月表地形火山坑国家保护区，你总能找到一种超凡脱俗的感觉。在每年3月或4月来到爱达荷州的火山岩地质公园，整个公园因为恰逢美洲羚羊的迁徙而变得生机勃勃。羚羊从冬季的食物区沿着一条狭窄的通道迁徙至派厄尼尔山一带，整个夏季，它们就在这一带觅食。到了10月，美洲羚羊则会反方向迁徙。

尽管美洲羚羊不是风速般地跑过公园，但是它们也不会悠闲地在公园里漫步。幸运的是它们是有规律地活动，迁徙路线与美国20号、26号和93号高速公路平行，而且不会发生变化。“羚羊的迁徙路线非常精确、固定，你可以通过谷歌地图看到整条路线。”月表地形火山坑国家保护区的生物学家托德·斯特芬尼克介绍道。美洲羚羊是一种接近长颈鹿的独特动物，脖子上有白色的条纹图案，看起来的确很像来自非洲。

对于看守美洲羚羊的人来说，最大的挑战就是时间的掌握。羚羊在前后跨度约1个月的时间里成群结队地迁徙，它们在途中可能会遇到汽车，或者是经过一段距离不长的地处风口且长满山艾的平原。但是不要想着能靠近美洲羚羊，只要你离羚羊的距离在90米以内，它们就会非常警觉，如同幽灵一般。羚羊是地球上奔跑速度最快的动物之一，时速超过80千米。

游客必知
海明威的爱达荷州

欧内斯特·海明威可能在哈瓦那烂醉如泥，在巴黎饮酒狂欢，但是他却选择隐居在爱达荷州。这位小说家在20世纪50年代末期在爱达荷州买了房子，并且在凯彻姆度过了生命中的最后时光，那里距离月表地形火山坑国家保护区大约90分钟车程。月表地形火山坑国家保护区的吸引力显而易见。海明威享受着附近太阳谷世外桃源般的美好，他在这里同好友共享着惬意的时光，其中包括电影明星加里·库柏和英格丽·褒曼。但是他也珍惜在凯彻姆名不见经传的小镇度过的时光。他在周围的山上和山谷中快乐地狩猎、钓鱼，山泉奔流的白银谷更是捕捉鳟鱼的绝佳去处。海明威的儿子杰克资助此地设立了自然保护区。海明威去世之后被葬在凯彻姆，他的墓地被3株高耸的常青树环绕着。

www.nature.org

计划：月表地形火山坑国家保护区 www.nps.gov/crmo/naturescience。美洲羚羊迁徙的时间很短暂，了解最新情况可致电公园(208) 527-1335。

除了罗斯福公园常见的野牛和土拨鼠，还会有100多匹野马从公园里或者马路上飞奔而过。

北达科他州

西奥多·罗斯福国家公园

徒步穿越大草原，途经让人叹为观止的地质构造，然后到达化石林。

北达科他州在美国几乎是游客来得最少的一个州，西奥多·罗斯福国家公园就位于该州。但在夏季旅游旺季，这里还是会有大量游客到访。到了冬天，公园变得很冷，而且持续整个冬季。晚春时节是造访公园鲜为人知的荒原的好季节，此时的荒地上反倒因为各种动物的出现而充满生机，你可以看到野牛、野马和土拨鼠。“只有在北达科他州的荒原地带，西奥多·罗斯福国家公园的‘气质’才会发生变化，从‘一名骨瘦如柴的纽约花花公子’变成真正的‘牛仔’，”主管公园对外和公共关系事务的艾琳·安迪斯说，“在这里，关于罗斯福‘保护的初衷开始固化’。”

从公园的南区入口开车进来，在旅游旺季尚未来临之前，公园里依旧安静，你甚至可以同守林员聊聊天。进来之后左转，就来到了梅多拉游客中心。在那里，你可以拿到一份资料（其实就是一份通往和平山谷牧场入口的指示图），同时可以在游客中心将水壶装满，供途中饮用。短暂的车程之后，徒步走过一段不算太难走的路，就能看到美国最大的石化林。走在这片长满高高的草的草原，途经一片不同寻常的地貌景观，“这完全是一片荒野地带。”安迪斯说。当抵达石化林之后，眼前是大面积的已经被彻底石化的树林，包括很多矗立的树木残枝和树桩。安迪斯补充道：“这里的景象（石化林）真的很特别。”

绝佳住处
卡顿伍德营地

当夜晚来临，气温会降低，但是一件羊毛外套，一副无指手套，一堆篝火就足够应付了。当你第一眼看到野牛群在营地附近徘徊时，脑海里可能会有的轻微的不适也会烟消云散。这也就不难理解为什么每年都有很多人经常返回该营地。卡顿伍德营地一直是先到先住，在游客不多的春季，找到好的位置相对容易，能很好地看到整个荒原和小密苏里河。10美元一晚的价格也有所值。

www.nps.gov/thro/planyour-visit/camping.htm

计划： 西奥多·罗斯福国家公园 www.nps.gov/thro。如果打算在义勇骑兵酒店住宿的话，请访问 www.medora.com/rough-riders，酒店以美西战争期间罗斯福所在军团的名称命名。

田纳西州

纳什维尔

在纳什维尔，随处可以听到大牌音乐明星和他们的成名曲作者一起登台演唱。

由于热门的电视节目和优于以往任何时期的美食，纳什维尔在过去的几年里名声大噪，几乎没有哪座城市受关注的程度可以超过它。纳什维尔最值得造访的季节是春天，这时的温度刚刚好，叮砰南歌曲创作人音乐节恰逢在春天举行，这座城市最好的音乐创作群体呈现出百花齐放的态势。

整个音乐节持续5天，纳什维尔大大小小的场馆里都充满了音乐的气息。舞台上演出的有大牌歌手和那些将歌手推向成功的音乐创作人（从乡村音乐到摇滚乐，包括其他音乐风格，应有尽有）。当你听完他们的演唱之后，你会记住他们的名字。

尽管音乐创作是一个竞争激烈的行业，但这也是纳什维尔最活跃的群体。获得格莱美奖的音乐创作人蒂娅·希勒斯在谈及叮砰南音乐节的参与群体时说道：“在参加（叮砰南）音乐节的人里面，有50%想成为创作人，40%音乐粉丝，剩下10%是一些前来支持朋友的观众。”

叮砰南音乐节甚至赋予了音乐界的前辈和大腕们活力和激情。“在我成名多年之后来到纳什维尔，我感到自己对音乐的激情来自叮砰南，这里点燃了我对音乐的爱恋。”获得过奥斯卡奖的音乐创作人、作家、出版人、现任美国作曲家协会主席保罗·威廉姆斯如此说道。

饕客必读
纳什维尔农夫集市

从集市上的牙买加路餐厅的甘蓝，到著名大厨阿诺德·敏经营的餐厅AM@FM所提供的日间特别菜单，有足够多的美食来陪伴你度过春日时光，例如产自本地的草莓、萝卜、青菜，以及纳什维尔农夫集市上小吃摊和餐厅的菜单所提供的丰富选择。在四处转转之后，你穿过集市来到农场建筑里，在这里可以买到更多农民种的食物，也可以买来自己动手做出一些春日南方美食，或者你可以拍些照片。开车去市区的话，要确保车里留出足够的空间，在集市上采购的新鲜绿色蔬菜是很占地方的。

nashvillefarmersmarket.org

计划：纳什维尔 www.visitmusiccity.com。叮砰南音乐节的官方网站 www.tinpansouth.com。

音乐人带着乐器穿越纳什维尔的百老汇大街，很可能是前往纳什维尔“下百老汇街”的某个著名酒吧。

印第安纳州，印第安纳波利斯

印第安纳波利斯500英里比赛

“当赛车手开到第 4 圈的时候，绿色旗帜噼啪作响，赛车就像 726 千克金属大黄蜂蜂群从看台前飞过，发出震耳欲聋的噪音。声音非常大，非常吓人，但非常令人激动。”

——加里・麦基奇尼，美国《国家地理》（美国版）作者，第101期

印第安纳波利斯500英里比赛始于1911年，每年5月的最后一个周末在印第安纳波利斯赛车场（世界上最大的体育场馆之一）举办。图片：山姆・小霍尼什经过一个弯道。

孟菲斯

每年 5 月的孟菲斯世界烤肉冠军赛期间，尽情享受这座蓝调音乐之都最美好的部分。

当南部天气不够热的时候，就觉得好像哪里不对劲，似乎不是南部一样。但是如果天气太热的话，人就会感觉如同炙烤一般。所以，5 月的时候，当最高气温 20℃时，就是孟菲斯最令人沉醉的季节，如果能赶上烤肉节，那更是锦上添花了。

提到孟菲斯这座城市对烤肉的热爱，那么几乎没有一座城市可以同它媲美。获得资格认证的烤肉大赛评委兼 WMC-TV 电视台气象学家的罗恩・奇尔德斯说："孟菲斯有两样东西有名，教堂和无处不在的烤肉店。"所以，每年 5 月在这座城市举办世界烤肉冠军赛也算是符合这座城市的气质。烤肉大赛中的一个重要的工具就是各种形状和规格的烤肉机，参赛者们都严阵以待，将自己的烤肉配方拿来一试身手，关上烤肉箱之后，自然免不了一番自夸。参赛者不能将烤肉分发给公众食用，因为《健康法》不允许这样做。但是参赛者会通过装扮自己的帐篷和烤肉车来吸引大家的眼球，奇尔德斯记得有一群飞行员将烤肉车搭建成一架小型飞机的样子。

如果想要真正享用一顿烤肉盛宴，那么就在孟菲斯众多上好的烤肉餐厅中选一家吧。你可以吃到美味的鸡肉或者牛肉，但是奇尔德斯推荐过经典烤肉："孟菲斯风格的烤肉是烤猪排、猪肩肉，或者烤全猪，然后用猪肉搭配甜味调料。"听起来像是得过奖的样子。

游客必知
孟菲斯比尔街的蓝调音乐

对于蓝调音乐人来说，孟菲斯召唤着他们。在 20 世纪上半叶，孟菲斯街道也就是从密西西比河开始往外延伸 3 千米。但对于想靠自己的努力成名的音乐人来说，这条并不长的街道成了他们创作和寻找同类的地方。早在那个时候，一种积极向上的蓝调音乐风格便开始出现。在第二次世界大战之后，整个态势往前更进了一步，一些音乐人，包括嚎叫野狼和 B. B. 金，从比尔街的乐手成为蜚声全球的知名音乐人。同几十年前比起来，如今的比尔街更像一条游客愿意光顾的旅游景点，只是吸引力依旧不减。无论走到哪里，你都会听到孟菲斯蓝调，以及由其派生出来的摇滚乐。

www.bealestreetonline.com
www.bealestreet.com

计 划： 孟菲斯 www.memphistravel.com。世界烤肉冠军大赛 www.memphisinmay.org。

在孟菲斯餐馆的菜单上可以看到热辣的土耳其烤鸡腿或烤鸡排。

吉他演奏家瓦斯蒂·杰克逊和其他一些才华横溢的表演者参加了2012年新奥尔良爵士乐文化遗产节，成为节日的一大亮点。

路易斯安那州

新奥尔良

那些传说中的韵律和新奥尔良富有浓郁文化特色的秋葵汤让你感受到节日的气氛，尽情将你的感官沉浸在爵士音乐节的氛围里。

爵士乐是众多音乐风格中超越地域，而被众多人喜爱的音乐之一，每年数以千计的人来到新奥尔良集市跑马场，参加在这里举行的爵士音乐节，其官方称谓是“新奥尔良爵士乐文化遗产节”。本土气息的音乐，诸如凯金音乐和柴迪科，会同当代国际风格的音乐一起穿插演奏，本土风和国际风在这座城市同时活跃着，所有这一切都在音乐节期间涌现，在更宽泛的层面向当地的美食、语言、艺术和文化传统致敬，而音乐自始至终穿插其间。爵士乐文化遗产节自1970年就开始举办，具体时间是每年的4月下旬，这个时候刚好是春末夏初，滚滚热浪尚未来袭，音乐节吸引了很多明星前来参加，例如布鲁斯·史普林斯汀和吉米·巴菲特，还有一些新奥尔良的传奇式音乐人物，例如法兹·多米诺和典藏厅爵士乐团。

体验音乐节最好的方式就是在这座城市中漫步。音乐节期间有12个正式的演出舞台，还有数不清的各种即兴音乐秀，它们彼此相邻，你只需要竖起耳朵。“你将会听到各种不同风格的音乐，比如福音、摇滚、蓝调、柴迪科、放克、非洲、拉丁、铜管和R&B，”每年都会参加音乐节的莫尼卡·科克伦说道，“流浪的铜管乐队，加进来的第二梯队，以及印第安狂欢节的游行队伍交织在人群中，为节日带来了人群和他们的音乐。”

游客必知
乔治·维恩遗产

新奥尔良爵士乐文化遗产节是乔治·维恩一手构思和策划的成果，他也是罗德岛新港爵士音乐节的创始人。当乔治·维恩在1954年首次将新港爵士音乐节呈现在人们面前的时候，它为爵士音乐人提供了前所未有的接触更多受众的平台，当时大多数爵士音乐人都还只是在不入流的夜总会演出。到了1970年，当乔治·维恩受聘组织新奥尔良爵士音乐节的时候，爵士乐已经受到广泛的欢迎。在认识到爵士乐在新奥尔良的深入影响，和新奥尔良活跃的文化氛围环境，维恩决定发起更大规模的活动来欢庆这种音乐。

计划：新奥尔良爵士乐文化遗产节 www.nojazzfest.com。音乐节的票可以在票务网站或者新奥尔良体育馆买到。

德克萨斯州库尔市

凌志慧

“西南偏南”

当我和丈夫保罗从洛杉矶乘飞机抵达奥斯汀的时候，我们四下环顾，看到很多艺术家模样的人前往隆霍恩市，我们意识到这将是一次超酷的旅行。每年的早春时节，来自布鲁克林的人、来自洛杉矶的人，以及来自美国各地乃至世界各地的年轻潮人们都逃离故土，来到奥斯汀参加“西南偏南音乐、电影和互动科技节”。常来参加该艺术节的人习惯于将其简称为“Southby”。

“西南偏南”持续一周半的时间，通常从 3 月初开始，整个节日无疑是一场巨大的派对。节日期间会邀请各种演讲嘉宾，举办各种论坛和展览，供那些想了解音乐、电影和互动科技中任何一种，或者想了解这三个领域的人提供了大量的机会。音乐节往往在整个节日进行到一半的时候开始，一直持续到活动结束。

我被现场成群结队的年轻的、有抱负的互联网和游戏创业家们所折服，他们来到这里，希望寻找机会展示他们的创意和点子，成为下一个马克·扎克伯格——“西南偏南”的演讲嘉宾。毕竟，也就是在这里，在 2007 年的科技节上，世界上最大的社交网络 Twitter（推特）首次被介绍给世人。在这里，你会看到数以千计的大学生、大学辍学的和雄心勃勃的年轻人一起努力将一个想法在互联网行业中变为现实，而这个行业在 20 年前几乎是不存在的。

当科技节接近尾声的时候，我们已经为夜里的美酒和精彩的音乐做好了准备。大量的主流音乐人会来到“西南偏南”演出，例如 Jay-Z、幽浮一族、金属乐队、白色条纹乐队，以及传奇式的独立摇滚音乐人，使奥斯汀的舞台和酒吧充满了活力。奥斯汀市中心的每一家酒吧都有一些乐队演出，我们听到了一些此前从未听到过的声音。在节日期间的几天里，我大概听了 15 个乐队的演唱，有些乐队在 20 世纪 80 年代就已经成名，而对于我个人来说，最难忘的就是遇到了让我一见钟情的乐队杜兰杜兰。当时现场狂热、人满为患，但是这些狂野的小伙子（如今应该是成熟的男人）没有让人失望。

最后特别提醒那些想要充分体验“西南偏南”的人们：一定要穿一双舒适的鞋子！

凌志慧是奥普拉电视网旗下《我们的美国》的节目执行制片人和主持人。她还主持哥伦比亚电视台的真人秀节目《我要找工作》。

“我被现场成群结队的年轻的、有抱负的互联网和游戏创业家们所折服。他们来到这里，希望寻找机会展示他们的创意和点子，成为下一个马克·扎克伯格。”

从创业初期的公司，到舞台上万众瞩目的乐队，奥斯汀一年一度的西南偏南音乐、电影和互动科技节向人们展示着未来大而新奇的事物。也就是在这里，派派斯乐队的3名女孩子掀起了波尔卡小圆点裙的风潮，让众人所知。

在佛蒙特州伯瑞特波罗，当地的农民用马车拉的收集罐收集浆液是一种古老的传统。

美国

佛蒙特州

在春季枫树糖浆收获的季节，将自己沉浸到黏稠且带有天然甜味的新鲜枫树糖浆的甜蜜和香气之中。

当大多数农民刚开始考虑春季播种的时候，佛蒙特州境内的枫树糖浆生产商们已经开始享受收获的喜悦。由于气候、土壤和树种的天然优势，佛蒙特州枫树糖浆的产量在美国首屈一指。当佛蒙特州举办枫树节的时候，就意味着枫糖季的高潮来临。枫树节是佛蒙特北部城市圣奥尔本斯举办了接近半个世纪的传统庆祝活动，访客可以品尝到传说中的佛蒙特州 4 个不同等级的枫糖，每一个等级都有独特的香味、形态、味道和成色。“每个人都会拿着小杯子品尝枫糖，从颜色浅的到颜色深的。”枫树节的联合主席卡罗琳·珀利介绍说。类似于其他志愿者组织的节日策划者一样，珀利家族是枫糖生产商。

如果想看到枫糖制造的过程，那么最好在 4 月份之前来。当春天的第一缕暖风吹化融雪，恰好唤醒沉睡了整个冬天的大树，枫树开始涌出糖浆，枫糖采集的季节就开始了。当枫糖生产商走进树林收割枫糖的时候，森林里的地面还覆盖着积雪。枫树的浆液被送到炼糖厂熬制，空气中弥漫着热腾腾的蒸汽和甜蜜的香味。为了确保“佛蒙特枫糖”名副其实，所有的浆液都必须是纯天然的，不能有任何添加物。

绝佳住处
在佛蒙特州的农场吃喝玩乐

四季之春农场：这是一个单一业主所拥有的农场，有小木屋和露营地。早起参与到农场一早的忙碌，或者是自己到农场采摘蔬菜，真正沉浸到农场生活之中。

www.fourspringsfarm.com

霍利斯特山农场：这是一个小型的家庭农场，有 4 头奶牛，能为来农场的客人提供新鲜的牛奶。待在这个 19 世纪风格的农舍，你早晨起来可以到牲口棚给动物喂食和喂水。

www.hollisterhillfarm.com

特雷恩农场：这个生产型农场养殖了很多鸡、马和山羊，种植了无化学成分的有机蔬菜。早上起床之后，你可以到鸡舍收集鸡蛋来做早餐，还可以给山羊挤奶，留待随后的芝士制作课上使用。

www.trevinfarms.com

计划：佛蒙特州枫树节 www.vtmaplefestival.org，佛蒙特州枫糖季 www.vermontmaple.org。大多数佛蒙特州的炼糖厂向公众开放，有些是应季开放，有些是全年开放。

美国

西弗吉尼亚州

乘坐充气筏子可沿着西弗吉尼亚州河流的湍流顺水漂流，这里的漂流因其沿途风景美丽、充满原始力量而闻名。

在西弗吉尼亚州的山区，水具有一股强大的力量，河流像螺纹一样遍布西弗吉尼亚州，这种力量被用于工业生产和娱乐休闲。有时在弯道缓和的地方，水流看似无精打采地流过，并没有彰显出其力量。但水流可以双极速度加速，变成翻腾滚动的水潭和湍急的水流，从陡峭的地方奔腾而下。

春天是挑战西弗吉尼亚州新河的最佳季节，新河是激流泛舟最有名的一条河，春天融化的雪水会增加难度和水流力量。同样，高利河在春季也是一条充满力量的河流，它以力量强大的湍流和陡坡而"恶名在外"，每年秋季大坝开闸放水的时候，会吸引很多人前来漂流。"对于我们来说，春季漂流是人尽皆知的项目，"河流管理经理瑞克·米勒说，"秋季是可以预测的，但是我们最好的行程还是在春季。"

尽管这里的河流因湍急而闻名，但是河流的某些河段还是相对缓和的。新河的上游河段有风景如画的河谷，对于刚开始漂流的人来说是再合适不过了。"河流的美丽正在于此，"西弗吉尼亚州河流联盟的特纳·夏普说道，"河水总是奔流不息，但当速度慢下来时，你仍可以享受美景。"

游客必知
如何将风险降到最低

尽管无数漂流爱好者和初学者都很喜欢这项运动，但是这项运动是有风险的。如果你从来没有玩儿过充气筏子，最好先找简单的河段体验一下。你必须时刻准备快速游泳，如果筏子倾覆的话，在决定是继续还是就此结束时，你需要评估自己的健康状况和身体极限。除了个人的人身安全之外，数量激增的漂流游客也给环境造成威胁。拼车前往漂流地点，可以减少二氧化碳的排放量，露营的时候尽量远离河道，减少河岸的垃圾。

计划： 西弗吉尼亚州激流勇进项目 wvcommerce.org。激流探险项目 www.wvaraf.com，这是西弗吉尼亚州最早的水上漂流项目，也是这个产业的领头羊。

划着船桨的冒险家们穿过水流湍急的弗吉尼亚州的河流。

弗吉尼亚州

沿着奥多明尼奥的田园酒乡之路开始弗吉尼亚之旅，这里的酿酒文化植根于美国历史，在春日的节庆中负有盛名。

美国第四任总统詹姆斯·麦迪逊的庄园就坐落在蓝岭山麓，为最古老的弗吉尼亚葡萄酒庆祝活动提供了宏伟的背景。每年春天都会有一系列的庆祝活动，蒙彼利埃葡萄酒节拉开了节日的序幕，来自当地的酿酒商会展示用弗吉尼亚葡萄酿造出来的各种葡萄酒。在面积达约11平方千米的庄园里，来这里参加葡萄酒节的家庭铺开野餐用具，享用他们所选择的美酒。

弗吉尼亚州人尝试种植葡萄始于美国开国元勋那一代，例如麦迪逊，他们很多人都是饱读相关书籍的农业学家。带着在新世界发展酿酒业的美好愿景，托马斯·杰弗逊在自己的蒙蒂塞洛庄园里栽种了葡萄。尽管他种植葡萄失败了，但是这一传统依旧被当代酿酒人作为参考。

在历史文化遗产所在地举办葡萄酒节，既传递了一种历史感，也让参加节日的人能够尝到当地所产的各种水果，它们凝聚了当地种植工人的劳动和热情。“干红有带果味的，有带辛辣味的，这里有各种口感的葡萄酒可供品尝。”来自蒙彼利埃的芭芭拉·班纳说。班纳建议同性格开朗的酿酒商交谈，他们与开创基业的祖辈一样，才是酿酒的真正高手。

游客必知
美国酿酒业的创始人

在托马斯·杰弗逊令人印象深刻的履历里，鲜为人知的成就是他是美国酿酒业的创始人。这位美国第三任总统在葡萄庄园里倾注了心血，但是这些努力都未能使他成功地酿造出葡萄酒来。在20世纪80年代，杰弗逊的葡萄在意大利后裔、葡萄栽培师加布里埃·劳塞的手中得到复兴，他在蒙塞蒂洛嫁接并补种了原来的品种。“杰弗逊最开始种植烟草。”劳塞回忆，但他很快意识到烟草会毁掉土地，就倡导改种葡萄作为替代。“但是没有人听（杰弗逊），后来弗吉尼亚依赖于烟草。”在经历了2个世纪，建立了200家酿酒厂之后，如今的弗吉尼亚才算按照杰弗逊当初的想法在发展。

计划：弗吉尼亚蒙彼利埃葡萄酒节 www.montpelierwinefestival.com。蒙蒂奇罗葡萄酒节 Monticellowinetrailfestival.com。阿什罗高地葡萄酒节 www.ashlawnhighland.org。

在弗吉尼亚，如果你感到口渴，那么就用葡萄酒来解渴吧，这一切都归功于托马斯·杰弗逊的农业思想所激发的酿酒传统。

人们安静地等待着，等着看奥古斯塔国家高尔夫球俱乐部的第7个果岭对待下一位竞争者是否够仁慈。

佐治亚州

奥古斯塔

在奥古斯塔这座亲切的、历史悠久的南部城市观看高尔夫球巨星们在果岭的精彩表现。

每年4月，就在杜鹃花刚开始冒出花蕾的时候，久负盛名的高尔夫大师赛会吸引全球顶级高尔夫球员来到佐治亚州东部的这座城市。尽管作为私人会所的奥古斯塔国家高尔夫球俱乐部在为期4天的比赛期间有严格的安保措施，只有戴勋章的人才可以进入。但是在3天的训练适应期间，公众还是有机会踏上比赛场地。比赛门票通过彩票公司抽奖，获得门票的幸运儿将有机会观看世界顶级高尔夫球手在最著名的（也有人说是最美丽的）高尔夫球场开球、切杆和推杆。整个球场的亮点包括木兰大道，这是俱乐部的入口，两侧大树林立，一幅让人惊叹的春日道路美景；整个高尔夫球场的最低点雷氏溪，很多球员都曾懊恼地看着球滚落到这里；还有巴特勒小屋，每年电视台的球赛直播点就设在这里。

趁着春光明媚，好好探索这座城市吧，在从出生就一直居住在这里的布莱德·厄斯里看来，这个季节的奥古斯特“几乎就是加勒比”，他还在这里经营着一家黑人传统食品店——米悠餐厅。“山茱萸花开得正好，气温舒适的早晨，花儿在阳光下灿烂绽放。气温让人愉悦，人们也是欢乐的。”沿着萨凡纳河河边安静地漫步、参观美国南北战争前修建的豪宅、造访伍德罗·威尔逊总统年少时居住过的地方，是观看球赛外的另一种享受。

绝佳住处
鹧鸪酒店

大约一个多世纪以前，当时的佐治亚州是东海岸冬日的独家胜地，旅游旺季的社交活动主要在鹧鸪酒店展开。鹧鸪酒店始建于1836年，最初是私人住宅，后来扩建转化为有145间房间的酒店，它接待过世界上最著名的高尔夫球员、明星和多届美国总统，这些光荣的历史在酒店悬挂的黑白照片里都有体现。

酒店的大部分保留了当初的样子，带有大大的阳台、露台和向外延伸400米的环绕门廊，坐落在历史悠久的萨默维尔区的核心位置。你一定要尝试一下酒店的周日早餐，菜单上有着美国南部丰富的早餐选项，从虾到粗玉米粉，当然还有山核桃馅饼作为甜点。

www.partridgeinn.com

计划：奥古斯塔市 www.augustaga.gov。高尔夫大师赛 masters.com。在当年的赛事结束之后，第2年训练日的参观门票就会通过彩票公司选出少数幸运中奖者，你也可以在 eBay 和 Craigslist 上寻找出售的票。注意州法律禁止在高尔夫球场附近卖票。

田纳西州 / 北卡罗来纳州

大烟山国家公园

“在北方，春天总是姗姗来迟，但真正来临的那一刻，却又是脚步匆匆，仿佛猛地将一地宝藏倾倒在你的脚下，然后就匆匆离去。但是在南部则是另外一番景象，春天在长达3个月的时间里，如同画卷慢慢舒展，渐渐地达到一个强烈的高潮，最终展开一幅色彩绚烂、鸟语花香的春日画卷。”

——玛格丽特·W.摩尔利，《卡罗来纳的山》，1913年

大烟山国家公园占地约2100平方千米，位于田纳西州东部和北卡罗莱那州西部交界处。该国家公园设立于1934年，最初是为了保护土地被过度采伐。时至今日，公园依旧保持了生物多样性，大约生存着17000多种动植物。图片：大烟山国家公园奥科诺山谷的日出。

如果看到加勒比海海底的鱼、珊瑚和亮橙色的海星所组成的亮丽的海底世界，哪怕是夏威夷的鲜花也会心生妒嫉。

加勒比海地区

波多黎各

尝试无水肺潜水，饱览加勒比海地区热带海底珊瑚礁的壮丽景色。

离开波多黎各闷热的、棕榈树成荫的南部海岸，在水下约4.5米的地方可以尽情地逗弄五线雀鲷，在鹿角珊瑚和麋角珊瑚之间穿梭，跟随夹杂着海螺的水草一起漂浮。整个体验很像水肺潜水，但实际上是无水肺潜水。这种潜水出现于1989年，在全球热带天堂非常流行。在波多黎各，流通货币是美元，不需要护照，英语普及率高，自然而然成了春季人们首选的旅游胜地。

整个旅程从瓜尼卡的科帕马里纳海滩度假村乘船出海开始，古铜色皮肤的导游会在途中向你介绍一些当地的基本情况。在浮潜和水肺潜水之间交替，无水肺潜水就是在嘴里含一个呼吸装置，呼吸装置同浮艇上的空气罐相连。你有潜水脚蹼和潜水面罩，但是背上不携带氧气罐，而且不需要认证，也不需要有潜水经验。只需要在你的腰间绑上一定重量的物体，确保可以下沉。

当你的身体滑过清澈透明的海水，游泳成了在一个令人叹为观止的世界里的冥想，让你沉迷于来回穿梭的彩虹鱼，以及将你包围的整个蔚蓝世界。

游客必知
不为人知的波多黎各

波多黎各西南角依旧是一个尚未开发的处女地。在瓜尼卡干旱森林保护区（每年降雨量仅有76厘米，同热带雨林截然相反）你可以徒步或者划船前往散落了一地贝壳的盖里甘的岛。该岛是瓜尼卡生物保护区的一部分。你能在罗霍角灯塔的顶端看日落，又或者探访阳光普照的瓜尼卡当地村落。1898年美国军队从瓜尼卡登陆，将波多黎各变成美国领地的一部分。每年2月，持续一周的蓬塞港狂欢节会如期举行，在这块曾经的殖民地的核心位置，人们装扮起来加入狂欢的游行队伍，具有波多黎各风格的班巴和普兰那音乐带来了浓郁的节日氛围。

计划：科帕马里纳海滩度假村的水底探险 www.copamarina.com、www.aquaadventurepr.com。

圣卢西亚

当春天来临，在这座热带岛屿盛开的野生兰花和茂密的热带雨林之中徒步吧。

圣卢西亚岛上山峦起伏，具有加勒比海地区一些最引人入胜的风景，这里是风景美到令人窒息的热带天堂。雄伟的大皮通山和小皮通山像甜面包一样从海岸线拔地而起，而沿着海岸线向内陆延伸的是连绵不断的茂密的雨林。最好的游玩时间是4月和5月，这个时候夏日雨季尚未开始，会有一批又一批游客来到这里。至于徒步的线路，每个人都可以有自己的选择。

热带雨林是名副其实的伊甸园，其中有总长达47千米的多条徒步线路，每一段都比之前的风景更让人惊叹。馥郁的野生兰花、茉莉花，以及凋落一地的鸡蛋花，给圣卢西亚的沃土铺上了鲜花地毯。在高大的棕榈树树冠和无刺甘蓝豆树的覆盖下，蜂鸟在垂花蝎尾蕉之间轻快地飞过。对于不是经常徒步的人来说，比较合适的一条路线就是鹦鹉道，这是位于小镇米库附近的一条4小时就可以走完的短途徒步道。“因为2010年的托马斯飓风席卷了对面的海岸线，所以很多漂亮的鸟儿飞来这里栖息，鸟儿的种类达到了前所未有的数量。”导游费边·菲利普介绍道。很多人来这里期望能邂逅少见的亚马逊鹦鹉，这是圣卢西亚当地特有的鹦鹉，蓝色的头部、红色的脖子、绿色的翅膀和黄色的尾巴。通常都是听到这种鹦鹉的怪叫声很久之后，才可能见到其影踪。

优中之选
夜间空中飞人滑索

激动人心的事情是无法花钱买到的，你也这么想吧？体验一下月圆之夜，在圣卢西亚雨林的上方玩一次空中飞人滑索。从北部的城镇查辛出发，在导游带领下，经过3个小时的夜间游览之后，抵达鹰爪石，这是一块深藏在生态探险公园之中的火山圆石。在这里，你顺着空中云梯往上走就来到了树冠滑索的出发点，将绳索套在腰间，就可以从一棵树顶滑到另一个树顶。夜行动物则好奇地盯着你头顶的探照灯发出的光亮。滑索的最后一个平台有着特别的名字——狼蛛之穴，滑到这里之后，就回到了地面。

www.rainforestadventure.com

计划： 圣卢西亚 www.visitstlucia.net、www.saintlucia-tourism.com。费边徒步路线 www.fabiantoursstlucia.com，ATV 天堂之旅 www.atvstlucia.com。

这是圣卢西亚最常见的地貌构造，皮通山是火山群的一部分。与皮通山毗邻的就是火山喷气口和温泉。

安提瓜岛

在安提瓜岛的航海周期间，你可以跳上一艘帆船或者加入码头上的庆祝队伍，每年的航海周都有数百艘游艇参加规模宏大的决赛。

你以前可能扬帆出海过，但一定没有经历过安提瓜岛航海周的盛况：数百艘帆船在加勒比海东部的安提瓜岛绕岛一周来竞赛。历时 3 天的艰辛比赛期间，在迪肯森海湾和欢乐港举办着喧嚣的海滩派对，此时的欢乐港可谓名副其实。当你进入了比赛的终点直道，沿着岛屿南部海岸线加速行驶，就会抵达英国港——比赛的终点。

阳光下的乐趣和极为严肃认真的帆船比赛，让每年 4 月底举办的安提瓜岛航海周成为全球首屈一指的重要水上赛事。比赛会根据帆船大小、形状，以及帆船所属国家来划分成 29 个门类。白天，经验丰富的帆船手们全情投入到比赛中；晚上，每一个人都融入安提瓜岛海滩和码头上举办的各种派对。春天的安提瓜岛雨季刚过，飓风尚未来临，此时最适合举办帆船比赛。

“安提瓜岛帆船周是加勒比海地区最原汁原味的帆船赛事。”英国人克里斯汀·雷诺兹这样评价，他驾驶约 16 米长的“北方孩子号”帆船先后 6 次参加了该赛事。即使是新手也可以参加一些竞争不是那么激烈的门类，从而跳上帆船一展身手。即使是“旱鸭子”也一样可以享受到其中的乐趣，参加在岛屿南部海岸的纳尔逊船坞举行的派对、音乐会和其他特别活动，这样“旱鸭子”们也会被海水溅湿。

游客必知
纳尔逊勋爵

1784 年，时年 26 岁的霍雷肖·纳尔逊是一名海军军官，他率领驱逐舰“朔风号”来到安提瓜岛。他带着一项不讨人喜欢的任务，那就是在当地执行《大英航海条例》，防止安提瓜岛与刚刚独立的美国之间产生贸易关系。在执行这次任务的过程中，纳尔逊经历了人生中屈指可数的失败，他甚至一度被隔离在“朔风号”上长达 8 个月的时间，面临可能的法律行动。而另一方面，他的社交生活却风生水起。在附近的尼维斯，他结识了年轻的寡妇芬尼·尼斯贝，俩人很快结婚。1787 年夏天，纳尔逊启程航行返回英国，并且在 18 年之后成为英国的民族英雄，其雕塑永久地矗立在特拉法加广场的南侧。

计 划： 安提瓜岛 www.antigua-barbuda.org。安提瓜岛航海周 www.sailingweek.com。很多帆船提供船员位置，其中包括“北方孩子号”（www.northernchild.com）。

为了赢得比赛，或者说至少为了保持船速，帆船手们需要时刻调整船头的三角帆。

仅仅是几个小时的时间，艺术家就将铺在地上的锯末变成了一幅吸引眼球的街头地毯式壁画。

尼加拉瓜

莱昂

在尼加拉瓜当地的某个小城参加圣周的庆祝活动，地道的拉美宗教仪式融合着艺术的激情。

气候炎热、潮湿的莱昂是尼加拉瓜西北部的重镇，在某种程度上来说，这座城市就像一块未经打磨的宝石。西班牙殖民时期修建的教堂旁边就紧挨着用沙砾建造的学生酒吧，墙壁上桑地诺革命时期的壁画斑驳，莱昂朴实的传统在一年一度的圣周期间得到了充分展现。圣周是地道的复活节仪式，游行的队伍缓缓前进，人们唱着挽歌，怀着虔诚之心痛哭。

在圣周的受难日当天，莱昂的主要街道就披上了明快的色彩，人们在路上作画，被称作“锯末做成的地毯”或者“锯末地毯”。人们通常会工作至深夜，拿着破旧的照片仔细研究，作为作画的参考。当地居民用松针、花瓣、沙土以及染色的锯末创作出令人惊叹的耶稣、圣母等神像。这种风俗大约一个多世纪以前在莱昂形成，与其他庆祝圣周的地方不一样，莱昂的艺术家至今仍然徒手作画，而且不使用模型。

“任何人都可以在路边作画，”尼加拉瓜旅行社的总经理理查德·伦迪纳介绍道，“街头作画的人中绝大多数是普通人，所以这个活动是非常民主的。”亲人、朋友和路人都可以提出建议，例如如何把神像的光环或者荆棘王冠画得更好。画作如同昙花一现，保留的时间非常短暂，参加周五受难日祈祷游行的队伍，在前往莱昂大教堂的途中就会踩踏这些街头画作。

饕客必读
中央市场

在圣周期间，想要在莱昂找到让人口水直流的美食，只需要在中央市场转悠就足够了。广场上和周边的商贩都会兜售传统的复活节甜食，例如用糖浆煮熟的鸡蛋黄（其实不是鸡蛋，只是看起来像蛋黄，是由蔗糖和杏仁制成）和软软的用芒果、栗子制成的甜食。此外，还有一些更具有当地特色的食品，如腌制风干的颌针鱼和鬣蜥汤。一年四季，路边的烤肉摊都会提供黑豆饭，带馅的焗土豆和当日主食，基本就是当天有什么就提供什么。最后喝上一杯奇恰酒，一种未经发酵的用玉米制成的饮品。

计划：莱昂 www.visit-nicaragua.com、www.nicaragua.com。文化之旅 www.toursnicaragua.com、www.vapues.com。提前预订酒店，看管好自己的贵重物品，小偷会在圣周期间出没。

Top 10

十大户外鲜花市场

成桶的鲜花，充满各种风情，让你的感官每一天都沉浸在这无法抗拒的美丽花海中。

昆卡鲜花市场

厄瓜多尔，昆卡

昆卡是世界上伟大的历史名城之一，自西班牙殖民时代以来，这里建造了50多座教堂。但昆卡最吸引人的还是白天的鲜花市场，市场被圣母大教堂庇护着，花摊上的兰花、马蹄莲和怒放的玫瑰在微风中轻轻颤动。

www.incuenca.com

西堤花市

法国巴黎，西堤岛

漫步于有着200年历史的西堤花市，色彩缤纷、香气扑鼻，感官在这样的环境里就像在接受一场挑战，徜徉其中就仿佛置身在《包法利夫人》中所刻画的场景。香雪兰、茉莉、晚香玉，一簇簇在美好年代大厅盛开，如梦如幻。除了星期天会变成鸟市外，这里总是繁花似锦。

www.parisinfo.com

辛格运河花市

荷兰，阿姆斯特丹

阿姆斯特丹怀抱着迷人的辛格运河，浮动的水上花市就如同疯狂的色彩幽灵，难怪19世纪会掀起狂热的郁金香热潮。驳船摊位上摆放着各种受欢迎的鲜花，比如黑夜女皇。选上一包球茎或者几双木屐带回家吧。

www.amsterdamtourist.com

鲜花广场

意大利，罗马

这个花市早在15世纪就存在，市场不大，却占据着罗马市中心最特别的位置。在黎明时分，当花农拉着大自然的美丽馈赠来到这里，浪漫美好的一天就开始了。这里的花市是关门最晚的，通常到凌晨一两点的时候才会结束，那时花摊主会在闲聊中顺手多给你一两枝玫瑰。

www.turismoroma.it

阿德利花市

南非，开普敦

阿德利花市是南非最大的花卉市场，这里女摊主的精明是远近闻名的，她们有些在这里经营了好几十年。所以在这里买花，做好讨价还价的准备，买上几束康乃馨、百合，以及南非所特有的枕型普罗蒂斯。

tourismcapetown.co.za

曼迪花市

印度，新德里

全球各地所能看到的鲜花在曼迪花市都能见到，这里是全亚洲最壮观和最繁忙的花市。它是一个鲜花批发市场，出售的散发着馥郁香味的晚香玉、菊花和百合，都比通常卖的一束要大得多。常用于制作花环的鲜亮橙色的金盏花被装在奥斯曼人的麻袋里，整袋销售。花市从黎明开始营业，早上9点闭市。

www.delhitourism.gov.in

派克隆花市

泰国，曼谷

泰国派克隆花市是曼谷最有灵气且最吸引人眼球的景点之一。花市24小时营业，但是最好的时间是在午夜之后。当高温退去，凉风习习，小船载着动人的粉色和白色荷花来到市场。

www.bangkoktourist.com

曹家渡花市

中国，上海

来到曹家渡花市，首先映入眼帘的就是用藤蔓植物装饰的拱形入口，这是上海最大且最繁忙的花市，整个花市占据了三层楼的面积。这里植物的种类超乎你的想象，但价格不菲。除了鲜花，还有鸟、鱼、龟，甚至潺潺的喷泉，一应俱全，就算要建一个迷你生物圈也不成问题。

www.meet-in-shanghai.net

当娃花市

菲律宾，马尼拉

如果空气里弥漫着爱的味道，请午夜到当娃花市选一束花。这是在情人节那一天，马尼拉人都会做的一件事。当娃花市位于三巴乐的学生区，占了4条道。花市24小时营业，在酒吧宿醉者萎靡的时刻，这里的鲜花最为娇艳。

www.manila.gov.ph

费明顿花市

澳大利亚，悉尼

悉尼藏得最深的秘密就是它这大隐隐于市的鲜花市场了。清晨5点，这里熙熙攘攘，美不胜收。但到了早上9点，喧嚣退去，花商带着一早辛劳的收获离开花市。

www.sydney.com

阿姆斯特丹的标志：自行车停靠在路边，骑车人在辛格运河花市的摊位前欣赏，有时可能会顺带买上几束花。

墨西哥

特奥蒂瓦坎

每年3月，大量的人来到特奥蒂瓦坎古城遗迹看日出，跟随这些人一起，让自己重振精神，焕然一新。

每年的3月20日，会有数千人来到墨西哥城北部郊区的古城遗址，爬到金字塔的顶端，等待太阳升起照耀特奥蒂瓦坎的那一刻。很多人穿着白色衣服，有些人甚至带着水晶和护身符来捕捉太阳的能量。当太阳从马德雷山冒出头的时候，观看日出的人们开始欢呼、唱歌和祈祷，伸出双臂迎接春分的到来。

特奥蒂瓦坎春分日的日出令人难忘，为亚利桑那州立大学拍摄了这一仪式的肯尼思·费根解释道："约100万人在同一个地方观看日出，几乎都身穿白色衣服，人们一起欢笑、交谈、唱歌、击鼓、跳舞、吹笛子和模仿动物的叫声，人山人海，这样的场景令人印象深刻。"对于墨西哥人来说，"庆祝仪式将他们同他们的过去、他们的历史和他们的家庭联系在一起。"费根说。

现场的氛围会让每个人都有融入庆祝仪式的冲动，游客可以加入阿兹特克舞队伍和来自墨西哥全国各地的其他庆祝队伍中。大口吃着新鲜的玉米肉粽，或者跟小贩讨价还价买点便宜的小饰品。那些依旧相信古代神灵的人们，会燃起柯巴香，使空气中弥漫着柯巴香香料的味道。

游客必知
太阳金字塔

太阳金字塔在特奥蒂瓦坎古城拔地而起，约有20层楼的高度，是世界上第三大金字塔，也是中美洲的标志性建筑，始建于2000年前。太阳金字塔上的足迹被认为是根据春分和秋分这两天里太阳的轨迹而修建的。土坯、石头和灰泥建造的金字塔包含了大约226万吨的瓦砾。金字塔内部没有发现其他房间，但是地下部分有一个神秘的熔岩洞穴，很可能是一处宗教圣地或者皇家墓穴。若要爬上太阳金字塔的塔尖，总共有248级台阶。

计划：特奥蒂瓦坎 www.visitmexico.com。亚利桑那州立大学考古系关于特奥蒂瓦坎古城的信息 archaeology.asu.edu/teo。

身穿印第安传统服饰的音乐家聚集在特奥蒂瓦坎古城遗址前表演，庆祝春天的来临。

在厄瓜多尔的瓜亚基尔，一名当地妇女正在挑选可可豆，挑选出来的可可豆将被出口用来制作巧克力。

南美

厄瓜多尔

在春天可可豆收获的时节来到厄瓜多尔这传说中古代灵药的诞生之地，你可以亲眼见到收获可可豆，并细细品尝精致的巧克力。

在厄瓜多尔，一年四季都可以收获可可豆，但是如果想要沉醉于巧克力的梦幻世界，那么则应该前往热带种植园，例如亚马逊河流域讲克丘亚语的纳波省。该地区的巧克力近来引起关注，因为当地发现了一个新品种——奈斯诺。这是一种稀有的可可豆，曾经一度以为已经绝迹了，被认为是全世界最细腻的可可豆。

这些地区可可豆的收获从 3 月份开始，这是一年当中第一个雨季的开始，也是感受和体验可可豆生产过程的最佳时间。当地种植可可豆的农民以小型家庭作坊的方式收获可可豆，并干燥、发酵和烘焙，也会将制作可可豆的各种小窍门和秘密世代相传 。春季也是一年之中观赏霓虹蝴蝶和“珠光宝气”的蜂鸟的最佳时段，而且热带种植园地带充分体现了生物的多样性，迄今为止已知这里有 4000 多种植物、1000 多种鸟类和 195 种哺乳动物。

在厄瓜多尔，有各种方式可以探索和体验可可豆农场的工作，但是凯拉里合作社旗下的 850 家家庭经营的有机可可生产商尤其值得一探究竟。每个家庭都会被国际慢食协会授予特别的荣誉，奖励他们在公平贸易和可持续性农业实践中所做出的努力，这也让当地的克丘亚人不用砍伐热带雨林也可以维持生存。

游客必知
可可豆爱恋

尽管委内瑞拉宣称成立了世界上首个可可豆种植园，但是厄瓜多尔仍是可可豆种植界冉冉升起的新星。如今，厄瓜多尔是全球最大的可可豆生产国，所产的豆子被用来制成最细腻的巧克力。厄瓜多尔的瓜亚斯盆地是味道可口的阿里巴可可豆的故乡，有些新兴城镇，例如洛斯里奥斯省，就是依赖于这种可可豆带来的财富而发展起来的，一些富有的可可豆大亨也居住在这些地区。但是，1916 年至 1919 年期间爆发的一场真菌灾害终结了这一繁荣局面，毁掉了厄瓜多尔的阿里巴可可树，后来种植了一些更能抗病虫害的品种，例如 CCN-5。

计划：厄瓜多尔 www.ecuador.travel。在巧克力丛林种植园，你可以亲自烘焙可可豆（www.ecuadorjunglechocolate.com），或者更奢侈一点，给自己一个巧克力假期，住在克丘亚人家里当一名志愿者（kallari.com/internships.html）。

中美洲

危地马拉高地

“古老而狂野的危地马拉，对于热爱大自然的人们来说是一个令人兴奋的去处。每逢春天的迁徙季，可以在当地寻觅到 720 多种鸟类的踪影，每一种鸟的羽毛都有自己独特的色彩搭配。其中有 22 种鸟，很少能见到，仅仅在危地马拉的高地生存。这片土地遍布活火山，而沿着阿蒂特兰湖散落着盖丘亚人的古村落。”

——亚当·格雷厄姆，美国《国家地理》作者

当地人通常把危地马拉高地叫做“洛斯阿尔托斯”，是位于危地马拉南部的一片高地。这里地貌特征丰富，有火山、峡谷和山脉，同时也是丰富的玛雅文化的故乡。图片：在帕卡亚火山徒步，这是一座活火山。

在一年一度的布鲁姆日庆祝活动中，都柏林人会在这一天告别现代生活方式（包括着装）。图中，人们受到乔伊斯小说中描述的场景启发，在都柏林郊外的沙湾地区散步。

爱尔兰

都柏林

在纪念詹姆斯·乔伊斯的布鲁姆日，试着跟随小说里描述的时空错乱，让自己变得狂野甚至古怪。

爱尔兰这片土地充满了圣人、学者、罪犯和会讲故事的人，除了这里，还会有其他地方为一名小说中虚构的人物举办世俗的纪念日吗？在布鲁姆日当天，都柏林人都为詹姆斯·乔伊斯这名天才作家举杯，庆祝他那本情节错综复杂、扑朔迷离的小说《尤利西斯》的诞生。6月16日，都柏林人的生活状态是最超现实的、最不拘礼数的一天。通常这一天不会下雨，可以尽情漫步于都柏林的街头或酒吧，享受短暂的夏日。

布鲁姆日最初来源于小说中所描述的主人公利奥波德·布鲁姆和其他人物在1904年6月16日这天里所经历的事情。如今，乔伊斯的粉丝们身穿爱德华时期的服饰，在小说《尤利西斯》中所提到的地方聚会。除了全城的庆祝活动之外，詹姆斯·乔伊斯中心还会组织布鲁姆日早餐会（其中一道菜就是油炸腰子，这也是小说中布鲁姆在早餐时所吃的食物）。

进入乔伊斯小说中的状态并不难，你只需要带上这本小说，拿上都柏林的地图，外加一点想象力。用爱尔兰裔美籍作家弗兰克·麦考特的话来说："这是一场有关都柏林和爱尔兰、家庭和天主教、色情和爱的旅行。"

游客必知
布鲁姆日的乐趣

任何时候，你都可以享用健力士啤酒和爱尔兰切达乳酪三明治。即使乔伊斯在世，也会容忍一些颠覆性的行为。但是，在布鲁姆日当天，其实还有值得一去的地方：

大卫伯恩酒吧：位于杜克街，小说中布鲁姆在这个酒吧点了戈尔贡佐拉三明治和一杯勃艮第红酒。

www.davybyrnes.com

詹姆斯·乔伊斯博物馆：该博物馆位于都柏林沙湾区，这也是布鲁姆的一天所开始的地方

www.visitdublin.com

斯威尼药店：位于林肯广场，小说中"这座城市最糟糕的药店"，布鲁姆在这里买了一块柠檬香皂。药店致力于保持乔伊斯小说中所描述的样子，而且每天都会诵读乔伊斯的作品。

sweny.ie/site

计划：都柏林布鲁姆日 jamesjoyce.ie。都柏林步行路线 www.walkingtours.ie。

洛蒙德湖

在英国最大湖的湖畔，沉醉在无尽的白昼和绚烂的夕阳中。

洛蒙德湖是英国最大的湖，也是通往苏格兰高地的门户，距离格拉斯哥约半个小时车程。洛蒙德湖与特罗萨克斯山国家公园占地面积约 1865 平方千米，有大量的原始森林、迷人的村庄、安静的徒步小径、壮丽的山脉，你可以爬到山顶，一览美景，开怀畅饮。

洛蒙德湖的颜色、天气和氛围，会随着时间和季节的变化而发生改变。但是在每年的 5 月，这里总是比较特别，高地的白天似乎被无限延长。夕阳柔和的光线可持续数小时，似乎不愿落下，即使到了午夜时分，天空依旧如同白昼。

"5 月的天空堆积着蓬松的云朵，为摄影师、画家，以及任何想要享受美景的人，提供了一幅美好的天幕背景，"来自野生苏格兰组织的史蒂维·克里斯蒂介绍说，"在一场暴雨之后，光线呈现出一种神奇的、迷人的半透明状态。你的嗅觉同样有着非常美好的体验， 因为春天盛开的花儿接受雨水的洗礼之后，空气中弥漫着令人愉悦的香气。"

5 月的公园和湖边游客不多，学校假期尚未开始，不会拥挤，这个时候的蚊子也不多。

饕客必读
橡树旅馆

这里毕竟是苏格兰，所以无论是在山上活动还是在湖面划船，都随时可能下雨。在洛蒙德湖相对安静的东侧，位于巴尔马哈的橡树旅馆随时欢迎脚踏泥泞靴子的徒步者。如果有需要的话，旅馆甚至会点燃木料，燃起熊熊大火来取暖。此外，旅馆的菜单上有很多本地产的食物，例如烟熏三文鱼、哈吉斯（肉馅羊肚）和奶油鳕鱼汤（一种浓汤，有烟熏鳕鱼、土豆和洋葱）。许多啤酒都是苏格兰酿造的，旅馆还提供 50 多种麦芽威士忌，包括当地酿造蒸馏出来的格兰哥尼威士忌。

www.oaktree-inn.co.uk

计划：苏格兰高地 www.visitscotland.com。洛蒙德湖 www.lochlomondtrossachs.org.uk、www.lovelochlomond.com。徒步和其他户外活动 www.wildernessscotland.com。带上一件雨衣和一些保暖的衣服。

在洛蒙德湖，没有比日落更美好的景色了。这里还是皮划艇、帆板、滑水运动员和钓鱼爱好者的天堂。

Top 10

十大庆祝圣帕特里克节的城市

从波士顿南部到西班牙白色海岸，跳起欢快的爱尔兰踢踏舞吧！

纽约州，纽约市

纽约的圣帕特里克节日大游行（始于1762年，由在英国军队服役的思乡心切的爱尔兰人发起）是该节日游行中全球规模最大的，每年吸引约200万名观众参与。游行的队伍由军队领衔，完全靠步行。游行从44街开始，一直到第五大道结束，全程约6个小时。

www.saintpatricksdayparade.com/nyc/newyorkcity.htm

马萨诸塞州，波士顿

马萨诸塞州是爱尔兰人后裔最多的一个州（约有25%的马萨诸塞州居民声称是爱尔兰人的后裔），波士顿南部是圣帕特里克节的中心。自1901年起，波士顿南部就一直举办大规模的游行（通常在离3月17日最近的那个周日），数千名参与节日游行和狂欢的人将所有的东西都装扮成翡翠绿。听着苏格兰风笛如泣如诉的声音，呼唤着游行队伍来到位于波士顿百老汇地铁站的出发点。

www.southbostonparade.org

伊利诺伊州，芝加哥

芝加哥圣帕特里克节日游行（在周六）往往是由一个爱尔兰的小魔法表演拉开序幕，然后人们将18千克的环保染料倒入芝加哥河，整条河流被染成完美的黄绿色。游行从正午开始，风笛表演队、马队和姑娘们组成的踢踏舞领队，沿着哥伦布大道一路向北穿过格兰特公园。

www.chicagostpatsparade.com

佐治亚州，萨凡纳

早在1813年，佐治亚州就有城市首次举办了圣帕特里克节游行。节日游行在3月17日（如果3月17日刚好是周日的话，则提前一天举行），沿着街道步行3小时。要提前几个月预订酒店，以确保在老城区预订到一间可以看到游行队伍经过的房间。

www.savannahsaintpatricksday.com

西印度群岛，蒙特塞拉特

蒙特塞拉特岛被誉为“加勒比海的翡翠”。早在17世纪，临近岛屿的爱尔兰契约仆人为了逃避宗教迫害而逃到这里，这是最早来到这个岛屿的爱尔兰人。当地护照上的三叶草标记就是为了向爱尔兰的根基致敬。在为期一周的圣帕特里克节期间，当地的庆祝是带有当地特色的卡里普索音乐。这个混合了非洲和爱尔兰特色的庆祝活动同样也是为了纪念1768年3月17日的奴隶起义。

www.visitmontserrat.com/St_Patricks_Festival

加拿大，魁北克，蒙特利尔

无论是刮风下雨，还是寒冷飘雪，都无法阻止蒙特利尔圣帕特里克节日大游行。自1824年起，蒙特利尔每年都会举行长达3小时的游行，游行队伍由巡游花车、乐队和身着节日盛装的人们组成。根据传统，庆祝游行在距离3月17日最近的那个周日举行。游行结束之后，在麦基宾酒吧、赫尔利酒吧、温斯顿·丘吉尔酒吧和市区的其他一些酒吧还会举办各种派对。

www.montrealirishparade.com

爱尔兰，都柏林

都柏林的圣帕特里克节的庆祝活动持续4天，是庆祝爱尔兰文化和快乐的生活方式。最具标志性的游行在3月17日，从都柏林的帕内尔广场出发，途经圣三一大学，最后抵达圣帕特里克大教堂附近的终点。大约有50万人参与游行，整个队伍长约2.7千米。如果想要看到游行的全貌，最好提前预订一个看台座位。

www.stpatricksfestival.ie

英格兰，伯明翰

在距离圣帕特里克节最近的那个周日，英国规模最大的圣帕特里克节日游行队伍就会载歌载舞地穿过迪格贝斯，这里是后工业时代爱兰人聚居的区域。道路两侧是人满为患的酒吧，所有人都穿着翡翠绿的服装，移动的花车、舞者和鼓手，尤其彰显出这座城市文化的多样性。

stpatricksbirmingham.com

西班牙，卡博罗伊格

爱尔兰人所热衷的度假胜地卡博罗伊格会举办西班牙境内规模最大的圣帕特里克节日游行。节日当天的早上可以在小城的白色沙滩上尽情享受，然后找一家咖啡厅坐下，对着由乐队、摩托车和爱尔兰政要组成的游行队伍欢呼。夜幕降临，由健力士啤酒组成的夜晚总是热闹非凡，卡拉OK、比赛、焰火和弗拉明戈舞蹈等各种庆祝活动层出不穷。

www.spain-holiday.com/Cabo-Roig

新西兰，奥克兰

新西兰最大的城市奥克兰每年都是全球第一个举办圣帕特里克节日派对的城市。从爱尔兰到新西兰的移民潮始于19世纪40年代，直至今日，仍然有很多爱尔兰人来到新西兰，因此在爱尔兰人留下的遗迹中游行庆祝，那种自豪感溢于言表。整个庆祝活动包括游行、舞蹈、音乐表演，以及天空塔的亮灯仪式（即高约328米的高塔会亮起绿色的灯光）。

www.stpatrick.co.nz

风笛手将他们的艺术变成一场马拉松赛事，因为在圣帕特里克节当天，他们需要在长达数小时的游行中边走边吹，一直到第五大道。

阿姆斯特丹

荷兰国王日的当天，整座城市都在为这片土地的神明举杯庆贺，阿姆斯特丹这座城市也会被粉饰成橙色。

来到阿姆斯特丹，就好像走进维米尔生动的画作中，这座城市的画面总是有运河和整齐的房子，这也是荷兰给人的终极印象。每个春天，当成千上万的人聚集在一起庆祝国王日的时候，就会出现诗情画意的画面。可以说，4 月 27 日是荷兰人日历上最浓墨重彩的一天。

这个节日有点古怪，也不太可能展现出民族自豪感。所以，平日里保守古板的民众将头发染成橙色，穿上惹人发笑的服饰，举杯喝下橙色饮料，庆祝年轻的国王威廉·亚历山大的生日，此前这一天一直被称为女王节，直至国王的母亲娅特丽克丝女王 2013 年宣布退位。狂欢的人群聚集在运河中心区的街道，使得有轨电车不得不停下来为他们让道。

“场面完全是一片混乱，”在阿姆斯特丹红灯区经营兰迪罗伊步行导游服务的金伯利·李维斯说道，“整个老城区中心就像举行一场巨大的派对。”同时，人行道的每一寸都变成了露天市场，任何人都可以兜售一点从家中阁楼里拿出来的“古董”。

当国王日的庆祝活动结束之后，可以到库肯霍夫郁金香公园参观春季花展。库肯霍夫郁金香公园位于阿姆斯特丹的西南方向，约 40 分钟车程。在曾经的王室狩猎场徜徉，惊叹于各种排列整齐的鲜花阵列，当然也少不了荷兰享誉世界的郁金香，那盛开的鲜花如同地毯铺开，占地约 0.32 平方千米。

游客必知
郁金香热

在阿姆斯特丹的花市，花上 20 欧元就可以买上一包上好的郁金香花球，甚至还能找回一些零钱。但是在 17 世纪，一股对充满异国风情的郁金香的投机热将郁金香的价格推到了疯狂的高度。最珍贵的品种带有打褶的边缘和有条纹的花瓣，这其实是因为花球感染虱子携带的病毒所致。到了 1637 年早期，其中有个叫做“永远的奥古斯都”的品种，一个花球的价格甚至要高于一个熟练的手工艺人 10 年的工资，价格到了骇人听闻的程度。然而数周之后，整个市场瞬间崩溃瓦解，引发了浪潮般的破产。那么“永远的奥古斯都”命运如何呢？最后这个品种灭绝了，其活力被逐利的商人所培养出来的病毒削弱。

计划： 国王日 www.koninginnedagamsterdam.nl/queensday.html。库肯霍夫郁金香公园 www.keukenhof.nl。郁金香每年从 3 月底开放至 5 月。

在一年一度的国王日（以前是女王日）里，阿姆斯特丹变成了橙色的海洋，从人们头发的颜色到河畔的色彩，再到救生衣的颜色。

在海滩举办的庆祝鲱鱼捕获季活动中，荷兰政治家和明星向人们展示荷兰人独特的食用鲱鱼的方式。

荷 兰

席凡宁根

在席凡宁根的海滩，与荷兰人一起庆祝新鲜无比的鲱鱼从大海抵达港口，鲱鱼被荷兰人称为“大海的银色馈赠”。

在18世纪，荷兰渔民每年出海捕获当年的第一批鲱鱼的时候，会拉起标志性的三角旗。尽管这个传统已经消失，但每年6月依旧有大量的人聚集到海牙附近的席凡宁根海滩庆祝一年一度的国旗日。整个港口地区到处是游行的乐队、展示传统手工艺的艺人，还有其他一些传统庆祝活动。渔船都装扮成节日时最正式的样子，同时荷兰皇家海运的舰船也会放低踏板欢迎游客参观。

在国旗日之前的星期四，捕获的第一桶新鲜鲱鱼会被拍卖，所获得的资金用于慈善事业。对于鲱鱼来说，脂肪的含量是其关键：最少要达到16%，而最好品种的脂肪含量大约是20%。鲱鱼捕获季仅持续6个星期，大量的鲱鱼会被冷冻起来，留待以后食用。“有些鱼贩宣称他们一年四季卖的都是新鲜鲱鱼，”阿姆斯特丹弗兰克熏鱼餐厅的老板弗兰克·海恩说道，“但实际上在鲱鱼拍卖过去之后的几个月，鲱鱼也就没那么诱人了。”

在人群熙攘的码头小吃摊上，就着生洋葱、泡菜和荷兰陈酿，人们狼吞虎咽地吃着丰盛的鱼片。通常最恰当的食用方法是抓着鲱鱼的尾巴举到空中，然后从鱼头向上吃。

优中之选
海牙莫瑞泰斯皇家美术馆

在参观了海牙莫瑞泰斯皇家美术馆之后，会让人感到席凡宁根的海边景致更别有一番意味。在17世纪荷兰黄金时代涌现的一批油画大师的作品中，约翰尼斯·林格贝兹的作品《国王查尔斯二世离开席凡宁根前往英国》就是其中的杰出代表作。莫瑞泰斯皇家美术馆是一座建于17世纪的具有荷兰古典主义代表性的住宅，宏伟而具有对称美，俯瞰着胡夫法佛湖。美术馆中收藏了大量的荷兰和佛兰德画家的画作，挂满了整整16个房间。其中广为人知的代表作包括：伦勃朗的《杜尔普博士的解剖课》和约翰内斯·维米尔的《戴珍珠耳环的少女》。

www.mauritshuis.nl

计划：席凡宁根 www.scheveningendenhaag.com、www.denhaag.nl，新鲜鲱鱼拍卖的日期和鲱鱼节的庆祝日可能会有变化，具体时间会在这两个网站上通知。国旗日 www.vlaggetjesdag.com。

这些飞鸟可能就是普通的欧椋鸟，但是亲眼看到数百万只欧椋鸟在晚霞中展翅齐飞仍是难得。

丹麦

瓦登海国家公园

当成群结队的欧椋鸟布满春日的天空，你可以亲眼看到最具活力的自然现象。

在丹麦西部的海岸线，海水浸泡过的海滩上成片的芦苇荡在风中发出嘎吱声，地形细小狭长的瓦登海国家公园是丹麦最大的自然保护区。观鸟的黄金时期是 3 月中旬到 4 月枯草发芽的时节，那时天空中会出现让人炫目的“空中芭蕾”，数以百万计的欧椋鸟从四处聚集在一起，黑压压一片，在空中结成一支编队，这种现象叫做“丹麦黑太阳”。

这种令人叹为观止的情景出现在黄昏时分，数百万只欧椋鸟从地平线喷出涌现在空中，在逐渐变暗的天幕前形成各种图案。老鹰和其他捕食的鸟类的出现会惊扰到欧椋鸟，让它们的排列出现戏剧性的、不断变化的阵形，这是一场美丽的，甚至带有死亡意味的表演。

观看欧椋鸟的最佳地点是位于日德兰半岛南部的汤德湿地。尽管无法对欧椋鸟飞到天空的时间做出精确计算，但经验丰富的导游带着你可以大大增加概率。“有人能事先发现欧椋鸟，”丹麦自然野生动物园旅行社的老板艾弗·格兰姆介绍说，“我的旅行社每年组织约 25000 多名游客在联合国教科文组织列入的保护区旅游，我们会在日落时分躲在芦苇荡里静静观察和等待。”

优中之选
蒙吉通德教堂

在等待太阳落山和欧椋鸟起舞的时间里，你可以参观一下蒙吉通德。这是一座距离汤德湿地约 8000 米的精致小村庄，修建于 13 世纪的蒙吉通德教堂号称是丹麦内饰豪华的建筑之一。在教堂美丽的罗马式中殿里，吱吱作响的木制天花板充当了画布的角色，上面绘制有圣经故事，画面周围乌云滚滚，而精心装饰的四翼祭坛（大约 1500 年左右）闪耀着鎏金。在一片富丽堂皇中，流露出了一丝淘气，那带有雕刻的讲道坛是由一群小天使举在空中的，天使顽皮的面孔在风琴管后面若隐若现，这是丹麦最古老的风琴。

计划： 丹麦 www.visitdenmark.com。瓦登海国家公园和欧椋鸟之旅 www.vadehavs-centret.dk。丹麦国家公园 www.danmark-snationalparker.dk。

蒙特卡罗

在摩纳哥每年为期一星期的F1方程式赛车比赛期间，游客可谓摩肩接踵，沿着法国的蔚蓝海岸线，速度和激情在这里融合。

赛车像一台台金属小恶魔，发出震耳欲聋的尖叫声，而摩纳哥方程式赛车并不是因此而成为一场特别的赛事；摩纳哥赛道的高难度举世闻名，能目睹车手在这样的赛道上驾驶是很有吸引力的。在每年5月的F1赛事前后，游客甚至可能有机会与世界顶级赛车手见面。

在这个小小的城市里，在为期一星期的比赛里，可能都是下面这样的情形：你可能在赛道旁的巴寇餐厅里发现坐在自己旁边的就是冠军塞巴斯蒂安·维特尔，或者在考究的拉斯卡塞夜总会拥挤的酒吧里遇到威尔·史密斯。赛车手带着伴侣，观看比赛的明星总是时不时地出现在你的视线范围之内。

杜安·彭纳为游客提供每年赛事期间的定制化旅行服务，他称这是“真正标志性的赛事”。他说道：“赛事期间有王室和名人明星的派对，就在法国的蔚蓝海岸举行。赛事期间也有法拉利和奔驰这样的知名车队参加。只要随处走走，你就会觉得自己身处某个场景之中。”

想要体验一下3.3千米的赛道的话，可以在晴空万里的春日，沿着蜿蜒的街道步行或者骑行。周日比赛拉开帷幕的时候，可以在赛道上方的私人阳台观看比赛。培里侬香槟王更是必需的，但只有最精彩的赛事才能配上它。

游客必知
欧洲其他精彩的赛事

英国曼岛摩托车赛：该赛事始于1907年，公共高速路被用来当作这个高难度赛事的赛道，每年春天在爱尔兰海的这座小岛举行。在全程约61千米的环形赛道上，参赛车手的时速可高达210千米。

www.iomtt.com

勒芒24小时耐力赛：这项赛事自1923年开始举办，是全球最古老且最考验耐力的赛事，因为整个比赛持续24小时。高性能汽车在全长约13.7千米的赛道上一决高下。

www.lemans.org

芬兰拉力赛：该赛事在芬兰的于韦斯屈莱举行，赛道是碎石路面，参赛车辆都是改装后带有强大马力的日常车辆，这是北欧地区顶级的汽车赛事，通常在7月底或者8月初举办，持续3天。

www.nesteoilrallyfinland.fi

计划：摩纳哥 www.visitmonaco.com。摩纳哥方程式大奖赛期间可以定制旅行服务（www.roadtrips.com），包括私人派对邀请函、从尼斯机场的直升机接送，以及用于观看比赛的巴黎大酒店私人阳台。

在摩纳哥F1方程式赛车大奖赛期间，赛车呼啸经过狭窄的街道，使城市驾驶被赋予了全新的意义。

在巴黎横跨塞纳河的37座桥中，亚历山大三世大桥是为了纪念俄罗斯和法国之间的友谊而建的。

法国

巴黎

巴黎这座城市，春日时光总是让人无法抵抗，在花园、餐厅、咖啡馆和球场上，享受春日时光，让自己焕然一新。

春天的巴黎散发出别样的光芒，鲜花装点着街道和公园，人们沉溺在街边的咖啡馆看着街头人来人往，餐厅春日的菜单也格外清新，整个季节就像一首带着地道巴黎口音轻声吟唱的歌曲。

想要欣赏巴黎春日最美好的景色，就要走上街头。当你从一条街走到另外一条街，空气中萦绕着花香，满目都是色彩斑斓的鲜花，有水仙、郁金香、风信子、紫藤、丁香、玫瑰、牡丹，鲜花装点了古老的拱门、石柱和石头墙壁。“当杏花挂满枝头，散发出薄荷般清新味道的时候，走在巴黎的公园和小巷里，就像走在让－雅克·桑贝笔下的插画世界里。”《国家地理旅行者》杂志的作者奥莉维亚·施特恩介绍道。

其中赏花的一个好去处就是位于新桥附近的绿林广场，那里面积不大，修剪过的花田装点着巴黎街头常见的法国梧桐和塞纳河环抱下的长廊。另外一个赏花的地方就是罗丹美术馆的玫瑰园。

如果想要到更特别的地方去，可以选择去那些花了大量人力物力来维护的公园和花园，例如巴黎左岸的卢森堡公园。

当你从一条街走到另外一条街，空气中萦绕着花香，满目都是色彩斑斓的鲜花，有水仙、郁金香、风信子、紫藤、丁香、玫瑰、牡丹，鲜花装点了古老的拱门、石柱和石头墙壁。

埃菲尔铁塔是一年四季都值得一去的景点，但是只有在春季，周围鲜花齐放，才更有风景如画的意境。

春日的阳光里，人们在双叟咖啡馆消磨时光，讨论咖啡馆此前的常客海明威和萨特的作品，或者是什么都不做，就看着来往的路人。

巴黎百花园名气相对小一些，但也是一座充满魅力的植物园，种植了 3000 多种来自世界各地的植物，都经过了精心修剪。徜徉在长满青草的小径上，来到印象派画家笔下的风景中坐下，在阳光下享受野餐的乐趣。千万不要错过绿茵步道，这是一条由废弃的高架铁路线改造成的高空绿化带，从巴士底方向开始，沿途的樱花树、栗子树和色彩鲜艳的花园散发出阵阵香味。

想要带一些鲜花回家或者回酒店，在塞纳河沿岸的花摊驻足，或许就从阿里格市集（克雷尔街 46 号）买上一把；或者从巴黎圣母院附近风景如画的西堤花市买上一束也行，但这里的花市在周日会变为充满鸟鸣的鸟市。

游客必知 巴黎运动的一面

春天的光线柔和，是户外运动的好时机：法国网球公开赛每年 5 月在罗兰·加洛斯球场（www.rolandgarros.com）拉开帷幕。此外，在奥德耶跑马场和隆尚赛马场都有赛马赛事（en.parisinfo.com）。巴黎圣日耳曼足球俱乐部的足球赛季也如火如荼地进行，其主场比赛在王子公园体育场（www.psg.fr）举行。再或者坐在卢森堡公园或者某个小公园的草地上，观看一场传统的金属地掷球比赛。

准备一场完美的野餐

春日来一场野餐，在巴黎是必需的。在巴黎 16 区西边巨大的布洛涅森林里，像一个地道的巴黎人那样，租一艘小船游览湖面上的小岛。位于巴黎 19 区的柏特休蒙公园是拿破仑三世下令建造的，公园里有丘陵景观，有徒步道和蜿蜒的小路。

位于卢浮宫外的杜乐丽花园布满了一系列优美的雕塑作品、迷人的青铜作品和美妙的城市景观。享受这美景的时候，别忘了带一瓶美酒。在春天这个季节里，值得选来搭配野餐的佳酿有天梭汝拉桃红起泡酒、2010 年巴诺斯酒庄出产的卡西斯桃红葡萄酒，以及高蒂尔酒庄的布尔伊格红酒。这些酒可以用来搭配任何野餐食物。

咖啡馆里的风景

没有什么比坐在街边露天咖啡馆庆祝低迷冬日的结束更惬意的事情了，带上一本书，点一杯咖啡，沉浸在蔚蓝的天空和春日明媚的阳光里。在巴黎街头，你随处可以找到称心如意的咖啡馆。最有名的咖啡馆在法凡交叉路口（现称毕加索广场），这里知名咖啡馆林立，如精英咖啡馆、多摩咖啡馆、圆亭咖啡馆，甚至包括丁哥酒吧（1925 年 4 月在这个酒吧里，欧内斯特·海明威结识了佛兰西斯·史考特·基·费兹杰罗）。

在这座充满美食家的城市里，巴黎的餐厅总是及时地根据应季最优良的食材来更新菜单，春季菜单上会有羊肉、草莓、豆子、芦笋、羊肚菌、山羊、多利鱼、鳕鱼和多宝鱼。你可以享用大厨精心挑选应季食材制作的美食，也可以到农夫市场购买食材亲自动手。朱莉娅·查尔德就经常光顾科雷尔街的市场。其他值得光顾的市场有巴士底市集和蒙吉市场。

计划： 游览巴黎 www.viator.com。导游带团旅行 www.toursbylocals.com。巴黎的美食和美酒 www.foodandwine.com、www.eatin-paris.com、www.localwineevents.com。

法国网球公开赛经常会产生世界冠军，法国人将法网公开赛叫做“罗兰·加洛斯比赛”，这来自于一名法国早期飞行员的名字。

Top 10

十大春季葡萄园

在春季参观那些出色的酒庄，体会其中的乐趣。

云岭酒厂

加拿大，安大略省，滨湖尼亚加拉

加拿大是冰酒生产的中心，酿造冰酒的葡萄采摘时气温要低于0℃，以在这样的低温下，凝结葡萄的口味、香醇和糖分。云岭在冰酒酿造的工艺方面一直领先于整个加拿大，酿造出来的冰酒味道也多样。酒庄里的餐厅搭配冰酒的食物也堪称专业级别。

inniskillin.com

潘纳酒庄

俄勒冈州，纽伯格

俄勒冈的威拉米特河谷已经成为全球知名的葡萄酒产地之一，原因就是产于当地的黑皮诺葡萄酒。你在当地可以找到很多知名的酿酒厂，潘纳酒庄大概是其中最负盛名的。该酒庄的品酒室有很多窗户和浮动的屋顶轮廓线，从那里看到的风景和酒的品质一样令人难以忘怀。

www.pennerash.com

贾斯汀酒庄

加利福尼亚州，帕索罗布斯

每一个喝啤酒的人都知道纳帕和索诺马出产高品质的酒，但是近来人们的关注点开始向南部转移。位于加州中央海岸的帕索罗布斯盛产红酒，品种包括赤霞珠和西拉。在贾斯汀酒庄，你会看到令人惊叹的托斯卡纳风格的品酒室、餐馆和B&B酒店，品尝到赤霞珠混酿红酒。

www.justinwine.com

佩德纳莱斯酒窖

德克萨斯州，斯通沃尔

德州中部丘陵地带有着连绵起伏的山村和潺潺的河流，会让人联想起狂野的西部。但是如今这里也有了葡萄园，在佩德纳莱斯酒窖不仅可以欣赏这里美丽的自然景色，还可以参观大面积的葡萄园，是当地最美丽的地方之一。在日落时分，品尝获得过大奖的维欧尼和坦普拉尼洛，即使是约翰·韦恩也未曾有过如此美好的体验。

pedernalescellars.com

劳拉·哈特文酒庄

智利，圣克鲁兹

从圣地亚哥出发往南约2小时车程，就来到了位于安第斯山和太平洋之间的阿空加瓜峡谷，山谷里遍布着葡萄园。无论如何，都要品尝一下智利知名的葡萄酒佳美娜，这种酒在很长一段时间里被误认为是梅洛酒。在劳拉·哈特文酒庄，来客穿过马球场和网球场之后，才能抵达传统风格的酒窖。

卡瓦雷卡雷多酒庄

西班牙，圣萨杜尔尼德阿诺亚

西班牙人将起泡酒叫做“卡瓦”，法国人称它为“香槟”。而产于巴塞罗那南部佩内德斯产区的起泡酒堪称佳酿。跟很多已经工业化量产的酒庄不一样，卡瓦雷卡雷多依旧保持手工酿制，采用对环境有利的生物动力酿造方法。

recaredo.es

戴利酒庄

瑞士，吕特里

你会惊叹于日内瓦湖的美丽，但是可别忘了这里的葡萄酒庄园。瑞士酿制的葡萄酒往往被低估了，因为其产量主要供本土消费，出口量极少。戴利酒庄的历史可以追溯到1392年，目前种植有12个品种的葡萄。一定要尝一尝这里的莎斯拉，这是一种果香味的干白葡萄酒，是搭配奶酪火锅的佳品。

www.daley.ch

维奇蒙特菲利酒庄

意大利，格雷韦伊恩基亚恩蒂

“超级托斯卡纳”听起来像是一本漫画书的名字，但其实它是一种意大利产的酒。在佛罗伦萨南部家族经营的维奇蒙特菲利酒庄，可以试着品尝一些。除了“超级托斯卡纳”之外，还可以尝试一下古典基安蒂，一种百分之百的桑娇维赛，而不是混合酒。

vecchieterredimontefili.it/eng

克拉梅勒雷卡斯酒庄

雷卡斯，罗马尼亚

罗马神话中的酒神巴克斯被认为来自于罗马尼亚，时至今日，位于特兰西瓦尼亚地区山区的克拉梅勒雷卡斯酒庄依旧酿制出物美价廉、品质令人叹服的赤霞珠和混合白葡萄酒。酒瓶上所贴的吸血鬼和狼人的标签只是为了好玩而已。

www.recaswine.ro

席尔森庄园

新西兰，马尔堡，伦维克

新西兰所产的白苏维翁让该国在葡萄酒界有了一席之地，对于游客来说，又多了一个造访风景如画的新西兰南岛的理由。在席尔森庄园，葡萄的种植过程中不使用任何杀虫剂，纯手工采摘。酒庄在户外为客人提供了桌子，供客人在葡萄园里品尝美酒，还有机会品尝出自经过国际培训的酿酒师之手的橄榄油。

seresin.co.nz

瑞士狄拉蕊葡萄酒产区自从12世纪以来就开始种植葡萄，从这里令人叹为观止的陡峭山崖可以俯瞰整个日内瓦湖。

举着高高飘扬的旗帜，带着强烈的信念，吉普赛人以自己的方式纪念着他们的保护神圣莎拉，传说中圣莎拉是乘船抵达这一带海岸的。

法国

圣玛丽

在圣玛丽海岸的春日时光里，吉普赛人丰富多彩的朝圣活动让小城充满欢乐的气氛，加入到这古老的庆祝仪式中来吧！

卡马格是地处法国普罗旺斯地区的一片沼泽前沿地，位于古老的城市阿尔勒和地中海之间，因长角牛和鬃毛白马而闻名。这片湿地是鸟儿的天堂，生活着接近300种不同的鸟类，其中最有名的常驻客大概就是大火烈鸟。这些瘦高的彩色鸟儿轻松地飞翔在蔚蓝的天空下，这样的场景是普罗旺斯最让人难以忘怀的景致之一。

一个古老的传说

随着春天的来临，这里平静祥和的气氛就会被打破。每年的5月24日和25日，成千上万的吉普赛人打扮得花枝招展地来到这里朝圣，他们佩戴的银饰叮当作响，家庭成员在这里团聚，一起向吉普赛人的保护神圣莎拉致敬，传说中这名埃及女仆在公元40年左右带着一批最早的基督徒乘船抵达这里。

根据传说，就在耶稣被钉在十字架之后不久，3名玛丽——抹大拉的玛丽、玛丽·雅科布，她们是圣母玛利亚的姐妹；玛丽·莎乐美，她是信徒詹姆斯和约翰的母亲，以及她们的仆人莎拉，在没有帆和桨的情况下乘船漂洋过海。

游客必知
斗牛

在整个夏季，卡马格半野生状态的长角牛就会到处出没，并注定被领到斗牛场。在法国被称为“追猎”的斗牛场上，牛从来不会被杀掉。相反，整个斗牛的过程就是牛和斗牛士之间的一场猫捉老鼠的游戏，斗牛士努力用手持的耙子将牛角上的流苏和字符串弄下来。从牛角上获得不同的物体，将得到不同的积分。在斗牛士试图激怒公牛，让公牛向前冲的过程中，观众发出尖叫声和高呼声。最有名的斗牛赛事就是每年7月在阿尔勒举办的“金绶带”比赛。此外，还会在尼姆、塔拉斯孔和圣玛丽举办一些斗牛赛事。

她们在大海漂流，最终抵达这里的海岸，因此这里也被命名为圣玛丽村。心怀感激的玛丽姐妹在这里修建了教堂，据说玛丽·雅科布和玛丽·莎乐美的遗迹被保存在这座教堂里。在两位玛丽的旁边就是吉普赛人所致敬的圣莎拉雕像，雕像覆盖着巨大的袍子，作为一种供奉。

向大海游行

5月24日，吉普赛朝圣者参加在圣玛丽教堂举行的天主教弥撒，随后有一个盛大热闹的游行，吉普赛人抬着圣莎拉的雕像从教堂走到海里，游行队伍由优雅的白色卡马格马匹护送。朝圣者努力触摸和亲吻雕像，相信这会给他们带来福报。“能当时当地见证这个活动是一种神奇的体验，”电影专业学生德拉扎德·德加蒂在花了一些时间记录这一宗教仪式之后说道，“所有这些人，尽管大多数人的生活都很艰辛，但都在这一刻完全沉浸在欢乐之中。色彩、人们的着装，一切都是热烈和幸福的。”

圣莎拉的雕像被浸入海水中，朝圣者们跳着舞，朝海水中扔鲜花。随后，唱着歌的朝圣者在一片欢呼声中将圣莎拉的雕像抬回教堂，此刻教堂传出隆隆的钟声。庆祝活动一直持续到傍晚时分，各种庆祝游行则一直持续到第二天。“能亲历这个活动，成为其中的一部分，真的让我喜极而泣。”德加蒂说。

绝佳住处
卡马格湿地公园

奥贝奇卡瓦列雷酒店：这是由传统的土坯墙和茅草屋顶建造的私人小屋，但是建筑内部却是非常漂亮的现代风格。
www.aubergecavaliere.com

马斯德拉萨富凯酒店：传统的卡马格酒店，房间很大，有瓷砖地板和木梁。房间的私人露台可以俯瞰咸水湖和公园。
www.masdelafouque.com

马斯彩绘饭店：这是位于卡马格公园中心地带的一个农场，可以让住客在野外骑马，从而将优雅和原汁原味的当地生活完美地结合起来。
www.masdepeint.com

计划：圣玛丽村 www.saintesmaries.com。普罗旺斯 www.beyond.fr。圣玛丽村往北45分钟车程的古城阿尔勒有很多可以住宿的地方（www.avignon-et-provence.com）。

这片土地是数百种鸟儿的故乡，朝圣者们在圣玛丽教堂向圣莎拉致敬。

齐普雷西别墅的露台花园直面科莫湖，此外还有雕塑装饰的漫步道和大量的柑橘树。

意大利

科莫湖

将自己置身于甜美的春日气息中，徜徉在大大的别墅群和精心修建的花园里。

夜幕下的湖面很宁静，科莫湖仿佛已经滑出了时光的隧道。湖边的宅邸投射出来的光线洒落在湖面，在停泊的轮渡之间反射出星空般的璀璨光芒。在精致的高脚杯觥筹交错发出的细微叮当声、酒店窗户里飘出的欢笑声中，庭院里挤满了人，人们带着一身冬日的痕迹，就好像刚从冬眠中苏醒。科莫湖湖面宽约 48 千米，深约 410 米，是欧洲最深的湖泊，但这是一个仅适合欣赏湖面风光，而不适合潜入水中的湖。这里风景绝美：成熟的葡萄园在山坡上延伸，每一栋湖边的房子都仿佛只是在静静地等候回归到更安静的慢时光里；在那段岁月里，雇佣仆人的价格还不高昂，在春日的黄昏，鸡尾酒会就拉开了序幕，一直持续到深夜，空气里萦绕着无数香花盛开的馥郁。

舒适快捷的渡船连接着科莫湖的各个站点，渡船是观光的最佳选择；当然可以走路，也算是勉强行得通的一种方式，但绝对不是什么好的出行方式。从湖面眺望，科莫的那些秘密逐一呈现在眼前：隐藏在大树后面的别墅和翠绿草坪后的藤蔓植物；还有曾经招待过王室成员、摇滚明星、蜜月夫妇的酒店和花园。

夜幕下的湖面很宁静，科莫湖仿佛已经滑出了时光的隧道。湖边的宅邸投射出来的光线洒落在湖面，在停泊的轮渡之间反射出星空般的璀璨光芒。

在某一个地方，有上苍提供的无尽馈赠：瓦伦纳小镇的湖光山色，春天的美景。在这里，你会感觉一切都慢了下来。

瓦伦纳小镇坐落在科莫湖湖畔，从小镇上蜿蜒的巷子和充满乡土气息的渔民房子，都能欣赏到意大利阿尔卑斯山的景色。

春日水暖，喷泉喷薄而出；别墅凉廊的艺术品随处可见。春日温暖的气息就如同水的安抚，科莫湖再次敞开双臂欢迎游客的探索。

沉浸在鹅卵石街道上

在湖岸中南部，坐落在那里的半岛将湖面分成一个大大的“Y”字形，贝拉吉奥小镇就在这里，蜿蜒的鹅卵石街道和沿山而上的阶梯两边隐藏着各种糕点店和冰淇淋店，这些店铺穿插在高端精品时装店之间，欢迎各方游客品尝。12 世纪用灰色石头修建的圣吉奥科莫教堂面对着平静蔚蓝的湖面，俯瞰着白色炫目的奢侈酒店。餐馆都用春日的特色食材来吸引游客的注意。山坡上别墅区的花园向人们展示了经过数百年认真照顾和修剪的花园的美丽，这些花园在春日里成为一片片纯美的色块。一步一景，没有一处景色重复，每一转角处都能看到全新的湖景。贝拉吉奥小镇自罗马时期以来就是有名的度假胜地。午后在小镇迷人、蜿蜒的街道上漫步，就很容易理解小镇的昵称是“湖上的明珠”了。

尽享美丽风光

贝拉吉奥小镇并不是湖畔唯一的小镇，科莫镇依旧有古城墙和迷宫一样蜿蜒的城中心。在那里，你可以乘坐缆车抵达阿尔卑斯山的布鲁纳特，距离湖约 800 米，能完全感受风景如画的瑞士。身体健壮的人可以在小镇边缘选择一条道路来徒步，捕捉树荫里最后的雪景。科莫镇的丝绸也很有名，当地有一家博物馆展示了马可波罗在中国的经历。

间接感受奢华的高度

可能在科莫湖最适合做的事情就是体验轻松的生活方式。看看湖光山色之间的别墅，周围的风景就像被精细地修剪过，香气袭人的茉莉花爬满墙头。建于 17 世纪的卡洛塔别墅有着规划近乎完美的花园，春日鲜花盛开，各色杜鹃花和一些珍稀植物竞相斗艳。德尔巴比亚内罗别墅起初是芳济会的修道院，在 18 世纪晚期被改建为豪华住所，也是电影《星球大战》的外景地。

这就是科莫湖的春天：你所梦想的一切，都被鲜花萦绕。

优中之选
湖中小岛

春天来到科莫湖，当山脉投射的漫长的冬日阴影逐渐消散，靠近西北岸的科马奇纳岛是春日首次野餐的最佳地点。在古罗马城墙的遗迹和橄榄树树荫下野餐，不远处就是阳光照耀下的圣山，这是建于 17 世纪的宗教建筑群。渡船穿梭于博物馆、古物收藏馆和湖心小岛之间，就像穿梭于不同世界之间。

www.isola-comacina.it

计划：科莫湖 www.discovercomo.com。渡船服务 www.navigazionelaghi.it。贝拉吉奥小镇 www.bellagiolakecomo.com。卡洛塔别墅 www.villacarlotta.it，德尔巴比亚内罗别墅 villabalbianello.com。前往科莫湖的最佳方式是从米兰乘坐火车 www.trenitalia.com。

古老的梅尔齐别墅，游客们走出户外，就能享受阳光。

西班牙

赫罗纳花卉节

“在每年春季的花卉节期间，中世纪古城赫罗纳总是充满了创意，这里是鲜花的世界。令人惊叹的鲜花组合铺满了教堂的台阶，鲜花装置艺术装饰着城市的广场和石头庭院。”

——阿比盖尔·金，《国家地理旅行者》杂志作者

每年的5月7日至15日，西班牙北部城市赫罗纳就变成了一座巨大的花园，整座城市被色彩斑斓的鲜花装饰起来，以庆祝一年一度的赫罗纳花卉节，这在加泰罗尼亚语中是“花的时间”的意思。图片：花卉艺术家在给花卉节期间的街头鲜花壁画做最后的装饰。

塞维利亚

每年春季，人们陶醉在圣周的节日气氛里，弗拉明戈的浪漫气质笼罩着安达卢西亚这座城市。

一次点击，一次顿足，一次踏脚。有些城市有心跳，有些城市有脉搏。但是塞维利亚却是为数不多的自身就具有完整乐谱的城市，弗拉明戈的热情从每一扇门后喷薄而出。

踩着自己的音乐节奏，塞维利亚一直都是“一座浪漫的城市，吸引着整个西班牙的目光，”成长于西班牙的《国家地理》杂志摄影师杰德·达文波特这样评价，“它就是半岛上的新奥尔良。你总是可以来到塞维利亚，从现实中逃离数日，将自己沉浸到安达卢西亚的浪漫之旅中。”

在塞维利亚旅游，没有比春季更好的选择了。圣周拉开复活节的序幕，整个城市变成了游行队伍的海洋，人们抬着神像走过大街小巷。最古老的游行历史可以追溯到500年前。孩子们乞求糖果，当地人即兴演奏着弗拉明戈乐器加入游行队伍。

圣周之后两个星期，街头又再次热闹起来，这次人们盛装庆祝的是塞维利亚四月节，也被称为春季集市。人们在瓜达尔基维尔河河堤搭起装饰帐篷，尽情畅饮曼萨尼亚酒。这只是当地人口中的“塞维利亚甜蜜生活”的又一个组成部分而已。

优中之选
弗拉明戈舞

有各种表演可供选择。从一场演出辗转到下一场，沿途吃着Tapas，或者来到弗拉明戈舞蹈博物馆，在演出开始之前，先了解一下这种舞蹈艺术的历史。更好地体验弗拉明戈舞的方式就是参加一个舞蹈培训班，让自己翩翩起舞试试看。这样一来，你就不仅仅是在造访塞维利亚，你已经成为它心跳的一部分。

www.flamencomuseum.com

计划： 塞维利亚 www.turismosevilla.org、www.sevillaonline.es。弗拉明戈舞蹈 www.sevillaflamenco.com。在圣周和春季集市期间来塞维利亚需要提前预订酒店。

忏悔者头戴圆锥形帽子，象征着忏悔与悲伤。他们走在游行队伍的前面，带领整个队伍朝教堂前进。

白翅黄池鹭从罗马尼亚穆里吉奥尔起飞，这里距离多瑙河汇入黑海的入海口不远。

罗马尼亚

多瑙河三角洲

春日来到欧洲最著名的河流入海口，可以尽情地“偷窥”鹈鹕筑巢和其他鸟类。

多瑙河，欧洲第二大河流，蜿蜒流过约 2850 千米，并经过数个国家，最终在罗马尼亚的港口城市图尔恰汇入黑海。在这里，9 条分散的支流蔓延数百平方千米，形成一片巨大的沼泽湿地，造就了一座无与伦比的生态乐园。

在春季，多瑙河三角洲都会聚集大量的珍稀鸟类，即使不是鸟类热衷者，也会觉得不虚此行。“春季多瑙河三角洲聚集的鸟类令人叹为观止，”导游丹尼尔·彼得雷斯库介绍说，“这里鸟类的数量和种类之多在欧洲都是独一无二的，甚至有蓝胸佛法僧鸟、食蜂鸟、戴胜鸟和红背伯劳。”

4 月拉开鸟儿迁徙的序幕，然后它们开始在芦苇荡里筑巢并栖息，直到 9 月的秋风再次将它们送上迁徙的征程。到了 5 月，雨季已过，天气更加温暖，是黄金旅游季。

多瑙河三角洲的大部分地区都可以驱车前往，但最佳的观鸟方式是从图尔恰乘坐渡轮前往更远的湿地，例如苏里纳或者圣格奥尔基，这些离海更近的地方。圣格奥尔基的小村庄坐落在三角洲多瑙河流域的最南端，紧邻原始海滩，这里是白鹈鹕最爱出没的地方。

饕客必读
多瑙河三角洲的鱼汤

多瑙河三角洲通常是探险或者户外活动的天堂，在这里可以徒步、观鸟和乘船出海，它大面积的水域也给吃货们提供了一些值得细细品味的美食。在整个地区，厨师最引以为傲的大概就是这里最好的鱼汤。当地人似乎可以将各种淡水鱼和海鱼无限丰富地组合起来，包括鲤鱼、大菱鲆、鲟鱼、松鱼，还有一种当地特有的大型鲶鱼。这种鱼汤佐以蒜茸辣酱和精心制作的罗马尼亚风格的粗玉米粉，当地人叫做“mămăligă ”。

计划： 多瑙河三角洲观鸟 www.ddbra.ro。多瑙河三角洲生态保护圈管理局（DDBRA）会向游客收费，用来保护生态圈，所以浏览管理局的官方网站便于了解湿地。

即使是荷兰人，也不得不承认伊斯坦布尔对于郁金香也是略知一二的。在这里，在伊斯坦布尔赛马场，盛开的郁金香等待游客的到来。

土耳其

伊斯坦布尔

当鲜花和节日的喜庆装点着古老的石头街道时，试着在春日时光里探索这座永恒之城。

这座有着数千年历史的伊斯兰城市就像一座桥梁，横跨欧亚大陆，连接着东方和西方。如今的伊斯坦布尔，就是当年的君士坦丁堡，曾经是东罗马帝国、拜占庭王朝和奥斯曼帝国的首都，今日依旧是现代土耳其的社会和经济中心。探访这座城市的乐趣之一就是让自己迷失在蜿蜒的街道，聆听空灵的唱经声在石头墙壁上产生的回声。你还会发现博斯普鲁斯海峡边上的这座古老城市有更多值得欣赏的地方，从万花筒般炫目的鲜花到各种热情洋溢的节日。

多彩的郁金香

春季的高潮之一就是郁金香节，每当这个时候，伊斯坦布尔的大街小巷就开满了各种鲜花，其中很多鲜花来源于亚洲的草原。“四月份是伊斯坦布尔最精彩的时节，整座城市掩映在鲜花之中，人们都来到户外的咖啡厅和其他户外场所，”来自精致之旅旅行社的土耳其旅行专家厄尔·斯塔基介绍说，“在一个有着1300多万人口的城市，一年四季都会有一些大大小小的事情发生，但春季总是最特别的。”

除了鲜花盛开，伊斯坦布尔的创意文化也在春天呈现出百花

优中之选
托普卡帕皇宫

这座庞大的宫殿建筑群曾经是奥斯曼帝国的权力所在，历史可以追溯到公元1459年，俯瞰着博斯普鲁斯海峡和金角湾。很多人将这座宫殿称为“人间天堂”，各种混搭的建筑风格展现了奥斯曼帝国建筑技艺的高超。当游客在帝国首领会见苏丹的房间，或帝王金屋藏娇的房间之间穿梭的时候，会有一种进了迷宫的感觉。据说，这些嫔妃只能从装有木条的窗户和阳台上观看花园里的美景，即使是在百花灿烂的春天也是如此，除了统治者之外的任何男人，都不能看她们一眼。

topkapipalace.com

齐放的势态，很多艺术画展开幕，丰富多彩。除了古迹之外，这些创意文化也是更多地了解这座城市的绝佳途径。伊斯坦布尔国际电影节在3月底到4月中旬举办，不仅给这座城市带来了跨国界的文化之光，也给了游客谈论文化艺术的机会。土耳其国家主权及儿童日会让你更加了解这个国家独特的历史，它一方面严肃地纪念土耳其共和政府的创始人，一方面又是一个轻松的节日，展现土耳其人对于儿童的骄傲和对他们未来的期望。（在首都安卡拉，孩子们甚至在节日当天可以坐到议院里，像大人一样“治理”国家。）

音乐、电影和春天的祝愿

在所有的春季活动中，斯塔基最喜欢的就是土耳其春节，是为了纪念3000多年前的一位先知，时间由每年5月的第一个星期开始，其中活动最为集中的就是靠近海湾的阿赫卡匹公园。土耳其、巴尔干和吉卜赛音乐人来到这里，用音乐愉悦前来参加活动的人们。这些人吃着土耳其旋转烤肉和烤羊肠，以及其他一些土耳其特色食品，喝着热腾腾的柠檬水和茶水，为即将在街头舞蹈的一天补充能量。而活动的一个小高潮就是在许愿树上挂上许下的愿望。在你的愿望清单里，也许写着期待在将来的某个春天，或者不管什么季节，能再次来到伊斯坦布尔。

绝佳住处
塞拉宫凯宾斯基酒店

塞拉宫凯宾斯基酒店是世界上最奢华的酒店之一，此前是一座奥斯曼宫殿，经过华丽地改造之后称为酒店，位于波斯普鲁斯海峡靠欧洲的一侧。巨大的温水泳池紧邻海边，让人觉得周围的一切都漂浮在水面之上，周围被鲜花盛开的花园所环绕，尤其是在春天的时候。在花园里用餐，在土耳其浴室里放松，享受SPA水疗和室内恒温泳池，这一系列的放松让游客恍惚回到了苏丹统治时期的伊斯坦布尔。

www.kempinski.com

计划： 伊斯坦布尔 www.goturkey.com。伊斯坦布尔郁金香节 www.visitistanbul.org/istanbul-tulipfestival.html。土耳其春节 Hhidrellez.org/english.asp。伊斯坦布尔国际电影节 film.iksv.org。精致之旅旅行社（www.sophisticated-travel.com）为游客提供伊斯坦布尔、土耳其其他地区以及周边国家的定制旅行路线。

在土耳其春节期间，阿赫卡匹公园总是会有一些乐队在这里演出，给游客的旅程增加一点音乐的乐趣。

西奈觉醒

布鲁斯·费勒

圣凯瑟琳修道院

当我第一次听到钟声响起的时候，我惊醒了。当我意识到喧嚣声就在我的门外，我立刻竖起耳朵。铃声完全没有任何停下来的迹象，我将头埋在被子里。一台15世纪的钟琴，唤醒服务的铃声比钟声还要古老。

圣凯瑟琳修道院位于西奈半岛的南部山区，于1500年前由僧人开始修建，他们相信摩西在这里听到了上帝的召唤。如今修道院依旧住着12名修士，他们每天使用拜占庭希腊语举行5次宗教仪式。

前一天晚上，我决定在黑暗中出去走走。我蹑手蹑脚地走下一组楼梯，经过一个房间，这个房间里放着所有在修道院生活过的修士辞世后的头骨。这些头骨从修道院的地下室露出来，看起来就像麦片洒在了地上。在走道的尽头是一株很大的覆盆子树莓，大约3米高。修道士告诉我这株树莓很特别，早在3200多年前摩西辞世的时候，就长在这里了。

我坐下来陷入沉思。煤气灯的光线和山的影子，有人认为摩西在这座山上接受了十诫，我感到一丝敬畏。但是，我随后发现灌木丛的根部有些东西，细看是一台灭火器。乍一看，我认为灭火器放在这里颇有些碍眼，但随后意识到：这不就是为了防止树莓灌木丛着火吗？如果真的起火了，我是该拿起灭火器灭火呢，还是期待上帝的出现？

我试图在脑海里抹去这样的场景，忽然一只眼睛带有褐斑的白猫从树丛中跳了出来，跳到我的脚上，并开始尖叫。我跑回自己的房间开始温习拜占庭希腊语。

犹太人的逾越节在春季，传说古代以色列人逃离埃及的时候途经此地。复活节也在春季，处处充满着各种新生的标志。它仿佛掉进了时间的琥珀，几个世纪都不曾改变，包容了多种不同的建筑和宗教传统。对于我来说，它诠释了春天。

布鲁斯·费勒（www.brucefeiler.com）是国际畅销书《胜地踪迹》的作者，同时也是PBS系列节目《胜地踪迹》和《同布鲁斯·费勒探访胜地之旅》的主持人。他最新出版了《幸福家庭的秘密》一书。

在接近20年的时间里，我造访过世界各地的很多圣地，发现圣凯瑟琳修道院是我去过的地方中最为神圣的。

在圣凯瑟琳修道院的厨房里，牧师和贝都因人将面团揉捏成面包的形状放进烤炉。

菲斯

在摩洛哥精神和文明的中心，倾听那遥远的声音。

菲斯这座城市有着1200多年的历史，是摩洛哥的文化、艺术和精神中心，总是处在中世纪文明和现代文明的碰撞之中。为期一星期的世界宗教音乐节在这里举行，就如同菲斯这座城市一样，丰富多彩的反差让人着迷。这个夏季活动总是让游客与音乐不期而遇，来自完全不同的文化和传统的音乐家们充分合作，从参加的大腕音乐人名单可见一斑，例如有来自冰岛的摇滚音乐人比约克、美国乡村音乐传奇人物琼·贝兹和刚果裔法国歌手阿卜杜勒·马利克。

夏季的菲斯被烈日炙烤着，你可以到巴塔博物馆的安达卢西亚花园寻找一片清凉之地，该博物馆原本是19世纪的苏丹宫殿。在这里，你能听到午后音乐独奏，很可能是卡农琴伴奏下的阿拉米语歌曲、图阿雷格游牧民族的音乐、可兰经中福音的和声、塞内加尔姆巴拉的节奏，或者是类似爵士的蓝调。在北非巨大的橡树树荫下，音乐有了一种故事书的效果。欣赏完音乐之后，可以在博物馆里四处走走，如今这里是法西刺绣和14世纪瓷器的收藏馆。夜幕降临，前往巴布马基纳，这是通往皇宫的镀金大门。大门宏伟，在月光的照耀下闪闪发光，宫殿的大门成为晚间音乐会最浪漫和最能渲染氛围的背景。

绝佳住处
蓝色巴塔酒店

参加音乐节的游客在宫殿入口处待了整个晚上之后，也可以选择就近的酒店入住。在迷宫般的旧城中心，蓝色巴塔酒店过去曾是摩洛哥社会名流聚集的奢华场所，包括知名的法官、教授和占星家西迪·穆罕默德·埃尔·阿巴迪（这个酒店就是他的孙子重建的）。富丽堂皇的装饰（蓝色的马赛克瓷砖、雕刻的雪松木门、喷涌的喷泉和四柱床）精心呵护着客人，酒店客人还可以在此尽情地了解历史，这里的图书馆收藏了古董精装书、教科书和油画。

www.maisonbleue.com

计划：菲斯世界宗教音乐节 www.fesfestival.com。

当粉色的光线投射到天幕，贝伦玛雅西班牙舞蹈团在世界宗教音乐节上登台表演。

户外徒步爱好者在伊米勒希勒的阿特拉斯山脉欣赏风景。他们的下一站会是约4167米高的托布卡尔山吗?

摩洛哥

阿特拉斯山

当春天扫去冬日的寒冷，踏上旅程，在摩洛哥的村庄和山谷里去探索柏柏尔族人的文化。

柏柏尔人骄傲地称自己为“Imazighen”，意思是“自由的人”。在阿特拉斯山最高山峰托布卡尔山的山谷里，就可以找到这个坚韧而独立的部落聚居点。无论你是选择艰难的徒步旅行，攀登约4167米高的托布卡尔山，还是选择从马拉喀什出发前往一些村庄的一日游，诸如伊姆利尔，春季都是最令人振奋、最值得到这些地方探访的季节。

融化的雪水潺潺流过奥里卡山谷，树木吐出新芽，花蕾含苞待放。当你离开城市爬上山的过程中，沿途的风景与城市风光形成令人印象深刻的对比。天空中大面积的积云从山顶飘过，阳光时不时透过云层洒下来。

村庄里的生活总是围绕着伊斯兰教标志性的事物展开：清真寺、伊斯兰教学校、面包烤箱、公共喷泉和公共蒸气浴室。山谷里回荡着唱经声，呼唤着人们祈祷，一天就这样开始了。在这样的传统文化氛围里，你几乎看不到女人脸上纹绘的图腾，通常是她所属部落的标志，不过大多数人都会远远躲开你的视线。

“这才是我所说的真正的摩洛哥。”伊姆利尔卡斯巴古堡所有者麦克·雨果说道。记得多带一个包，并且记得讨价还价。在这些村落里，你会忍不住购买一些漂亮的手工羊毛地毯。

绝佳住处
卡斯巴古堡

卡斯巴古堡曾经是山上的防御工事堡垒，如今它被改造成了现代的、舒适的酒店，客人可以从酒店欣赏到令人难忘的阿特拉斯山风光。春日的白天时光会长一些，气候也相对暖和，在酒店的露台放松或者是挑一天沿着山上的石头路徒步，都是不错的选择。傍晚时分，卡斯巴会提供热腾腾的塔基锅炖菜，你可以同其他游客围着燃烧的壁炉聊天交谈。当回到自己的套房，千万不要忘记欣赏寒冷的夜空，你会看到星空闪烁。卡斯巴古堡将自己的一部分收入捐赠给“全民教育”慈善组织，该组织旨在致力于支持女孩子接受中学教育。

www.kasbahdutoubkal.com

计划：阿特拉斯山 www.visitmorocco.com。西部阿特拉斯高地公司提供定制化的旅行服务，游客可以选择步行、骑骡子或者骆驼游览图卜卡勒国家公园。该地区距离马拉喀什约60千米。

Top 10
十大美丽的花园

在这些大大小小的美丽花园里，呼吸着春天里沁人心脾的馥郁花香。

布查特花园
加拿大，温哥华

布查特花园的前身是石灰石采石场，从1904年开始才被改造为花园。它位于温哥华岛上的维多利亚市，整个花园有100多万株花坛植物，总计约700个品种，每年从3月开始一直到10月，各种鲜花不间断地盛开。到利用石灰石矿坑建造的下沉花园和紧邻布查特海湾而建的日本花园里走走，还可欣赏那里的美景。

www.butchartgardens.com

布鲁克林植物园
纽约，布鲁克林

布鲁克林植物园始建于1910年，这个庞大的植物园地处布鲁克林的中心地带，内有6000多种不同的植物。其中盆景博物馆展示了350多种精心修剪过的树木，除了日本，这是最大的面向公众的盆景展示馆之一。每年4月下旬，大约有45000多株风信子盛开，游客们还能在樱花艺术中心的樱花树下野餐。

www.bbg.org

库里提巴植物园
巴西，库里提巴

库里提巴市是巴西南部巴拉那州的首府，在这里围绕着高耸的温室，有一片巨大的法式植物园，高耸的温室极易让人想起19世纪伦敦的水晶宫。在“感觉花园”里，游客可以蒙上眼睛，通过听觉、嗅觉和触觉去感知周围的树叶和涓涓瀑布。

www.visitbrasil.com

库肯霍夫花园
荷兰，利瑟

每年从3月至5月，库肯霍夫花园里有超过700万株郁金香、水仙和风信子陆续盛开，这座花园占地面积约0.32平方千米，坐落在阿姆斯特丹的西南方向。游客可以租用一种电动无噪音的“轻声小船”来参观。

www.keukenhof.nl

莫奈花园
法国，吉维尼

印象派大师克劳德·莫奈的很多著名作品的灵感都来自于花园和水园里盛开的鲜花，这些花园位于巴黎西北部他的故乡。莫奈花园每年的4月至11月向公众开放，花园里盛开的鲜花主要有水仙、长寿花和紫藤。到了5月，在花园里徜徉，可以看到阳光和树影在莫奈最喜欢的睡莲之间闪烁。

fondation-monet.com/en

伊斯特别墅
意大利，蒂沃利

伊斯特别墅花园是文艺复兴时期意大利园林的杰出代表，它位于罗马东北部，里面布满了石窟、瀑布和古老的雕像。探索哈德良离宫的遗迹，这座离宫是罗马帝国的帝王哈德良为自己修建的私人花园。沿着喷泉大道可以看到很多兽首喷泉和盛开的百合花。

www.villadestetivoli.info/storiae.htm

康斯坦博西植物园
南非，开普敦

康斯坦博西植物园依傍着开普敦桌山，面积约0.36平方千米，建于1913年，旨在保护南非独特的植物凡波斯。在南非的春季，也就是8月至11月造访这座植物园，可以看到凡波斯最茂盛的样子，还会看到很多植物正处于花期。

www.sanbi.org/gardens/kirstenbosch

塞舌尔国家植物园
塞舌尔，维多利亚

塞舌尔国家植物园建于一个多世纪之前，位于塞舌尔岛的首都，是塞舌尔历史最悠久的古迹。这里有塞舌尔本地的兰花、稀有的香料树，也是果蝠和巨大的阿尔达布拉象龟的栖息地，有些象龟已经有150多岁的高龄。

www.seychelles.travel

新加坡植物园
新加坡

新加坡植物园建于1859年，植物园里有枝繁叶茂的九重葛、竹子、棕榈树和其他一些当地的热带植物，占地面积0.52平方千米。在康复花园里安静地走一走，这里种植着很多东南亚传统用作药物的植物。然后徒步来到约3万平方米的国家兰花花园，这里是植物园的制高点，多达60000株的兰花竞相开放。

www.sbg.org.sg

兼六园
日本，金泽

兼六园修建于17世纪，起初是封建社会藩主的私人花园，如今被认为是日本最美丽的花园之一。其漫步式景观带有各种具有艺术性且精心设计的池塘、山坡和茶室。每年的3月，花园里数百株李子树绽放，深粉色和白色的鲜花交错，沿着花园里的水流，菖蒲花也开得正旺。

www.pref.ishikawa.jp

一个多世纪以来，布查特花园给温哥华岛的居民和游客提供了约0.2平方千米的世外桃源，那里无与伦比，风景如画。

维多利亚瀑布的美景已经令人印象深刻，但是当彩虹横跨瀑布上空的时候，这种美丽更加让人兴奋不已。

赞比亚／津巴布韦

维多利亚瀑布

飞过世界上“最大的瀑布流”，触摸瀑布飞泻而下时升腾的水雾。

“（维多利亚瀑布的）景色是如此美丽，必须从高处往下看才能体会它的魅力。”发现了该瀑布的苏格兰探险家大卫·利文斯顿说道。联合国教科文组织在评价维多利亚瀑布的时候，将其描述为地球上“落差最大的瀑布”。在每年的4月和5月期间，也就是雨季之后，瀑布的水流量是最大的、最壮观的。站在高度落差约90米、宽约16千米的巨大瀑布面前，就能感受到地貌、水流和时间的力量。

维多利亚地处赞比亚和津巴布韦的接壤处，这两个国家都宣称自己境内的景色最佳。但是游客用不着非要选择某一个国家来观看，这两国的边境处很容易穿越，游客可以从各个角度观看。更好的办法就是乘坐超轻型飞机从上空俯瞰。乘坐敞篷轻型飞机意味着游客可以感受到风穿过头发，从高空鸟瞰赞比西河、利文斯顿岛，以及河流两侧随着地平线延伸的平原上的野生动物。“如果恰逢好的时机，当汹涌的洪流奔泻而下，你甚至可以伸手触摸到瀑布。”飞行员凯文·麦奎西说。由于离水雾足够远，所以一点不影响你用相机记录这一自然奇观（这就是世界七大奇观之一）。

优中之选
赞比西河泛舟

“湮没”和“魔鬼的马桶”这些字眼都暗示着赞比西河的湍流一点都不温和。在赞比西河泛舟一直以来都被认为是世界上最令人兴奋的河流探险活动之一，尤其是每年的4月和5月，在雨季之后河流水量最大的时候。经典的一日游路线大约25千米，要经过20个湍滩，大约是一个经典大V字形的一半。为了增加旅途的兴奋度，河里还有鳄鱼（尽管只是小鳄鱼）。游客也可以选择漂流更长的距离，白天划桨沿河漂流，在河岸吃午餐，夜晚就在河畔点燃篝火。

www.zambezirafting.com

计划：维多利亚瀑布 www.zambiatourism.com、www.zimbabwetourism.net。大多数酒店和客栈都能安排观赏瀑布。从利文斯顿探险公司可以租到轻型飞机 www.livingstonesadventure.com。

仰光

让自己沉浸在充满金色和鲜花的佛教庆典中吧！

缅甸在过去被称为"Burma"，无论名称怎么变化，有一点是不变的：在这里你永远不需要闹钟，因为僧侣会在日出时分唱经，将你从睡梦中唤醒，渔民依旧用舢板小船撒网从湖里捕捞春天的鱼苗，他们就像在时光机器里一样，一切都不曾改变。鲁德亚德·吉卜林曾说过："这就是缅甸，这里与你所知的任何一片土地都不一样。"每年3月的满月日，你会感受到这里如此与众不同。缅甸全国各地的人们都来到仰光，向镶嵌着宝石的闪闪发光的大金塔致敬。据说佛塔内供奉着佛祖的8根头发，有人相信它有2500多年的历史。游客很容易迷失在数千名绕着礼堂参加年度庆典活动的佛教信徒中，在过去的几十年里，如此大规模的庆典是一度被禁止的，在佛堂里有近50万朵鲜花装饰着地面。

整个节日充满喜悦的气氛，神圣的宗教气息与节日的喜悦交织在一起。游客可以选择看一场木偶秀或者表现僧侣生活的传统札基假面舞。想要用餐的话，当春天的空气中弥漫着祷告的气息，你只需要顺着木炭的气味寻找，就能找到街头兜售鱼板面的摊贩，这是一种炖的鱼汤面，或者是传统的米饭沙拉。别忘了留一点缅甸当地的货币买一片金叶子。你可能会想要加入庆祝仪式的队伍，甚至捐赠一定费用用于每年春天修理维护地面。

优中之选
清凉的泼水节

缅甸是典型的热带气候，任何可以降温清凉的方式都是不错的选择。在春天的泼水节期间，可以向任何移动的物体洒水。泼水节第一天的白天是各种传统的佛教仪式，但是到了日落时分，真正有趣的事情才拉开帷幕：在精心装饰过的高高的舞台上，各种音乐、舞蹈和演出层出不穷，随后就是真正的泼水时间。最开始是朝地面洒上一些水，作为祝福，然后大家就可以随意嬉戏，如使用水枪和水气球，或者任何可以朝身边的人泼水的工具。接下来的几天也不用想着将衣服晒干，因为整个缅甸都在泼水节的狂欢氛围里。

www.myanmartravel.org

计划： 大金佛塔节 www.myanmartravel.org。缅甸旅游官方网站 www.myanmartourism.org。由于缅甸是刚开始建设互联网的国家，游客还是需要打电话给酒店和旅行社来沟通很多事情。

并不是只有大金塔上的金子才闪闪发光。当阳光照射着镶嵌的宝石，也会反射出耀眼的光芒。

印度，斋浦尔

侯丽节（色彩节）

“大街小巷和空气中都萦绕着歌声和鼓声。所有的一切都被涂抹成橙色，然后通过大量香味粉末让人看起来浑身都悬浮着彩色粉末。”

——《宝行王正论》，公元7世纪的戏剧

在3月的满月之日后，侯丽节将印度唤醒，人们将彩色粉末抹在彼此的身上，纪念春天的来临。印度北部城市斋浦尔的庆祝活动会持续得更久一些，因为他们还在同时庆祝大象节。

摆脱冬日的严寒

安德鲁·伊万斯

基辅的五月天

大炮朝天鸣放礼炮，拉开了宏伟的序幕，随后朝天鸣枪作为仪式的一部分，同炮声比起来，枪声显得温柔许多。空气温暖，音乐热烈，军乐团会沿着克列夏季克大街行进 1.6 千米，雷鸣般的鼓点声在基辅中央大街回荡。参加庆祝的人群像蜜蜂一样拥挤，夹杂在头发花白的退伍老兵中间，这些参加过战争的退伍老兵骄傲地佩戴着精心打磨过的奖章。腼腆的孩子穿着最喜爱的衣服，手持粉红色康乃馨献给老英雄们。当我一次又一次地看见这充满爱的礼物在一代又一代人之间传递，被深深地感动了。

5 月 9 日是乌克兰的胜利日，纪念伟大的爱国战争，也就是第二次世界大战的结束。尽管很多家庭到这里来是为了让孩子骑小马、吃热狗和买五颜六色的气球，但是乌克兰人民将永远不会忘记纳粹入侵并占领这条街道的岁月。

在乌克兰的首都基辅，我最喜欢的就是 5 月了，漫长的冬日好像瞬间戛然而止，整个城市凝固在时光里，开始长达 10 天的庆祝和派对。庆祝活动始于劳动节，也就是 5 月的第一天，根据前苏联遗留下来的老传统，这一天需要给所有的工人放假一天。尽管基辅有些地方依旧可以看到红星的痕迹，但是如今的劳动节更像一个欢快的庆祝春天来临的仪式。

冬日积雪慢慢消融，在积雪的地方，栗子树的白色花朵铺满了第聂伯河两侧陡峭的山坡，解冻后的河水快速奔流，日夜不息。从开满鲜花的森林可以看到基辅洞窟修道院闪闪发光的金顶，这是一座有着 1000 多年历史的东正教修道院，建于一个迷宫般的深邃洞穴之上。

尽管这座城市历史悠久，乌克兰却是一个年轻的国家。5 月的节日标志着它向年轻化节奏的转变，室内活动开始转向室外，从阴暗走向光明。每一天天亮的时间都比前一天要更长一些。在接下来的几周里，乌克兰这片肥沃的黑土地就会变成赏心悦目的绿色，在乌克兰语里面，5 月被称为“特拉文（traven）”，或者是“草（grass）”。

所有这一切都值得庆祝，提醒着人们，无论是战争动乱，还是冬日的寒冷与漫长，自然始终会以它的脚步向前，在每年的春暖花开之际带来新生。

安德鲁·伊万斯是《国家地理旅行者》杂志的特约作者，也是《国家地理》杂志的“数字游民”，他走遍全球为读者寻找互动的旅行体验，也是最畅销的乌克兰和冰岛旅行向导书的作者。

“在乌克兰的首都基辅，我最喜欢的就是 5 月了……每一天都像是在庆祝春天的来临。”

基辅的圣米迦勒金顶修道院最早始建于12世纪早期，一直被当作这座城市的守护神，它还开启了基辅镀金圆顶建筑的先河。

大阪和东京

体验流行的古老运动——相扑。

日本的春天更有名的或许是它一直以来被捧得高高在上的樱花，但是一年一度的相扑肉搏战也毫不逊色，让人感觉惊心动魄。观看体重达140公斤的相扑选手比赛是一种奇特的体验，最好选择在日本观看。相扑就好比日本人的橄榄球联盟赛，比足球的历史还要早1000多年。

春天的日本吸引着相扑粉丝和游客前来享受黄金周，即从4月底到5月初为期一星期，其中4天是法定假日，包括天皇诞辰日、绿色日和儿童节。春天里有两次相扑赛事，每次赛事为期15天，分别是3月在大阪和5月在东京举行比赛。相扑比赛是史诗性的事件，吸引了很多人前来观看，比赛现场吵吵嚷嚷、热闹非凡，与京都鲜花安静盛开的温柔场景形成鲜明对照。

大阪的春季相扑赛事在大阪府立体育馆举办，被戏称为“粗暴的春季邀请赛”。该赛事还包括电视通常不会录制转播的入门级和低级别赛事。东京的相扑赛事更加壮观，比赛冠军会被授予头衔。游客还可以在东京参观相扑博物馆，仔细看这里的一切，从版画到比赛的排名，再到以前的相扑冠军佩戴过的礼仪围裙。

游客必知
相扑锦标赛

相扑选手，也被称为rikishi或者osumo-san，如果选手的身体任何部位触碰到土表或被推出土表外即为失败。抓头发、击双耳、卡咽喉、用拳击打和击打胯下都是不允许的。根据官方解释可以有60多种比赛获胜的技巧，但是通常在比赛中用到的不过十几种。当然，体重也很重要，被戏称为“卸货车”的相扑选手小锦八十吉体重最重达到了286公斤，是目前世界上最高纪录的保持者。相扑选手有自己专门的食物——相扑火锅，一种蛋白质丰富的炖火锅，里面有鸡肉、牛肉、萝卜和豆腐，搭配米饭和啤酒，以便摄入最多的热量。

计划：相扑比赛和相扑博物馆www.sumo.or.jp，日本的相扑赛事是由日本相扑协会组织的。在比赛开始一个月之前，观众就可以通过网络购买门票。

职业相扑选手穿上装饰腰带，围绕着土表面向裁判站立，这就是相扑比赛开始之前的土表进入仪式。

名城公园盛开的樱花环抱着名古屋城，一切看起来近乎完美。

亚洲

日本

加入日本春天的樱花热大潮，春天就正式开始了。

樱花树在温带几乎所有的地方都能见到，但是唯有在日本，每年的春天，对樱花的狂热达到了举国痴迷的境界。居住在东京的市场咨询师戴比·霍华德也是众所周知的“樱花怪人”，她将日本赏樱花的人分为两派：一派是“走马观花派”，倡导在樱花季走更多的地方，看更多的樱花；另外一派是“禅派”，主张选定一个特别的看樱花胜地，然后就在一个地方尽情欣赏该地的樱花。戴比自己更喜欢后一种方式，她说：“坐在樱花树下，和朋友一起聚会，是一种非常特别的体验。”

游走看樱花的一族应该买一双舒适的鞋子，带上地图或者导航仪，在特定的城市寻找最佳的赏樱花地点。那些喜欢野餐的人还应该带上野餐垫，从当地市场购买的新鲜食物（例如寿司或者生鱼片），外加一壶加热过的清酒，几杯清酒可以一扫春日料峭的寒意。霍华德建议在白天和晚上分别欣赏樱花不同的美，因为晚上华灯初上之时，很多樱花林都会被灯火照亮。她个人最喜欢的赏樱花地点是东京的目黑河和上野公园。在这两个地方，游客可以租船在粉色的风景里穿梭。

优中之选
鲜花城堡

日本中世纪城堡的公园和花园都是赏樱花的绝佳去处。

路城：这座中世纪的城堡靠近神户，几乎被完好无损地保留至今。城堡北面的公园里种满了樱花树。
www.himeji-castle.gr.jp

弘前城：中世纪的遗迹几乎不剩下什么，但是城堡本州北部约0.49平方千米的花园种有2600多株樱花树。
www.hirosaki.co.jp

竹田城堡：这座城堡被护城河所环绕，修建于17世纪，位于日本上越市，里面有4000多株樱花树。樱花季的时候，当夜晚来临，数千株樱花树被灯笼照亮，整个场景尤为梦幻和神奇。
www.jnto.go.jp/eng

计划：日本 www.jnto.go.jp。樱花季，日本官方公布的每年各地樱花盛开的时间和主要赏樱花目的地 www.jnto.go.jp/sakura。日本旅行网站 www.japan-guide.com/blog/sakura12，里面的信息都由各地记者所发表。

夏

烟火绚烂，野马奔腾，无尽的艳阳和节日狂欢。

季

即使正值盛夏，在苏格兰的海滩，冲浪爱好者也要穿上冲浪服来抵御海水的凉意。

温哥华

在温哥华国际焰火节上，绚烂的焰火仿佛盛大的交响曲。

每年7月都有那么几个傍晚，数千枚焰火对空发射，照亮温哥华的英吉利海峡，焰火拖长的尾部闪闪发亮，引起围观人群的欢呼。温哥华焰火节将吸引来自全球顶尖的焰火艺术家，他们都将自己的才华展现在温哥华的上空。焰火节为人们提供了一个难得的机会，大家可以在这个地方欣赏到全球最精彩的烟花艺术。

焰火节持续3个晚上，每晚以一个国家为主题。焰火节的制作人安德里亚·多德－德弗认为温哥华人已经是烟花鉴赏家，学习了各种不同的风格。“中国的焰火都很大，是真正的大炮弹，”她说，“意大利的焰火则更复杂一些，艺术性更强一些。”

焰火节也不仅仅是视觉享受，在节日期间，约有40万人在傍晚时分聚集到英吉利海峡附近，享受傍晚的习习凉风和绚烂的焰火。空气中弥漫着嘻哈、桑巴、越南民歌或者加拿大摇滚艺人尼尔·杨的音乐，所有这些音乐风格都配合着焰火的升空。但是，对于活动组织者多德－德弗来说，她最喜欢看到的就是这座城市因为焰火而沸腾和狂热。“你看到如此多的人聚集在一起观看，这是一种彼此分享的体验。”多德－德弗说。

饕客必读
温哥华的亚洲美食

烟花起源于中国，为什么不趁着焰火节探索一下温哥华与东方之间的更多联系？温哥华是北美大陆上最活跃的亚洲领地，在有些街区，你几乎听不到人们讲英语。玉庭轩海鲜酒家（网址：jaderestaurant.ca）供应应季的菜肴，例如松露油蘑菇饺子或者是祖母烤鸡。牛仔餐厅（cattlecafe.ca）供应港式街头小吃，例如泡芙松饼或者叻沙海鲜火锅，这是一种椰子咖喱汤。或者是去夜市走走（richmondnightmarket.com），品尝沙爹串烧和龙须糖（一种传统的棉花糖）。

计划：温哥华焰火节 www.hondacelebrationoflight.com。焰火节在每年的7月底举行，有时会持续到8月初。

温哥华布勒桥在1932年7月1日被当作一件艺术品向公众揭幕，如今给焰火节增加了戏剧性的效果。

这些现代手工串珠的零钱包体现了艺术家朱迪·拉弗蒂对细节的关注和投入，以及对传统工艺和设计的热爱。

加拿大西北地区

伊努维克

在地球上最意想不到的地方——北极圈，参加这里的艺术节，融入这个充满活力的创意社区。

世界顶级的艺术节通常很难同加拿大北极圈地区联系在一起。尽管如此，每年 7 月，在短暂的极昼出现、气温变暖的时候，这里纬度仅高于北极圈两度的小镇就成了艺术创作的中心。

艺术家的作品常年被距离和极端的天气同外界隔离开，在为期 10 天的大北方艺术节期间，所有富有创意头脑的艺术家聚集在一起，他们为了这一刻已经等待了一年的时间，最终有机会在一起分享彼此的创意和灵感，从而使艺术节爆发出一种独特的能量。游客可以一睹 100 名视觉艺术家和表演家的作品，从风光绘画作品到吹制的玻璃制品，再到传统的木雕和串珠工艺。“就像衣锦还乡，”艺术节的执行董事萨莎·韦伯说，“这些艺术家来自不同的社区和文化背景，但是他们有着共同的技能和相似的经历。”

遥远的距离、戏剧化的景观和地理上的分隔，将北极圈艺术家们同外界隔离，同时也塑造了他们作品中核心的创意和文化传统。想要同时体验这些元素，那么就驱车走邓普斯特公路进入伊努维克，全程 671 千米，沿途鲜有人烟、城镇和加油站。“这一路就像开车去火星。”萨莎·韦伯说。但是这一路风光旖旎，说是世界上最美的风景也不为过，充满艺术灵感。

游客必知
建于冻土之上的城市

伊努维克非常靠北，在北极圈的边缘，这里的土地基本常年结冰。在一片永久的冻土之下，有规划的城镇建设始于 20 世纪 50 年代，起初只是土木工程师的一个实验工程。为了不让地面冻住，使人们能在保证能源供应的前提下生活和呼吸，所有的建筑物都是打桩修建，而不是直接修建于地表之上，每一条路都距离地表约 90 厘米。伊努维克曾经是石油工业重镇，如今是进入北极圈的门户城市。

计划： 加拿大西北地区 www.spectacularnwt.com。大北方艺术节 www.gnaf.org。前往伊努维克的航班从白马市出发，乘坐加拿大北方航空公司的航班，或者从黄刀镇出发搭乘北加拿大航空公司的航班。

不要惊扰这里的“住户”，保持你们之间的沟通，或者至少口中一直口头禅似地随时说：“你好，熊熊！”继续往前走就来到了安安溪观熊区。

美 国

阿拉斯加

有机会看到阿拉斯加地区最有名和最壮观的动物，让自己眼前一亮。

如果你想要看到阿拉斯加的熊，就必须夏天来这里。一旦夏季来临，黑熊和灰熊（沿海叫棕熊）都从冬眠中醒来，开始交配、教小熊一些生存技能，以及觅食增加体重，获得冬眠时需要的足够能量。夏天的阿拉斯加，成了熊觅食的天地，水里遍布着鲑鱼，灌木丛里长满了蓝莓、岩高兰和无患子。

至于观看野生动物，就很难保证一定会得偿所愿。但是如果你想看到熊在自然界的生活状态，那么在阿拉斯加的机会肯定远高于其他地方。徒步旅行者或者随意散心的游客沿着安克雷奇附近的公园步道行走，就有机会近距离与熊接触。

居住在阿拉斯加兰格尔山脉的艺术家和观熊导游布伦达·施瓦兹就在安安溪长大，在她看来，这里是一个极其丰富的生态系统，也是棕熊、黑熊、老鹰和其他动物最喜欢的捕鱼地点。尽管森林服务管理中心如今对这一带有了严格的管理，但是这丝毫没有影响到施瓦兹的热情。“在这里，你可以看到游客发亮的眼睛。”她说。

夏天的阿拉斯加，成了熊觅食的天地，水里遍布着鲑鱼，灌木丛里长满了蓝莓、岩高兰和无患子。

一只小熊努力地爬上大树，因为爬得高一些，就能有更好的视野角度看到游客。

在科迪亚克国家野生动物保护区内，一片天竺葵形成了一张天然的床，成为两只小熊最爱的栖息场所。

请记住：虽然是夏天，却并不意味着阿拉斯加总是有夏天的感觉。羊毛保暖品和雨具是阿拉斯加整个夏季都必不可少的装备。

安安溪

从兰格尔乘船出发，跟随导游的指引来到步行道和守林人见面，然后到观景平台，沿途很可能会看到熊。森林服务管理中心会在这里铺上木栈道，但他们是在现有的熊会经过的路径上铺设，所以熊依旧会走这条路。一旦抵达观景平台，你会发现周围都是在溪流里捕食鲑鱼的饥饿的熊（下图）（不要将自己的脚尖放到观景平台之外，否则就会有灰熊凑上来）。“仅仅是能如此近距离地观察它们（熊）的日常状态，也已经是一件足以令人惊叹的经历了。”施瓦兹评价道。

卡特迈国家公园

因为没有通往卡特迈国家公园的道路，白天游览的话，需要从兰格尔乘坐飞行艇穿越阿拉斯加海湾。你的飞行员和导游（有的时候可能是同一人身兼两职）会从空中寻找熊的踪迹，一旦发现，就会在水面停下来，通常是一些地名优美的地方，诸如地理港和你好湾。接下来，你需要服从导游的指令，因为导游熟知熊的行为，他们会确保你的安全。如果想要从观景平台观看或者想要在卡特迈公园过夜，需要通过布鲁克斯野营公司预订（参考本页边栏的信息）。

科迪亚克国家野生动物保护区

7690 平方千米的土地上生活着 3000 头科迪亚克棕熊。科迪亚克国家野生动物保护区希望与相邻的其他国家公园保持一定的距离，保护区内的野生动物数量是相当庞大的，有的熊可以重达 640 千克。

请一名导游，在他（她）的带领下乘坐飞行艇前往弗雷泽湖，可以看到一些大型动物出没。但是，一旦你到了弗雷泽湖，就要睁大眼睛，因为在这里你有机会看到很多有趣的哺乳动物，例如赤狐和水獭，又或者苔原田鼠，可能还会有一些意想不到的惊喜和奇遇。幸运的话，你还能看到成群结队的海雀快速飞过。当这样的瞬间出现的时候，你会感到眼花缭乱。

绝佳住处
卡特迈国家公园
布鲁克斯野营公司

卡迈特国家公园内只有一个野营场地——布鲁克斯野营地，靠近最高的观熊点。在纳克内克湖畔有可能看到熊在湖里洗澡，在野营地可以看到邓普林山，同时营地具备住宿的基本设施（但这里依旧是熊的世界，所以要时刻保持警惕）。不想自己做饭的话，就提前在附近的布鲁克斯客栈预订餐饮（但如果是夏季之前或者之后，你就必须自己动手了）。记得带一些食物储备和电围栏，熊可能会冬眠，但是它们未必会遵循营地的日程。

www.nps.gov/katm

计划：阿拉斯加 www.travelalaska.com。安克雷奇公园基金 www.anchorageparkfoundation.org。安安溪 www.fs.usda.gov。布伦达·施瓦兹导游 www.alaskaupclose.com。兰格尔旅游信息 www.wrangell.com。兰格尔一年一度的夏季熊节 www.alaskabearfest.org。卡迈特国家公园 www.nps.gov/katm。科迪亚克国家野生动物保护区 www.fws.gov/refuge/Kodiak。想要游览卡迈特公园或者科迪亚克国家野生动物保护区，考虑位于科迪亚克海鹰航空服务（www.seahawkair.com）或是荷马镇的博尔德山航空服务 (www.baldmountainair.com)。

卡特迈国家公园的棕熊喂养季，经过冬眠后苏醒的熊都会在河里捕食鲑鱼。

Top 10

十大观看鲸鱼和海豚的胜地

在大海里这些巨型哺乳动物出没的夏季，一睹它们的风姿！

沙格奈－圣劳伦斯海洋公园

加拿大，魁北克

圣劳伦斯河与大西洋交汇的入海口是大型海洋生物出没的天堂。在这里，除了生活着世界上最大的哺乳动物——长约 30 米的蓝鲸之外，圣劳伦斯海湾还是 1000 多头白鲸的家园。想要更近距离观察，可以选择乘坐游览船或者独木舟出海。

www.quebecmaritime.ca

芬迪湾

加拿大，新布伦瑞克和新斯科舍

芬迪湾吸引着大量的北大西洋露脊鲸，这是目前濒临灭绝的鲸类。芬迪湾常常会掀起世界上最高的海浪，这里聚集了大量的浮游动物，其中包括 12 种不同的鲸鱼。每年的夏天，大马南盆地就成为鲸鱼主要的繁殖和捕食场所。

www.bayoffundytourism.com

巴芬湾－戴维斯海峡

加拿大，努纳武特和格陵兰

每年夏天，北大西洋巴芬湾的冰雪融化，这里成为海洋生物觅食的地方，世界上寿命最长的动物之一——弓头鲸也会来到这里捕食。弓头鲸的寿命可达 100 多年，它的迁徙习惯与海洋上的浮冰有着密切关系。弓头鲸的特点就是头部巨大，能够用头部击破最少 20 厘米厚的冰块。

www.polarcruises.com

海峡群岛国家公园

加利福尼亚州

每年夏天大概会有 30 多种不同的鲸类动物（鲸鱼、海豚和鼠海豚），为游客提供了大量与这些巨型动物邂逅的机会。你可以徒步登高眺望，也可以在游客观光塔观看，或者乘船出海近距离观看。

www.nps.gov/chis/index.htm

缅因湾

新英格兰地区

经历了西印度群岛漫长的冬季之后，座头鲸和新出生的小鲸开始游向新英格兰地区的缅因湾，在这里寻找觅食的机会。到了 5 月，大多数鲸鱼都抵达了缅因湾，你可以在马萨诸塞州东部的斯特尔威根海岸国家海洋保护区的多个地点观看到。

stellwagen.noaa.gov

印第安河潟湖

佛罗里达，棕榈湾

印第安河泻湖有着北美最多样化的海湾生态系统，这里生活着 2000 多种动植物。泻湖里的宽吻海豚相对小一些，比海洋里的海豚有着更长的鳍。在一名海岸自然主义者的带领下踏上海豚发现之旅一日游，有机会同这些温和而顽皮的小家伙们邂逅。

www.marinediscoverycenter.org

下加利福尼亚

墨西哥

灰鲸的迁徙穿越 1.93 万千米，是地球上哺乳动物中迁徙距离最长的，从天寒地冻的白令海来到温暖的墨西哥潟湖进行繁殖，这里也就成了鲸鱼爱好者观赏鲸鱼的理想目的地之一。

www.bajawhales.com

亚速尔群岛

葡萄牙

除了亚速尔群岛宏伟的山脉和美丽的海岸风光，这个大西洋中部的葡萄牙群岛还是世界上最佳的观赏鲸鱼的地点之一，这里吸引着座头鲸、巨头鲸、长须鲸、小须鲸和蓝鲸。皮克岛（号称“鲸鱼之村”）上有为期 8 天的包含餐饮住宿的旅行服务，其中包括几次乘船观看鲸鱼和海豚。

www.steppesdiscovery.co.uk

鲁鲁土岛

法属波利尼西亚

鲁鲁土岛被堡礁包围，一直以来都是远近闻名的座头鲸迁徙必经之地，也是鲸鱼产仔、哺育和交配的地方。有很多从莫阿瑞出发的观鲸游船，你可以从船上看到鲸鱼带着小仔嬉戏，也可以听到海浪拍打珊瑚礁奏出的自然交响曲。

www.tahiti-tourism.com

迪斯科湾

格陵兰

每年大约有 15 种不同的鲸造访格陵兰，但是独角鲸——海洋里的独角兽——是这里的明星。这种神秘的鲸鱼因其长长的独特的螺旋长牙而闻名。时不时还可以看到雌性独角鲸在水面出没。

www.greenland-travel.com

座头鲸的尾部消失在一望无际的太平洋中。

一匹北美野马正在试图将牛仔从马背上甩开。

加拿大，阿尔伯塔省

卡尔加里

在充满西部风情的马术竞技表演会上，随着小型爵士乐队的音乐，踏起欢快的舞步，享受节日的气氛。

想要戴上牛仔帽体验西部牛仔的风情，最好的地方莫过于夏季的卡尔加里。夏日艳阳当头，卡尔加里牛仔节在这里举行，如果你不戴上一顶最具西部风情的牛仔帽，反倒显得有些格格不入。

卡尔加里这座城市高楼林立，充满让人出乎意料的现代感，但是每年7月，当有着一个多世纪历史的牛仔节在这里热闹开场的时候，这座城市又开始显现出昔日的岁月痕迹。为期10天的节庆是世界上最大的牛仔竞技节之一，也是一场农业博览会，精彩程度不亚于拉斯维加斯秀场的演出和一些大腕出席的音乐会。但是，最令人印象深刻的还是牛仔竞技表演。牛仔女孩在马背上竭尽全力，在马场内绕桶奔跑，冲向比赛终点。骑手也会从马背上摔落下来，显然这些野马是不想受到任何束缚。可能最大胆的行为就是当发怒的公牛试图将从牛背上掀下来的人搏得体无完肤之际，衣着鲜艳的小丑（彩虹色的假发和红色鼻子）将公牛引开，从而让斗牛士反败为胜。

参加卡尔加里牛仔节会激起人们穿上靴子朝着夕阳奔去的激情。那么，记得在卡尔加里西边的卡那那斯基村置办一些骑马装备。一定要记得戴上牛仔帽，山里的温度要低一些，但是如果不防晒的话，阳光还是会晒伤帽子遮挡不住的鼻子。

优中之选
阿尔伯塔马靴公司

省下在别的地方购买旅游纪念品的钱，到卡尔加里大买特买吧。到阿尔伯塔马靴公司驻足，让他们为你度身定制一双马靴。靴子到手之后，是将它保存起来当作纪念，还是立刻穿上秀一番，悉听尊便。当然，你也可以买事先已经做好的靴子，无论是哪种方式，它们转眼之间就是你可以每天穿出去的配置，无论是骑马，还是搭车，甚至是丰田普锐斯。阿尔伯塔马靴公司是该省唯一的制靴公司，也是卡尔加里冬季奥运会的官方靴子供应商，还为加拿大英姿勃勃的骑警提供靴子。

www.albertaboot.com

计划：卡尔加里 www.visitcalgary.com。卡尔加里牛仔节 www.calgarystampede.com。卡那那斯基村 www.kananaskis.com、www.albertaparks.ca。

圣胡安岛

当夏天冰雪消融的时候来到圣胡安岛，可欣赏到这里独特的艺术品和壮丽的自然景观。

华盛顿州的山脉被茂密的松林覆盖，山坡朝着大海的方向倾斜，沿着数千米的礁石海岸线延伸，一直到圣胡安岛。圣胡安岛和周边海域成为很多珍稀动物栖息和繁殖的温床，例如秃头鹰和虎鲸。这里也是人类孕育创意和艺术天然的沃土，也是一个人类活动与自然界动物的活动总是有交叉重合的地方。“你总是能从周边的环境中受到启发，得到灵感，”奥卡斯岛艺术合作社成员詹姆斯·哈德曼说，“我从来没有感觉到灵感枯竭。”

太平洋西北部总是以灰色、阴郁的天气而“恶名”在外，这里温暖和充满阳光的日子集中到了短暂的夏季。除了参观岛上的画廊，骑行、徒步或者划皮划艇，以及欣赏给艺术家灵感的水景之外，任何一座有人居住的岛屿都值得探索一番。乘船出海可以选择偏移主航道前往一些较小的岛，诸如苏西亚岛，在海风和海浪长期力量的作用下，形成了形态独特的海岸线。

5 月到 10 月也是观看虎鲸的最佳时期。年龄最大的虎鲸估计有 100 岁左右，85 头虎鲸里面有很多的长度要长过岛民的身高。“人们将这些动物视为人类的一部分，”鲸鱼保护项目的成员艾瑞克·艾森哈特说，“人们尝试了解每一头鲸和它们的故事，这是一种个人化的情感纽带。”

游客必知
可靠的观鲸小窍门

由于水污染、食物链的破坏以及噪音污染，南极海域的虎鲸正面临巨大的生存威胁。选择太平洋鲸鱼保护协会下属的游船出海观看鲸鱼，因为该机构的船只签署了协议，承诺遵循“保护鲸鱼”的一系列指导方针。但最可靠的观赏鲸鱼的方法其实是不要待在它们出没的海域。在岛上观赏鲸鱼捕食和嬉戏的最佳地点是石灰窑点州立公园或者国家历史公园，这两个公园都在圣胡安岛上。没有船只的噪音和人群的拥挤，你或许能听到鲸鱼的“歌声”。详情请访问：www.bewhalewise.org，pacificwhalewatch.org。

计划： 了解圣胡安岛 www.visitsanjuans.com，其中的 4 座岛屿：奥卡斯岛、圣胡安岛、肖尔岛和洛佩兹岛都要乘坐华盛顿州立渡轮前往。一些小的岛屿提供水上租赁服务。

在圣胡安岛，想要从鲸鱼的视野角度看风景，最好的办法就是划皮划艇。

桑德拉·伯恩哈德

华盛顿州，洛佩兹岛

洛佩兹岛是圣胡安群岛上值得探访的岛屿之一。轮渡从阿纳科特斯出发，经历一个半小时的航行，就抵达了洛佩兹岛。如果是夏季6月的艳阳天来到这里，你会立刻感到所有的紧张和疲惫慢慢消退。我坐在船舱里的床边，看着海浪卷起的白色泡沫，而我弟弟一家则站在甲板上看风景。如果我愿意，也可以加入他们。

我们在马凯港下船，我们的朋友是洛佩兹岛的常住居民，他们把时髦的位于岛屿入口处的公寓租借给我们。这是一栋质朴简单的A字形房子。我们放下行李和装备，外出寻找食物。岛上农场的冷藏室里放着冰冻的牛肉、羊肉和有机蔬菜，完全是自助购买，没有人监管，圣胡安群岛上信任是第一位的。

我们找到一家叫做Vortex的有机餐厅，供应新鲜果汁、沙拉、玉米粉圆饼和巧克力棒，让我们享用了一顿愉悦的午餐。

当然，我们得继续向前。这里有数不清的游步道、骑行路线和海滩探索路线，有着各种野花、浮木、苔藓和遮天蔽日的大树。一个转身之间，就好像进入了梦境里的美景。

我们快速地制定了计划：徒步走过一段相对轻松的森林，到达一个名为“冰山点”的绝壁。在这里看到的360度美景，用壮观来形容一点都不夸张。坐在山顶的石头上，极目远眺，清空思绪。

大西洋西北部夏季6月的天气总是变化多端，很难预测。云层可能是完全毫无规律地聚集和消散，但是这并没有吓倒我们。我们驱车前往克劳福特农场采摘有机草莓。我装满两个纸盒之后就停下来了，我的家人则摘下了田地里整整两排草莓。

这里没有互联网，洛佩兹岛的居民禁止在岛上搭建信号塔，一旦来到这里，你能做的就是一些最简单的事情，而这些事情可能是你在家里从来不会觉得是享受的小事：画画、散步，采集野花做花束放在女儿的枕边，或者在后院的草坪上铺上一块毯子打盹儿。你好比脱钩的鱼儿，自由自在。

很快又要再次回到喧嚣和充满束缚的生活了。我已经在计划明年6月再次回到这里。

独角戏演员、作家、喜剧演员兼音乐家桑德拉·伯恩哈德一年四季有大量的时间都在路上，同老朋友见面和团聚。在洛佩兹岛，嗅不到喷气飞机燃料的味道。

“这里没有互联网……你能做的就是一些最简单的事情，而这些事情可能是你在家里从来不会觉得是享受的小事：画画、散步，采集野花做花束放在女儿的枕边。”

这是洛佩兹岛上鲨鱼礁保护区的日落风景，为你提供了与大陆生活完全不一样的海岛体验。

加利福尼亚州/俄勒冈州/华盛顿州

太平洋屋脊步道

“1000 米接着 1000 米在脚下延伸，我脑海里几乎想不到任何其他长距离的步道可以同太平洋屋脊步道相媲美。这条步道几乎从不拥挤。在夏天，天气一直持续晴朗、干燥和温暖，沿途的风景堪称世界一流。其中有我最喜欢的两处地方：瑟瑞高地和北瀑布山地区，让整个步道风景更加突出。”

——安德鲁·斯库尔卡，美国《国家地理》作者、《终极徒步者装备指南》作者

太平洋屋脊步道是美国国家级步道之一，从墨西哥境内一直延伸到加拿大境内，全程约4265千米。最受欢迎的徒步和骑马路线在加利福尼亚州、俄勒冈州和华盛顿州境内。图片：加州塔霍国家森林公园内的上沙丁湖。

科罗拉多州

特柳赖德

当这座峡谷小镇变成夏日的节日乐园和孩子们嬉戏的天堂时，你也可以轻松找到乐子。

在夏日艳阳高照的日子来到小镇特柳赖德，就好像来到了北美的香格里拉。小镇坐落在一个完美的、箱子形状的峡谷里，窄到似乎伸开双臂就可以触摸到两边的峡谷。峡谷的尽头俯瞰着特柳赖德镇，高约 111 米的新娘面纱瀑布就像是背景布，用来拍摄明信片照片。空气中充满森林和高海拔的气息，就像滑雪者的衣服在经历了一个漫长的冬季之后被晾干的感觉。

特柳赖德小镇的街道看起来和美国旧西部采矿鼎盛时期没什么差别，当你从露天庭院选择一起闲逛的玩伴时，可以一起看着特柳赖德的地形图来讨论明天的计划：山地骑行者的肩膀更厚实，登山者的小腿更加粗壮，攀岩者的啤酒杯容量更大，钓鱼爱好者会用最大的鱼饵，玩皮筏子漂流的人还在试图让灌进耳朵里的水流出来。做水疗 SPA 的人是最放松的一族，轻松地品上一口开胃酒。

一切都慢条斯理，还有从夏天一直持续到劳动节期间举行的特柳赖德电影节。作为位于科罗拉多州西南角的小镇，人们似乎对这里的海拔习以为常，也许是可以听到深呼吸声的原因吧，又或许是另外一些山地骑行者夜里抵达了这座小镇的声音。

优中之选
特柳赖德小镇的夏季节日

在整个夏季，特柳赖德小镇会举办电影、美酒和气球节，对于在 6 月举办的蓝草音乐节来说，箱子形的峡谷引起的回声无疑起到了锦上添花的效果。来自世界各地的音乐家会到这里演出，届时曼陀林和班卓琴随处可见。有的时候，最好的音乐可能出现在露营地，即兴表演如同雨后春笋般随处可见。即使你不知道弗拉特和斯克拉格斯也没关系，你的脚趾会随着音乐的节奏打起节拍。

www.bluegrass.com/telluride

计划：特柳赖德 www.telluride.com。特柳赖德电影节 www.telluridefilmfestival.org。想要参加电影节的话，预先订票至关重要。

一年一度的特柳赖德电影节期间的排片表让户外徒步爱好者有公平的机会在周围的山地展开较量。

尽管这个地区因酸樱桃而闻名，特拉弗斯城的全美樱桃节也欢迎那些喜爱甜水果的人们。

密歇根州

特拉弗斯城

在樱桃国度的中心，尽情享用取之不尽的用樱桃调制的美酒吧！

7月份来到密歇根下半岛的西北角意味着来到了樱桃天堂：这里出产的酸樱桃占全美酸樱桃产量的一半以上，还不包括各种甜樱桃品种的产量。特拉弗斯城用一年一度的全美樱桃节来庆祝果实的丰收，樱桃节期间，全城的多个地方会有各种主题活动。

“当你抵达这里时，会有新鲜的樱桃奉上欢迎你的到来，”樱桃节的市场经理苏珊·威尔科克斯·奥尔森说道，“全部是刚刚采摘的新鲜樱桃。”

到了这里，就一头扎进樱桃的世界吧！樱桃节的标志性甜品派——樱桃碎片蛋糕，是必须来一块的。在大特拉弗斯湾山脚的公园里来一杯樱桃柠檬水，品尝甜品蛋糕。在靠近海边的农夫市场，有无数的蜜饯、樱桃味烧烤、樱桃果干和芥末出售。沿着东西海湾的海岸线跑一段，减轻吃下太多美食带来的罪恶感。对于跑到终点的人，会有特别奖励：一杯新鲜的樱桃汁在冲刺线等着你。

什么樱桃节会没有吃樱桃派比赛呢？这是年轻人的游戏。“他们都不用手，而是整个人扑到樱桃派上，”威尔科克斯·奥尔森说道，“比赛结束的时候，你会看到孩子们脸上大大的、幸福的‘红色’笑容。”

优中之选
欧米新半岛

欧米新半岛横亘于大特拉弗斯湾，向海湾深处延伸约35千米，将海湾分成东西两侧。岛上有酒庄、果园、小酒店、古董店和餐厅，狭长的岛上起伏的葡萄庄园一直延伸到蔚蓝的海边。你可以在岛上悠闲地走上一圈，在沿途的小摊和农夫市场买上一些樱桃和苹果，就是新鲜美味的零食。在欧米新百货商店驻足，买上一个冰淇淋或者野餐食材吧。该百货店始于19世纪中期，买上这些食物之后，就朝着哈泽罗特海滩前进，在半岛尖端的海港享受静谧的时光。

www.oldmission.com

计划：全美樱桃节 www.cherryfestival.org。

Top 10

十大精彩户外音乐场地

倾听、观看，惊叹于户外演出舞台本身的精彩一点不亚于舞台上的表演。

大舞台公园

田纳西州，曼彻斯特

如果你来得正是时候，会赶上波纳罗音乐节，每年的6月都会在大舞台公园举办为期4天的音乐节和艺术节。整个音乐节占地2.85平方千米，是一场盛大的派对，参加的人非常多，现场会拥挤，南方夏季的太阳火辣，你需要有思想准备，甚至有可能会被泥巴弄脏。但是这一切都是值得的：演出阵容从各种即兴乐队到皇室摇滚，再到蓝草音乐和放克音乐，这里是音乐爱好者梦里的世界。

www.bonnaroo.com

红石公园大剧场

科罗拉多州，丹佛

这个户外舞台是大自然的鬼斧神工，也因此而闻名。红石公园大剧场是世界上唯一在声学上天然完美、完全自然形成的圆形剧场，它所达到的音响效果，是很多声学工程师终生研究致力于达到的境界。那么视觉效果如何呢？两块高出地面约90米的巨大红色红砂岩石顶天立地。

www.redrocksonline.com

希腊剧院

加利福尼亚州，洛杉矶

格里菲斯的地理位置绝佳，恒星音响系统效果极好，你将会记住希腊剧院。剧院有5800个座位，在这里你不会觉得自己独自漂浮在海面。希腊剧院将会是你体验过的最贴心的剧院之一。

www.greektheatrela.com

蒙特利尔市中心

加拿大，魁北克省，蒙特利尔

每年的夏天，会有10天的时间，蒙特利尔市中心就会变成音乐演出的场所。一旦蒙特利尔国际爵士音乐节拉开帷幕，市中心的交通就几乎处于停滞状态，变成只有音乐和人潮的地方，各种音乐风格都能体验到，从爵士到蓝调再到摇滚。

www.montrealjazzfest.com

斯莱恩城堡

爱尔兰，米斯郡

如果有麦当娜、U2和滚石乐队这样的大腕演出，可能需要一个强大的舞台背景，舞台才不会在明星的光环下黯然失色。如果说有这样的场所的话，那么斯莱恩城堡当之无愧是配得上这些大名鼎鼎的明星的舞台。这座城堡目前是勋爵亨利·蒙特查尔斯的私人住所，他是科宁厄姆家族第8代继承人，该家族自1701年以来就叫做斯莱恩家族。斯莱恩城堡同历史上一些显赫的名字有关，例如国王乔治六世和圣帕特里克。这是一座充满传奇的城堡，而如今在这里举办的演出也一样传奇。

www.slanecastle.ie

达哈拉剧场

瑞典，靠近赖特维克

很少有户外剧场酷过一座石灰石采石场改造成的剧场。阶梯式的灰色石头，最下面一池清泉，共同构成了引人入胜的背景，也成为引人注目的拍照背景。在晚上的演出开始之前，参加一个有导游带队的剧场参观团，如此一来，达哈拉剧场一日游就好像看了两场演出一样精彩。

音乐公园礼堂

意大利，罗马

这是一座由伦佐·皮亚诺设计的现代化多功能音乐厅，会让人想起古罗马时期的剧院。3000个户外座位的音乐厅基本足够罗马人使用，音响设备自然也不会太差。

www.auditorium.com

布雷根茨音乐节的漂浮舞台

奥地利，维也纳

这是搭建在湖面的舞台。自1946年开始，布雷根茨音乐节每年都会搭建让人叹为观止的漂浮舞台，独具特色的舞台所带来的震撼的视觉效果，一点不亚于舞台上的精彩演出给耳朵带来的享受。

www.bregenzerfestspiele.com

苏丹池

以色列，耶路撒冷

16世纪，奥斯曼帝国的苏莱曼大帝让这座古老的水池再次焕发出活力。500多年之后，当夏季枯水期间，这里不同的用途会让人们精神为之一振：举办音乐会。

www.gojerusalem.com/discover/item_30/Sultans-Pool

伊斯洛莫

俄罗斯，靠近莫斯科

自2008年开始，这座俄罗斯的文化综合体就开始举办野薄荷音乐节，逐渐发展成俄罗斯版的马克思·雅斯格伍德斯托克音乐节。这个持续数日的户外音乐节的举办地，距离莫斯科大约半个小时的车程。音乐节期间有来自俄罗斯、德国、美国以及世界各地的音乐人参加。

eng.mintmusic.ru

为一年一度的布雷根茨音乐节搭建的漂浮舞台会突出所演出的歌剧内容。图中是为焦尔达诺的歌剧《安德烈·谢尼埃》所设计的舞台。

在游乐场坐上旋转飞椅，当旋转到高处，就可以360度俯瞰爱荷华州博览会。

爱荷华州

得梅因

参观爱荷华州博览会，这是美国最知名的农业博览会之一，拿一根竹签就可以填饱肚子。

8月闷热的夏日预示着庄稼在生长季的最后冲刺阶段，来自城市和乡村的爱荷华人聚集到一起，参加为期10天的农业博览会，庆祝该州丰富的农业文化遗产，同时以各种友好的、淳朴热情的乡土比赛挑战前来参观的游客。农业博览会在得梅因历史悠久的牲口棚举办，这里一个多世纪以来都用来圈养那些即将送往集市交易的活牲畜。爱荷华农业博览会上有最大的牛、最重的猪和种植最成功的农作物，所有这一切产自这个依靠农业发展的州。健康友好的竞赛精神也体现在农业种植方面。坐上“臭名昭著”的双子摩天轮挑战自己，在博览会品尝全球闻名的黄油牛雕，或者尝试带一根木签寻找美食，从早餐鸡蛋到猪肉条，一日三餐都在集市上解决。

尽管如此，畜牧业和农产品争奇斗艳才是博览会的命脉所在。评判的方式很传统，最好的养牛专业户和西红柿种植专业户（诸如此类）将获得梦寐以求的蓝丝带。“我喜欢看动物评判的环节，”历史学家托马斯·莱斯利说，“当你看羊被评判的过程，你开始理解有些东西，诸如肌肉平衡，为什么对于农民和整个爱荷华州来说很重要。都是因为有了这些农民，我们才能聚集在这里。”

游客必知
赢取蓝丝带

游客无法带着一头顶级的猪或者一个重1.6千克的番茄参加比赛，但是博览会上依旧有足够多的机会让普通人参与进来。每年都会有一些特别活动，例如国际象棋比赛、小提琴演奏比赛、拼写比赛和悠悠球比赛，任何人都可以参与，胜者可以赢得一个奖项带回家。这些活动只需要在比赛开始前30到60分钟内注册就可以。“这里有各种各样的比赛，”历史学家托马斯·莱斯利说，“这很好玩儿而且是一项很好的运动。”这些都是爱荷华精神的组成部分。

www.iowastate fair.org/competition/categories

计划： 爱荷华州农业博览会 www.iowastatefair.org。美国境内各地都有飞往得梅因的航班。博览会的票可以提前在线购买。

加拿大，魁北克

蒙特利尔

每年7月，这座当地的文化中心城市都在庆祝欢笑喜剧节。在这个年度盛会期间，你会发现自己被各种傻乎乎的笑容包围。

7月来到蒙特利尔，这座城市褪去了冷若冰霜的痕迹，郑重其事地显现出有趣的一面。蒙特利尔市中心娱乐区的大街小巷都充满了荒诞的味道，作为文化中心被剧院、餐馆和博物馆包围着。

在欢笑喜剧节期间，数不清的英语和法语喜剧演员和滑稽搞怪的表演者来到这里，整个7月充满了双语的演出和欢笑。如果所有的欢声笑语都隐藏在剧院和俱乐部里，那么在这些地方之外，还有哪些好玩的地方呢？很多真正疯狂的事情其实发生在户外。喜剧节主席安迪·努尔曼说：“我们的活动场所选在市中心，让市中心变成一个大的游乐场。节日期间还有大型的泡沫派对，为此我们准备了数千斤的肥皂泡沫。”

在拥挤的人潮当中，康康舞者躲避人群，高高踢直腿翩翩起舞，还有头戴漫画卡通形象道具的大头人。从自我解嘲的嚼舌根乐队的歌曲里学几句玩笑话，那些把自己装扮成舌头模样的街头表演者或许会用法语戏弄你，你得回敬他几句。享受节日欢乐气氛的时候，要小心避开经过的巴士车。“我们曾经将一辆城际巴士精心包装起来，让它开动的时候看起来像是在倒车，”努尔曼回忆说，“在这个喜剧节中，我们会有一些疯狂的小把戏，而其他地方的人做同样的事情可能会被逮捕。”

饕客必读
边走边吃

在欢声笑语间，从当地的食品集市快速挑选一些食物，喜剧节期间，蒙特利尔最受欢迎的流动食品卡车和摊位会很快聚集到市中心的娱乐区周边。节日期间，圣凯瑟琳街的露天市场每天开放。勇于尝鲜的吃货可以尝试多样的选择，从高档的用鹅肝制作的肉汁奶酪薯条（炸薯条上加奶酪块，然后浇上肉汁或肉卤），到日式章鱼烧，再到各种冷饮。挤进格鲁门78号（grumman ’78）买上一份猪肉越式三明治，这是露天市场的标志性餐厅。或者尝试一下名如其物的甜品“堕落”，这是一道来自法国米约餐厅的美食，吃起来是一种咸甜夹杂的黏性食物，用花生黄油、巧克力榛子酱和培根三明治制成。

www.grumman78.com

计划：欢笑喜剧节 www.hahaha.com。如果想在购买演出门票时省些钱，记得在活动现场拿一张“特别折扣”通行证。

欢笑喜剧节期间，整个蒙特利尔市中心变成了世界的喜剧舞台，甚至包括人行道和街头。

黑暗夜空的馈赠

克里斯托夫·巴克利

缅因州上空的流星

当我的孩子们还处在天真烂漫的童年时期，对于他们来说，抬头看星空带来的惊喜显然要大于低头看 iPhone 的屏幕。每年的8月初，我们就开始倒计时，期盼着一年一度的英仙座流星雨的来临。我这个年逾 60 的人，回想起孩子们看到流星划过天际时的快乐和兴奋，总是会眼眶湿润。

孩子们年幼时的夏天，我们大都待在缅因州一个神奇的海边小镇——蓝山。我们租住的小木屋在一个神奇的小海湾，尽管名字听起来不那么魔幻，叫做“恶臭湾”。但我必须强调的是，当我们去那里的时候，这个海湾闻不到一点臭味。

我们的房间是朝北的，这是观看英仙座流星雨最好的朝向。如果天空没有满月的话，流星雨的光芒就完全不会被掩盖。在 8 月初，天空没有月亮是最好不过的事了。

日落之后，我们就会搬着椅子坐到外面，将椅子朝后倾斜，避免长时间抬头引起脖子痉挛，坐好之后，我们就静静地等着流星雨的出现。我通常奖励第一个看到流星雨的孩子。当孩子们还小的时候，25 美分就足够让他们开心了。当他们逐渐长大，对钱开始有意识之后，1 美元是最低起步价。

当他们其中的某一个大喊：“看，在那儿！”忽然之间就能从天空中看到一道亮眼的痕迹，然后一道接着一道。如果英仙座流星雨情况良好，我们能数出 30 道，甚至更多的流星划过天际，直到孩子们想要回到房间看《小美人鱼》或者《麦洛和奥蒂斯历险记》。

只要是在北半球，英仙座流星雨的壮观景象每年都能看到。但对于我们一家人来说，最好的观测点莫过于缅因州的小木屋和恶臭湾平静的水面。如果水面足够平静的话（在我的记忆里一直都是很平静的），你甚至可以看到镜面般的水面反射出的流星雨，听到潜鸟的低鸣。有时候，在这些难以忘怀的美景里，我们还能听到海豹在饱餐了一顿鲱鱼之后，发出的低沉的打嗝声，那是一种搞笑的响声，经常逗得我们咯咯地笑。

克里斯托夫·巴克利出版了 15 本书，最近出版的小说名为《他们吃狗肉，不是吗？》

“当我的孩子们还处在天真烂漫的童年时期，对于他们来说，抬头看星空带来的惊喜显然要大于低头看 iPhone 的屏幕。”

当你在缅因州抬头看英仙座流星雨划过天际时，总是能够从这里的天空看到更多的美景。

新港

来到新港，聆听音乐节传奇人物的声音，发现新兴音乐人带来的惊喜，新港爵士音乐节就好比美国音乐史上的活化石。

在7月底到8月初，人们蜂拥而至来到新港，富人们停靠在纳拉甘西特湾的白色游艇就像画上去的一样，成为音乐节舞台的绝佳背景。自1954年以来，爵士音乐节就是新港夏日度假里必不可少的一部分，至今已有60年的历史，并孕育出同样经典的新港乡村音乐节，给了很多音乐人灵感创办了很多其他的音乐节，诸如伍德斯托克音乐节和洛拉帕罗扎音乐节。

“一些大牌音乐人——鲍勃·迪伦、琼·贝兹、约翰尼·卡什，”乡村音乐节的制作人杰伊·斯维特骄傲地说，“这些人都在新港音乐节上演唱过。”爵士音乐节也一样大腕云集，一些明星，例如艾灵顿公爵，在这里达到职业生涯的高峰。

尽管新港音乐节蜚声全球，但是场地的设施相当简陋，就在一个公园里举行，最多可以容纳10000人参加。音乐节期间满满的日程意味着要在帐篷之间不停地钻来钻去。音乐节有着独特的iPodShuffle音效效果。在这里，蓝草音乐夹杂着独立摇滚，让你耳目一新，也拓宽你对不同音乐风格的认识。

除了音乐，粉丝们在这里可以找到人群汇集在一起的集会感。“同93岁的皮特·西格一起高歌《这片土地是你的土地》，你身边所有的人都将热泪盈眶，”斯维特说，“这种氛围让你感受到自己是某个集体的一部分，你比本来的你要强大！”

优中之选
新港悬崖步道

新港悬崖步道夹在高低不平的大西洋岩石海岸线和沿海的欧式贵族豪宅之间，全长约5.6千米，沿途美景令人心旷神怡。这里的豪宅大部分修建于19世纪末至20世纪初，是美国最富有的家族的夏日度假“小屋”，他们的财富来自于工业革命时期的积累。这条步道在私人豪宅区蜿蜒穿梭，多亏殖民时期的法令，使得它能够至今面向公众开放。沿途一些历史悠久的宅邸被改建成博物馆，其中包括听涛山庄和云石别墅，这两处豪宅都属于范德比尔特家族所有。

www.newportmansions.org

计划：新港爵士音乐节 newportjazzfest.net。新港乡村音乐节 www.newportfolkfest .net 。音乐节的门票可以在线购买。新港县会展中心和访客办公室 (www.gonewport .com) 将提供关于新港的交通和住宿信息。

需要一个强大如行星般的阵容，才能够将人们的注意力从新港海滨风景吸引开来。而音乐节期间，人们全部的注意力都集中在舞台上的音乐人身上。

旗帜、复古的服饰和到处洋溢的笑容充满了华盛顿特区的大街小巷，人们纷纷庆祝7月4日美国独立纪念日，这一天的华盛顿一扫平日政治中心的氛围。

美 国

华盛顿特区

在 7 月 4 日这天，融入美国独立纪念日庆祝的热潮中，还可以体验这座城市的其他文化层面。

作为美国的首都，7 月 4 日在这里举办隆重的美国独立日庆祝仪式也不足为奇。当闷热的太阳渐渐西下，人们聚集在国会山标志性圆屋顶前的国家广场上，尽管炎热的天气让人挥汗如雨，但现场的社区感却异常浓烈。“来自世界各地的人们聚集在这里，”出生在俄罗斯却流亡美国的帕维尔·罗曼尼科说，“庆祝仪式让我感觉到自己是美国历史的一部分。”

当天下午，顶级音乐人和国家交响乐团会合作演出一场免费的音乐会。日落之后，人们的注意力会转向华盛顿纪念碑的尖顶，节日的焰火将在那里绽放，点亮夜空。

7 月的华盛顿另外一个值得一提的节日就是史密森学会民间艺术节，也在华盛顿国家广场举办。为期 10 天的艺术节期间会有各种音乐会、舞蹈节目以及可以亲自动手参与的活动，向民众展示全球各地的文化传统。近年来，艺术节的特色包括展示来自中亚地区的民间音乐、阿帕拉契地区的故事传说，以及纽约的街头艺术。你会觉得这两场户外庆祝活动有一种天然的和谐。史密森学会的策展人贝蒂·比拉尼斯说道：“来自世界各地的庆祝独立的活动，与艺术节庆祝人类文化的多样性的目标是一致的。”

游客必知
附近的烟火秀

避开华盛顿国家广场拥挤的人群，驱车不远也可以看到美丽的焰火表演。

马里兰州，弗雷德里克：沿着殖民时期留下的街道漫步，直至抵达贝克公园观看一年一度的焰火表演。

www.celebratefrederick.com

弗吉尼亚州，利斯堡：利斯堡会举办节日游行，会在伊达里公园燃放烟花，以此来庆祝 1812 年战争期间，成功地将《独立宣言》和《宪法》隐藏起来，避免被英军破坏。

www.idalee.org

弗吉尼亚州，弗农山庄：在乔治·华盛顿的故乡，下午就会将彩色烟幕弹发射到空中，给波托马克河上方的天空增加了别样的色彩。

www.mountvernon.org

计划：华盛顿特区 washington.org。史密森学会民间艺术节 www.festival.si.edu。

Top 10

美国各地十大独立日庆祝活动

通过美国各地典型的庆祝活动，感受美国独立日的精神。

加利福尼亚州，独立城

带着探险的精神来到偏远的位于国王峡谷国家公园的东塞埃拉，到小镇独立城参加他们最喜欢的节日——美国独立日的庆祝仪式。在雪山前欣赏焰火，在公园里品尝一块当地的薄煎饼和自制馅饼之后，加入到当地的游行队伍和焰火表演中去。

www.independence-ca.com

科罗拉多州，特柳赖德

7月4日这天，在消防志愿队组织的烤肉派对上少吃一些，留点肚子到特柳赖德矿业博物馆畅饮一杯免费的乐露啤汽水。特柳赖德位于科罗拉多州西南部的圣胡安山麓，是一座历史悠久的淘金小镇，后来成为世界顶级的滑雪度假胜地。在独立日这天，整座小镇全力以赴地投入到庆祝活动中，有F-16战机低空飞行表演、燃放烟花和古怪的街头游行。

www.visittelluride.com

亚利桑那州，比斯比

在这座昔日盛产铜矿的小镇，最长也是最快的美国独立日庆祝传统就是沿着墓碑石峡谷进行的约2.4千米的卡丁车比赛。年轻的车手们（年龄在9-16岁之间）欢呼庆祝。比赛之后就是游行，游行队伍前往啤酒厂峡谷观看传统的采矿比赛，例如清理矿渣和硬石头钻孔。

www.discoverbisbee.com

德克萨斯州，塞金

跟着挥舞着旗帜的人群，大约走40分钟就能从圣安东尼奥抵达塞金城市中心，这里号称有着“德克萨斯州最大规模的小镇独立日游行活动”。庆祝日当天活动丰富多彩，有美食和音乐为主题的自由嘉年华和游泳嘉年华。

www.seguintexas.gov

内布拉斯加州，苏华德

《美国国会宣言》里将苏华德称为“美国7月4日之城——小镇版的美国”，这座小县城曾经是移民在草原上定居的地点，距离林肯市30分钟车程，自1868年开始一直举办独立日庆祝活动。学生和民间团体协调组织当天的庆祝活动，包括大游行、狂野西部射击比赛、吃苹果派比赛和踢踏舞。

www.julyfourthseward.com

密苏里州，汉尼拔

全国汤姆·索亚日给密苏里人热爱的这座河畔小城的独立日庆祝活动增加了一些马克·吐温的文学气息。汉尼拔的独立日庆祝活动持续数天（通常是4天，包括7月4日当天），有油漆篱笆大赛、现场音乐、泥地排球和专门为孩子们设置的青蛙跳比赛。

www.visithannibal.com

密歇根州，麦基诺岛

麦基诺岛禁止机动车通行，所以你可以选择租用一驾马车，沿途可以根据自己的喜好随时停下来参加各种庆祝活动。小岛上独立日庆祝活动通常包括传统的三足比赛、投掷鸡蛋比赛，以及在革命时期修建的麦基诺堡举行的美国人野餐聚会。日落时分，在海边铺开一块野餐垫，就可以静候烟花在天空绽放的那一刻。

www.mackinacisland.org

田纳西州，克林顿

走进阿巴拉契亚边陆博物馆的木质篱笆，感受一下早期西部拓荒者是如何庆祝独立日和那个时候的铁砧射击。庆祝日当天，还会有蓝草音乐演出、鸣钟仪式、劈木材比赛、制作杜西莫琴展示，但是高潮部分还是看着（听着）火药爆炸将45千克的铁砧抛向空中。保留了这一习俗的乡村农场位于诺克斯维尔以北约28千米。

museumofappalachia.org

南卡罗来纳州，摩罗尔斯茵莱特

在悠闲的“南卡罗来纳州的海鲜之都”——摩罗尔斯茵莱特，7月4日的独立日游行充满了典型的低地国家的特色。在涨潮的时候，小舰队号角高鸣，彩旗飘扬，一路来到摩罗尔斯茵莱特的海边。沿着沼泽步道走一段，可欣赏游行队伍，然后等着观看晚上的焰火表演。

www.murrellsinletsc.com

缅因州，巴尔港

这个历史悠久的度假胜地是通往阿卡迪亚国家公园的门户，独立日当天从早到晚，放眼望去到处都是红色、白色和蓝色旗帜的海洋。庆祝活动从户外的蓝莓薄饼早餐开始，以晚上法国人海湾的焰火表演告终。在此期间，会有小镇游行、海鲜美食节、音乐会和龙虾赛跑活动。

www.barharborinfo.com

美国小镇的节日庆祝活动，以密苏里汉尼拔的汤姆·索亚日为例，通常会让每个人，无论男女老少，都参与进去，并乐在其中。是否盛装打扮完全取决于个人（但是强烈建议打扮一番）。

弗吉尼亚州

钦科蒂格野马游泳赛

“这是一幅在你脑海中挥之不去的画面——一群小马奔向大海，好像瞬间就变成了水生动物一样。你很难确定是否能看清远处的海岸线，但是它们朝着海岸线的方向奋力拍打着海水，所以你暂且相信它们能够成功游上岸。当它们用力游上沙滩，就好像背后拉着海神战车一般。”

——K.M.科斯蒂尔，《国家地理》作者

在钦科蒂格岛小野马游泳节期间，野马需要游过弗吉尼亚的亚萨提格海峡。这个活动在每年7月的最后一个星期三举行，这个时间段海浪足够平静，哪怕是最小的小马也能顺利游过去。图片：钦科蒂格野马奔跑经过亚萨提格沼泽地。

帕利斯岛的码头，什么都不做地度过1个小时，甚至4个小时，静静地看着一天的光阴就这么溜走，一点都不用感到羞愧。

南卡罗来纳州

帕利斯岛

尽情享受这片没被污染的海滩，自己撒网捕捉一些贝类，享受海边夏日温暖的微风拂面的惬意。

来到帕利斯岛就仿佛回到单纯的时光里，这是一座多沙的大西洋海岸屏障岛，长约5000米，由一条潮汐沟将其与南卡罗来纳州的陆地划分开来。即使在夏日旅游高峰季，这里的公共海滩依旧有一种不被打扰的宁静。这里的生活节奏很慢，乡土气息浓厚但却舒适，尚未被旅游开发或宣传破坏。

夏季到帕利斯岛度假，意味着在美丽的、天然的海滩享受日光浴，在历史悠久的小区里散步，在沼泽地钓比目鱼，或者在小溪里划皮划艇。穿过堤道，有餐馆、商店和丰富的娱乐活动，但是最好的方式还是待在岛上，几乎什么都不做地休息放松。

劳伦·科布的家族大概在40多年前就开始在帕利斯岛度假，她建议在这里租一栋背靠海湾、面朝大海的房子，自己从海里捕海鲜，然后做一顿地道的“南方乱炖”。“在潮汐海沟撒网就能捕到虾，扔出一个捕蟹笼就能抓到螃蟹，跑到商场买一些波兰熏肠和玉米，将这些食材扔到锅里一起煮”，这是劳伦推荐的做法。一番辛劳之后，就可以坐下来美餐一顿：坐在海边房子的后院，面前是新鲜美味的海鲜，不远处就是大海，享受那带有一丝咸味的海风拂面而来。

饕客必读
棕榈奶酪

棕榈奶酪是一种美味的红辣椒奶酪，混合了辛辣的切达干酪、墨西哥胡椒、蛋黄酱和仔细按照分量搭配的混合香料，这种奶酪诞生于帕利斯岛历史悠久的海景饭店。起初，酒店的老板制作这种奶酪主要是为了给店里的客人搭配每年夏季特别供应的海虾乱炖。结果，这种奶酪受到游客的热烈欢迎，如今得到了更大范围的推广，并为该种奶酪建立了网站。尽管如此，这依旧是有着当地特色的一道冷盘，尤其是适合用来搭配自己亲手煮的海鲜乱炖。在美国，你可以在任何一家超市里买到棕榈奶酪。

www.pimentocheese.com

计划： 帕利斯岛 www.townofpawleysisland.com。帕利斯岛不动产公司，可查询休假房屋租赁信息 www.pawleysislandrealty.com。

墨西哥

铜峡谷

乘坐火车踏上一段怀旧的旅程，沿途欣赏峡谷壮丽的风景，墨西哥铜峡谷之旅会让你觉得穿越时光回到过去。

铜峡谷里有崎岖的红色山脉和大面积的沙漠灌木，中间散落着巨型烛台仙人掌、牛群和戴着宽檐帽的农民，给游客呈现出一幅经典的墨西哥画卷。将来可能修建机场和新的道路，但目前只有一条途径可以进入铜峡谷：那就是奇瓦瓦－太平洋铁路，被人们亲切地称为“El Chepe”。到了7月和8月，气候温和，雨水带来了瀑布和美丽的自然风景，当火车从山脚爬上陡峭的山脊，沿途的树木更加郁郁葱葱，野花点缀其中。

从洛斯莫奇斯出发踏上全程约653千米的火车之旅，这样就可以避免夜间错过美丽的风景。“一旦你登上火车，会觉得与外界彻底隔绝，工作和压力统统抛出脑海，”当地阿米高旅行社的导游伊万·费尔兰德兹说道，“你不得不慢下来，欣赏沿途的风景，连心跳的节奏都会随之改变。”

墨西哥铜峡谷的规模和深度都要超过美国大峡谷，这里是墨西哥尚未被开发的地区之一，温暖而好客，有着丰富的历史和文化底蕴，是塔拉乌马拉印第安人的故乡，因他们的长跑耐力而闻名。在迪维萨德罗探险乐园下车，尝试下滑索和攀岩，探访那些尚未被外界打扰的峡谷村落，或者欣赏壮丽的风景。

优中之选
巴托皮拉斯

乘坐奇瓦瓦－太平洋线的火车，在巴托皮拉斯这座号称墨西哥神奇小镇的地方下车。之所以将其称为“神奇小镇”，是因为这里完好地保留了它最初的样子，好像掉入时间的琥珀，完全是一座静谧、友好的小村子。当地的导游会带着游客爬上铁锈色的山上，寻找被遗弃的银矿。这个地区出产的银矿靠骡子拉出去，帮助建立了墨西哥的银行和现代化的国家。巴托皮拉斯周边的地区非常适合徒步和下山骑行。到了这里，还应该去附近“被遗忘的教堂”看看，这是一座大型的乳白色教堂建筑，坐落在山谷的河畔。

www.visitbatopilas.com

计划: 墨西哥 www.visitmexico.com。奇瓦瓦－太平洋铁路 www.chepe.com.mx。在洛斯莫奇斯、奇瓦瓦和其他一些车站可以买到火车票。阿米高旅行社 www.amigotrails.com。

在7月至8月间，雨季开始让瀑布奔流，峡谷里的植物开始吐露绿色。

拉地拉那

在智利的沙漠小镇参加热情如火的节日——拉地拉那节，亲眼见证恶魔之舞和全情投入的表演。

智利北部的沙漠小镇拉地拉那仅有600名常住居民，但是这座不起眼的小镇每年都会有那么一天被亮丽的色彩、音乐、热情和舞蹈彻底淹没，会有25万人来到这里参加拉地拉那节。节日以印加人的一名公主勇士的昵称而命名为“拉地拉那”，庆祝活动持续7天7夜。7月16日午夜的焰火拉开盛大的派对序幕，这一天也是智利的蒂拉纳朝圣节。

加入喧嚣的人群，跟他们一起走过炎热干燥的街头，有的时候朝圣的人们跪拜，参加弥撒仪式，在教堂里表达对神灵的敬畏，拉地拉那被认为葬于此地。随后，会有400多名戴着面具盛装打扮的舞者和音乐家一起掀起一股热潮，跳起充满力量的驱魔舞，期望以这种形式驱散邪恶的灵魂。

在节日期间，整个小镇变成了一个露天市场，小贩兜售着宗教纪念品和节日人物形象的模型，包括恶魔迪亚布罗的模型。吃上几串烧肉串和油炸面团，为午夜的舞蹈盛会储备能量。想要豪饮一杯的话，还是忘了这件事吧，节日期间是不允许贩卖和消费酒精类饮品的。拉地拉那节或许算得上一个盛大的派对，但更是一个严肃虔诚的宗教节日。

游客必知
阿塔卡马沙漠

阿塔卡马沙漠的一部分，拉地拉那的故乡，也是世界上最干旱的地方，在过去的400年里没有下过一滴雨。但是智利的冬天是阿塔卡马沙漠最好的季节，从6月到8月，当地气温平均约22℃。由于沙漠独特的气候条件，使得阿塔卡马成为世界上很多前沿高端天文台设立的地点。这个地区也同样恶名远播：奥古斯托·皮诺切特统治的20世纪70年代和80年代，很多“消失“的智利人其实是被埋葬在了沙漠里。间歇泉、温泉和月亮谷，以及阿塔卡马沙漠永恒的沙漠景观，如今都静静地等待着游客的到来。

www.chile.travel

计划：拉地拉那节 www.visitchile.com。提前预订票，前往拉地拉那的汽车和出租车从中心城市伊基克出发。因为小镇地处沙漠地带，需要准备遮阳帽、水和足够的防晒霜。

当近25万人在拉地拉那节期间涌到这座小镇的时候，小镇瞬间变得人潮汹涌，但是节日的服饰依旧能从人群中脱颖而出。

带着头盔的洞穴探险爱好者在托里尼亚洞穴探险，这是位于迪亚曼蒂那国家公园内的一个石灰石溶洞。

巴 西

迪亚曼蒂那国家公园

逃离夏季拥挤的海滩，来到这个鲜为人知的世界，探索这里的森林、高山、洞穴和瀑布。

在葡萄牙语里，“迪亚曼蒂那”的意思是“钻石高地”，迪亚曼蒂那国家公园有着无与伦比的徒步步道，穿越整个大西洋沿岸森林，还有大量的平顶山脉、洞穴，成百上千的瀑布，河流和小溪遍布的山谷，茂盛的树木和被绿色植物覆盖的山脉。在北美洲的夏季来到这里巴西正处于干燥的冬季，这时的巴伊亚州少雨，更利于徒步，而且公园里的洞穴也是干燥的，更容易进入。多数游客在这个季节会涌向巴西的海滩，反倒这个地区似乎被人遗忘，没有任何人群熙攘的迹象。迪亚曼蒂那公园就好像一个内陆绿洲：多层次的沙色悬崖、茂盛的植被和清澈透亮的水流。

这里的风景等着你来探索。“这里的山区有着巴西最好的游步道、自行车骑行道和其他一些户外活动场所。”巴西旅行书作者亚历山德拉·德·弗里斯说。你可以将历史悠久的圆石建造的小镇伦索伊斯当作户外活动的基地，小镇有着彩色的房子、一流的餐厅和咖啡馆，以及古香古色的艺术品商店。以这里为基地，你可以很容易在周边开展户外活动。白天可以去看一些瀑布、溶洞和著名的景点，诸如派伊格纳西奥，短距离徒步之后可以到这里360度地观景，尤其适合欣赏日出或日落的美景。

优中之选
卡庞河谷

从迪亚曼蒂那国家公园出发约90分钟车程，就来到了美丽的卡庞河谷地带，如果能在这里一游，会让整个行程更加独特，堪称完美的落幕。从河谷和纯朴的村庄出发，周边有很多徒步步道，距离迪亚曼蒂那国家公园更远，步行是唯一可以抵达的途径。在提供住宿和早餐的彩色潟湖饭店住宿一晚，这个饭店提供有机食物、家庭庄园种植的咖啡、户外桑拿、足底水疗和一座可以一览山谷风光的冥想花园。

www.lagoadascores.com.br

计划：迪亚曼蒂那国家公园 www.guiachapadadiamantina.com.br。博雷洛旅行社（www.borellotravel.com）提供该地区的特别定制旅游路线。

秘鲁，萨克塞华曼

太阳节

“节日庆典在小城的萨克塞华曼城堡遗址上举行，太阳节是一场规模盛大的、精心设计的印加帝国最神圣的仪式。在古老的城邦遗址之上，如今的印加人打扮成祖先的模样，扮演着国王、大臣、地方官员和战士，他们从很远的地方来到这里，呼唤太阳神回到南半球的天空。”

——汤姆・克莱因斯，《国家地理探险》杂志，2007年11月

太阳节每年在南半球冬至这一天举行，这是一年中白天时间最短的一天。庆祝活动包括舞蹈和其他一些仪式，以纪念新一年的开始。

布宜诺斯艾利斯

当一年一度的探戈世界锦标赛拉开帷幕，布宜诺斯艾利斯的街头处处可见探戈舞步，让你的感官沉浸在拉丁音乐和舞蹈之中。

在 8 月探戈世界锦标赛期间来到布宜诺斯艾利斯，你眼前的这座城市就好像在梦境之中。在为期两周的比赛期间，数百种活动在城市各个角落拉开帷幕，整座城市迸发出前所未有的能量和热情。一些主要场所，诸如靠近阿根廷总统府“玫瑰宫”的五月大道，会被封闭起来限制车辆通行，以便人们在街头舞蹈，基本上可以容纳数百对舞者同时翩翩起舞。

科里安提斯大道两侧的剧院和文化活动中心是一些重要表演和比赛的场所。布宜诺斯艾利斯的地标——方尖碑，以及附近的广场，也就是科里安提斯大道和七月九日大道交汇处，后者是世界上最宽的马路，在比赛期间，通常变成户外米隆加舞或者探戈舞沙龙场所。

“这里是探戈舞的胜地，”从冰岛移居到阿根廷的探戈舞老师海伦·哈尔多斯多蒂尔说，“这里是跳探戈的绝佳之地，也是理解探戈最好的地方。”她意识到探戈舞世界锦标赛可以让国外的探戈舞爱好者同阿根廷和世界各地的探戈舞舞者见面。参与进来的游客会发现“探戈舞热情的拥抱和节奏”。不好意思跳舞的游客，哪怕是欣赏别人跳舞，也是一种莫大的享受。

游客必知
探戈舞简史

阿根廷人民的历史都浓缩在了一支哀伤、慢节奏的探戈舞之中。探戈舞最早源于非洲坎东贝舞步，在阿根廷的殖民时代，被贩卖到阿根廷的黑奴带来了这种舞蹈形式。而现代探戈舞形式则形成于 19 世纪。非洲人、西班牙克里奥尔人、阿根廷人和数百万来自欧洲并最终抵达拉普拉塔河的移民汇聚在一起，在那些最贫穷的街区，开始将米隆加舞步混杂在一起。而来自意大利和德国的移民带来了手风琴，特别是班多钮手风琴，成为现代探戈舞最重要的伴奏乐器。如今，探戈舞已经被联合国教科文组织认定为一种艺术形式。

计划：布宜诺斯艾利斯探戈舞世界锦标赛 www.welcomeargentina.com/tango/tango-world-cup.html。

没有哪座城市同某种舞蹈形式的关系，会比布宜诺斯艾利斯同探戈舞的关系还要深厚。每年的8月，这座城市被淹没在探戈舞的海洋中。

现代高尔夫可以说是起源于苏格兰，但是在冰岛，夏日无穷无尽的阳光，可以让每个人都在高尔夫球场感受这项运动的魅力。

冰 岛

打一场高尔夫吧，有人感兴趣吗？在冰岛，这个夏日阳光充足的地方，挥杆享受高尔夫球的魅力吧！

从球童手里的细颈瓶中斟上一杯冰岛特产的烈酒——黑死酒，你就可以重重地挥杆击球，球将沿着两侧是墨黑的火山岩的球道滚下去。你低头一看手表，发现居然已是午夜时分，尽管如此，依旧有阳光让你打完 18 个洞。冰岛人都非常痴迷于高尔夫，这一点在夏季的几个月尤为明显。日光一直持续到午夜之后，如果你愿意，有时候甚至可以全天无休地挥杆。

据估计，这个北大西洋小岛上人均拥有高尔夫球场的比例高于世界上的任何国家，平均每 4500 个人就有一个高尔夫球场。“年长的高尔夫球手说冬天打高尔夫球可以延年益寿。”冰岛青少年高尔夫球队的教练霍尔杜尔·安尔森说，他是雷克雅未克附近凯利尔高尔夫俱乐部的专业级常客。

将午夜的高尔夫尝试放在锦标赛球场，诸如凯利尔球场，这里有着起伏的火山景观；或者是北部更远一些的阿克雷里高尔夫球场，这里每年 6 月都会举办高尔夫北极公开赛。但是记得留一些时间给更偏远的球场，例如位于地热场中间的间歇泉高尔夫球场和位于休眠火山之上的西人岛高尔夫球场。

游客必知
冰岛的黑巫术

在冰岛人沉迷于高尔夫球之前，他们有另外一项爱好：巫术。由于冬日漫长，而且冰岛地处与世隔绝的状态，民间有很多人开始转向求助于巫术来解决他们的问题。到了 17 世纪，冰岛的西部峡湾地区成了冰岛黑巫术的中心，促发了一系列血腥的巫术实验和在火刑柱上烧死人的案例。当地有一种巫术据说可以使人复活，用鲜血和墨汁混合之后，在人的额头涂抹一个神奇的标志，就可以驱散恶魔。位于侯尔马维克的冰岛巫术博物馆收藏了大量来自那个黑暗时代的遗物和故事。

www.galdrasyning.is

计划：冰岛 www.visiticeland.com。高尔夫 www.golficeland.org。高尔夫北极公开赛 www.arcticopen.is。凯利尔高尔夫俱乐部 www.keilir.is。

Top 10

十大日落观景地

让大自然最美丽的光线给温暖的夏日一个完美的结束。

哈利库拉尼度假胜地

夏威夷，檀香山

这是夏威夷的经典景观。在阳台静静坐下，来自大海的微风拂面，一杯迈泰鸡尾酒（当地的特色）和动人的音乐会不知不觉打动你，让你觉得自己应该留下来，永远地留在这里。夕阳的色彩几乎与杯中迈泰酒的颜色相呼应，从而让这一刻更加完美。

www.halekulani.com

羚羊岛州立公园

犹他州，雪城

在盐湖城最大的岛上，夕阳会看起来格外的大。无论你是站在堤道观看日落，还是用相机的镜头来捕捉羚羊背后的夕阳，你都会感觉如同身处傍晚时分最大的一场盛事。

stateparks.utah.gov/parks/antelope-island

纽约港

纽约州，纽约

当夕阳从自由女神像的背后投射最后一抹光线时，她看起来恰到好处的优雅。跳上一艘经典的高桅横帆船，船帆高高扬起，斟上一杯香槟给自己。东边的景观也一样炫目，落日的余晖投射到下曼哈顿高层建筑的玻璃和钢铁上，反射出柔和的光线。

www.manhattanbysail.com/sails

西礁岛

佛罗里达州

没有哪个城市的日落能够比西礁岛的日落更像一场盛宴。每天夜晚来临之前，在夕阳的余晖铺满天际的前两小时，前往海滨购买一些食物。随后，带着食物来到墨西哥海湾，欣赏大自然的杰作——落日。

www.sunsetcelebration.org

百内国家公园

智利

百内国家公园的地理范围让游客可以看到百万种不同的日落景观。但是，在脑海里想象一下：公园里的花岗岩山峰和泛着粉色的冰川湖泊。在周围，星星点点散落的绿色苔藓装点着泛白的背景，让景色更加迷人。

www.torresdelpaine.com/ingles

伊亚城堡

希腊，圣托里尼

这里的景色就好比一幅巨型明信片。当太阳缓缓滑入爱琴海，圣托里尼岛北端的古老村庄和伊亚城堡的上空，从白天的蔚蓝变成深红色，再到……你可以想象到的任何日落的色彩。但是提醒你一点：这是一个超级受欢迎的观看日落的地点。不过，当夕阳的色彩开始染红天边，你完全不会注意到周围的人群，日落的景观足以美到令人窒息。

www.greeka.com/cyclades/santorini/index.htm

克利夫顿海滩

南非，开普敦

白色的沙滩、清澈的海水、明亮的日落天幕，克利夫顿海滩能成为开普敦最富有的人热衷的居住地是有原因的：那就是这里绝美的风景。如果不是在这里有房子的话，最好乘坐大巴车前往，因为在这里找停车位会是一场可怕的经历。直接前往克利夫顿的四大海滩之一，铺开一块毯子安顿下来，观看大自然的焰火杰作——夕阳，在南大西洋拉开帷幕。

www.capetown.travel

垦丁国家公园

中国台湾，恒春半岛

这个观看日落的点高悬于垦丁西海岸，是台湾岛的南端，俯瞰台湾海峡，让人吃惊的是，这里居然不是垦丁国家公园里最受欢迎的日落观看地点。但这也许是好事，你可能最后独自一人享受这美景。不要忘了留意公园里其他自然美景：数千种不同的热带植物、鸟类和蝴蝶。

www.ktnp.gov.tw/eng

瓦伊柔湾

塔希提，波拉波拉岛

在度假村找一块露天平地安顿下来，然后只需要静静等待。当太阳接近地平线的那一刻，整个世界变得明亮起来。这一带的酒店都是高端酒店，不过当你想要前往经典的热带岛屿天堂，总是要付出一些代价，傍晚的免费演出应该算得上最惬意的部分。

www.tahiti-tourisme.com

乌鲁鲁（艾尔斯岩）

澳大利亚，北部地区

当太阳缓缓落下，天空上演色彩秀，乌鲁鲁巨石在夕阳下变得更红，几乎夺走了天空的光芒，这块巨石从澳大利亚平原上拔地而起，高约 350 米。在选择观看日落的地点之前，你可以考虑先在周边徒步。艾尔斯岩比照片上看起来要大得多，其周长足足有 10 千米。

whc.unesco.org/en/list/447

波拉波拉岛的景色本来就像明信片一样完美，但是落日的余晖让它锦上添花，甚至连海水都看起来像被染色了一样。

爱丁堡边缘艺术节期间，唯一值得期待的恰恰就是那些你意想不到的惊喜。就如这张图片里的场景，卡达克洛舞蹈团在自行车上表演。

苏格兰

爱丁堡

苏格兰的首府城市褪去它沉闷的外衣，让音乐、喜剧、舞蹈和高尔夫填满热情的夏日。

这是爱丁堡一个艳阳高照的夏日午后，成百上千的人们涌向这座苏格兰首府的街头。有人漫步在活力四射的海滨，有人活跃在爱丁堡边缘艺术节的杂技和喜剧演出现场，还有一些人爬上爱丁堡城堡厚重的城墙，这座城堡建于死火山花岗岩顶上。沿着海边开车不到 1 小时，就能抵达海边的高尔夫球场，高尔夫爱好者可以在这里尽兴挥杆。而数百年之前，高尔夫这项运动就诞生于此。

每年 8 月，爱丁堡边缘艺术节在这里举行，数百个大大小小的舞台和演出场所有各种演出。

欣赏艺术节演出秀：从稀奇古怪的到荒诞可笑的

每年 8 月，爱丁堡边缘艺术节在这里举行，全城数百个大大小小的舞台和演出场所有各种演出。不同寻常且不知名的各种喜剧、音乐、舞蹈和戏剧是边缘艺术节的特色，与同时段举办的自诩高雅的爱丁堡国际艺术节同时在这座城市上演。边缘艺术节的规模宏大，近 2700 场各类演出在全城 250 个场所上演，每年有近 200 万人参与，仅节目介绍就多达 400 页，包括来自全球各地的演出团体。

夏季爱丁堡艺术节另外值得一看的就是爱丁堡军乐节表演（这是一场国际范围的军乐队、军制服、军乐仪式的表演）。表演在爱丁堡城堡内进行，持续3个星期，每年有20余万人参加。

从很多方面来看，圣安德鲁斯都可谓孕育了今日的苏格兰。这里是现代高尔夫和苏格兰的大学的起源地。

从皇家英里大道开始，街道两旁挤满了各种街头艺人：吞火魔术师、哑剧表演者，以及脱身术表演家，趾高气扬地将自己的行头放在鹅卵石铺就的街道上。但是，真正每年吸引大量游客前来的却是爱丁堡边缘艺术节期间不拘一格的舞台表演。在爱丁堡古老的北桥附近的俱乐部里，你会发现这里在举办苏格兰霹雳舞锦标赛。而在爱丁堡城堡附近，杂技演员将但丁的《地狱之旅》改编成杂技进行演出。在剧院看一场《西班牙无敌舰队》的音乐喜剧版本，或者是对音乐剧《油脂》的另外一种忧郁诠释，挑战一下自己是否能忍住不笑。

怎样才是了解该大型艺术节的最好方式？这完全取决于你。提前买票，或遵循美国音乐家、边缘艺术节的铁杆粉丝马修·彼得森的建议："不带有任何计划性地走走看看，体验各种不同的东西。"

饕客必读 爱丁堡的苏格兰美食

如果你在爱丁堡四处转悠的话，下面这些爱丁堡城堡附近的餐厅是不错的选择。

大象餐厅：这家餐厅位于乔治四世大桥的一侧，哈吉斯（肉馅羊肚，苏格兰的国菜）、萝卜和土豆泥都是菜单上广受欢迎的食物。J.K. 罗琳是这家餐厅著名的常客。

www .elephanthouse.biz

粮仓餐厅：这是一间中世纪粮仓改建的舒适餐厅，因其新式的苏格兰美食而闻名。值得一提的菜有奥克尼扇贝、酸橘汁腌鱼，以及阿伯丁安格斯牛排搭配牛舌。

www.grainstore-restaurant.co.uk

一号餐厅：获得了米其林星级，这家位于巴尔莫勒尔饭店里的餐厅是苏格兰最好的餐厅之一。餐厅的菜单除了简单的海鲜，还有搭配黑莓的鹿肉。

restaurantnumberone.com

海边漫步

爱丁堡的海滨也在夏季恢复生机。这座曾经繁忙的港口如今变成了历史和文化的中心。登上皇家游艇"不列颠尼亚号"，了解世界的"另外一半"是如何生活的。这艘长约126米的蒸汽船曾经是英国女王的水上宫殿，直至1997年退役，如今被改建成博物馆，永久地停靠在爱丁堡港口。躺在苏格兰麦芽威士忌协会木质拱顶的真皮沙发上，来上一杯威士忌，了解一下高地苏格兰人和海岛苏格兰人的不同。

在著名的高尔夫球场来上一局

选择苏格兰某个著名的高尔夫球场挥杆来上一局，就可以轻松逃离城里拥挤的人潮。可以选择的球场很多，例如圣安德鲁斯的皇家古代高尔夫俱乐部，从爱丁堡出发，沿着东海岸约90千米就能抵达。该俱乐部成立于1754年，通常被认为是全球高尔夫规则的管理机构。在这里，你可以体验到很多高尔夫球手的乐趣，追寻很多大名鼎鼎的高尔夫球手的足迹，例如鲍比·琼斯、本·霍根、阿诺德·帕尔默、杰克·尼克劳斯和老虎伍兹，他们都曾在风景如画的老球场打过比赛。传说12世纪的时候，有一名苏格兰牧羊人偶然用牧羊棍的把手将一颗圆石子击入兔子洞中，从而得到启发，发明了高尔夫运动。

乍一看，林克斯球场看起来很简单，但千万别被表象欺骗从而变得轻敌。这个球场面积相当大，而且很多地方是出名的棘手，100多个沙坑等着将你的小球吞没，在最后9个洞的时候，你需要征服老球场几个著名沙坑，例如有着"地狱"之称的14洞和"罪恶之谷"之称的18洞。

在开车返回爱丁堡之前，你可以在英国高尔夫博物馆停留一下，这里展出了17000多种不同的展品，包括早期的俱乐部物品和18世纪手写的高尔夫规则。

计划：爱丁堡 www.visitscotland.com, www.edinburgh.org。爱丁堡边缘艺术节 www.edfringe.com。海边皇家不列颠尼亚号 www.royalyachtbritannia.co.uk。苏格兰麦芽威士忌协会 www.smws.co.uk。圣安德鲁斯皇家古代高尔夫俱乐部 www.randa.org。老球场 www.standrews.org.uk。不列颠高尔夫博物馆 www.britishgolfmuseum.co.uk。

在最近一届的爱丁堡边缘艺术节上，陶武士俑阵鼓手在投入地表演。

Top 10

十大夏日剧场

别错过这个季节最好的演出，从音乐剧首演到世界级的莎士比亚作品。

斯特拉特福莎士比亚戏剧节

加拿大，安大略省，斯特拉特福

北美最大的古典剧目戏剧节会上演一系列精彩的节目，最好的莎士比亚戏剧演员们演绎了这位诗人伟大的喜剧和悲剧作品。每年的5月至9月期间举行。

www.stratfordfestival.ca

纽约音乐戏剧节

纽约州，纽约

每年7月，若干原创音乐剧的首演都放在纽约音乐戏剧节期间，该戏剧节在纽约市中心剧院区举办。很多全新的剧目随后成功登陆百老汇的剧院或者是在百老汇剧院之外获得成功，包括获得托尼奖，这都是很寻常的事情。

www.nymf.org/index.html

国际戏剧节

委内瑞拉，加拉加斯

在长达30多年的时间里，拉丁地区首屈一指的国际戏剧节汇集了世界各地的演出团体，来到首都加拉加斯表演。戏剧节在每年的4月举行，持续两个星期，在此期间，加拉加斯全城的街头、广场和剧院都有经典剧目上演，例如契诃夫的《樱桃园》、亨利克·易卜生的《海达·高布乐》和但丁的《地狱之旅》。

fitcaracas.blogspot.com（可能需要翻译帮你）

爱丁堡国际艺术节

苏格兰，爱丁堡

爱丁堡国际艺术节始于“二战”结束之后，这个每年8月举行的盛大节日已经成为全球主要的艺术节之一。其中戏剧作品丰富多彩，从古希腊的《伊莱克特拉》到现代版本演绎的莎士比亚剧目《麦克白》不一而足。一定要造访艺术节协会总部所在的尖顶大教堂，它也是这座城市的地标建筑，位于爱丁堡城堡和荷里路德宫之间的皇家英里大道上。

www.eif.co.uk

露天剧场

英格兰，伦敦，摄政公园

费雯·丽和朱迪·丹奇都曾在伦敦这个地标性的舞台演出过，这是英国历史最悠久的永久性户外剧场。每年的5月到9月是露天剧场的演出季，超过13万人会在此期间观看在这里上演的节目。带上一大篮子食物，啜饮一口皮姆酒，就可以在野餐草地上尽情享受露天剧院的经典剧目——《仲夏夜之梦》。

openairtheatre.org

阿维尼翁戏剧节

法国，阿维尼翁

该戏剧节在法国南部城市阿维尼翁举行，节日期间，至少每晚都会有一场全新的剧目上演。每年7月，阿维尼翁就变成了“城市剧院”，大约有20个历史场馆被临时改成演出场所。最中心的就是教皇宫的“荣誉中庭”，也是教皇宫的主庭院，在炎热的普罗旺斯夏日之夜，观众们聚集在这里观看各种精彩的演出。

www.festival-avignon.com/en

苏黎世戏剧节

瑞士，苏黎世

苏黎世戏剧节在每年的8月举办，很多独立戏剧制作公司都会将最新锐的剧目拿到这个重要的欧洲当代艺术节来上演。演出在苏黎世湖边的公园草地举行，有一个露天舞台和一只船坞，用来营造富有创意的舞台效果。

www.theaterspektakel.ch

南非国家艺术节

南非，格雷厄姆斯敦

参加这个非洲最大的文化艺术节，最好穿得暖和一些，该艺术节于每年的6月至7月在南非东开普敦地区举行。其中的儿童艺术节还给4到13岁的儿童提供戏剧工作坊，街头随处可见的戏剧表演则充分体现了艺术节的精神。

www.nationalartsfestival.co.za

日本饭田市偶戏节

日本，长野县

饭田市被称为“木偶剧之都”，地处东京和长野县之间，每年8月在这里举办日本最大的木偶戏剧节。节日期间，约有150多个演出团体表演各类木偶戏，从传统的文乐木偶戏到当代的木偶戏，演出场所既有正规的木偶戏剧院，也有公园和寺院。

www.city.iida.lg.jp/puppet

珀斯国际艺术节

澳大利亚，珀斯

每年，珀斯都会庆祝这南半球最古老的、最国际化的多艺术文化节。珀斯国际艺术节始于1953年，持续3个星期，其中包括国家戏剧节，会上演澳大利亚最杰出的剧作家们创作的和最优秀的戏剧演员们演出的最新剧本。演出场所包括英皇剧场，这是澳大利亚唯一一座仍然在使用的爱德华七世时期修建的剧院。

www.perthfestival.com.au

在富有盛誉的阿维尼翁戏剧节期间，一名演员装扮成卓别林的样子在教皇宫的“荣誉中庭”表演，观众们都看得入迷了。

亚瑟王是否曾经在海滩矗立？带着这个问题，矗立在海边，看着如今的“骑士”带着他们的冲浪板在浪涛中起伏。

英格兰

康沃尔海滩

游泳，跟着海豹一起冲浪，沿着海岸线上奇妙的海岬徒步。

18 世纪的走私者和海盗沿着陆地尽头康沃尔的海湾和悬崖，征服汹涌的海浪。如今，冲浪爱好者穿着冲浪衣沿着当初海盗们的足迹享受海浪带来的快感。在纽奎的菲斯特尔海滩，冲浪爱好者可以带着勇敢的冒险精神感受一下这里最具挑战性的海浪。

“康沃尔有很多不错的海滩，但菲斯特尔海滩是主要的冲浪中心，因为这里的海浪最为稳定，”在海角酒店经营“冲浪治愈”俱乐部的本·瑞丁解释说，“这里波浪的形状是由于海角形成的。菲斯特尔海滩将海浪推到一个高潮，在落潮的时候，这段海滩长约 1000 米。当然，这里还有臭名在外的巨浪‘栅栏’，它有 9 米高，每年只会出现 1 到 2 次。跟随你一起冲浪的还有海豹，冲过海浪之后，它们会在海边的礁石上惬意地晒太阳。”

对于喜欢长距离徒步的人来说，西南海岸小径提供了一条极好的长距离步道，沿途经过村庄和客栈。若只是想随意走走、短距离散步的人，瑞丁推荐了普次柯南海滩：“那里的光线完全不同，真的非常漂亮和戏剧化。”附近的海滩在夏季的时候，太阳总是很晚落下，将整个海角笼罩在金色的阳光之中。在骆驼谷斟上一杯用康沃尔葡萄酿制的气泡酒，举杯向夕阳致意。

优中之选
廷塔杰尔

经历风雨洗礼的廷塔杰尔是传说中亚瑟王诞生的地方，矗立在康沃尔海滩北边的海角。计划一顿夏日艳阳下的野餐，然后悠闲地在古老的城堡探索一番，这里自公元 1 世纪到 4 世纪的罗马帝国时期就有人居住。近些年在这里发掘的来自地中海的玻璃和陶器碎片证明在罗马帝国之后的 500 年，这里曾一度是繁荣的贸易中心。廷塔杰尔被认定为亚瑟王的出生地，使得康沃尔伯爵在这里修建了城堡。尽管没有证据表明遗迹中有卡默洛王留下的痕迹，但是廷塔杰尔带有漩涡的潮池和拍岸的惊涛造就了令人回味的浪漫背景，让人们在这样的环境里探寻亚瑟王的传说。

www.english-heritage.org.uk

计划：康沃尔海滩 www.visitcornwall.com 从伦敦帕丁顿火车站出发，乘坐火车 5 个小时就能抵达康沃尔。从伦敦盖特威克机场乘坐飞机飞抵纽奎机场，时间可以缩短到 70 分钟。

哥得兰岛

在夏季纪念岛屿中世纪节的喧嚣中，回归古老的哥特式习俗。

探访哥得兰岛就好比造访时光隧道，穿越到过去。1361 年，这里曾是北欧地区最大的战役战场，丹麦入侵并攻占了这座瑞典最大的岛屿。

血腥的战役和对峙激发了很久前关于诺斯曼和骑士的传说，同时促使中世纪节的诞生，这个节日在每年 8 月举行，持续一个星期，带着人们穿越时空隧道，回到中世纪。节日的活动中心是小镇维斯比，被联合国教科文组织评为“北欧地区保存最为完好的中世纪防御工程商业城”。

穿上复古的服饰，沉浸到节日的氛围中。你可以在露天市场和充满节日气氛的当地小酒馆里回到哥特时期，还可以在各种盛大的宴会上大快朵颐，随着中世纪的音乐翩翩起舞，以及听讲故事的人讲述北欧的传奇故事，就好像他们真的曾经亲身经历一般。

全副武装的勇士骑马巡游，将这个古老的纪念仪式推向高潮。“瑞典最优秀的骑士为了荣誉而战，数千民众朝着他们欢呼，就仿佛他们真的是载誉而归，”节日的负责人比约恩·桑德博格说道，他还在当地经营着一家中世纪主题的餐厅，“弓箭手和小丑活跃着气氛，小号的声音嘹亮，旗帜被升起用来计分，这是你所能想象到的规模最大的中世纪运动盛事。”

游客必知
粮食兄弟

14 世纪末期，哥得兰岛被“粮食兄弟”海盗所控制。他们最初是瑞典皇室创立的武装民船公会，用来抵御丹麦入侵。但是，他们很快就变为海盗，侵扰汉萨同盟，掠夺所有过往船只，将战利品运回他们位于维斯比的总部。他们将自己称为“上帝的朋友和全世界的敌人”，其声名响彻整个波罗的海地区。直至 1398 年，日耳曼骑士入侵哥得兰岛，摧毁了海盗的总部基地维斯比，最终打垮了“粮食兄弟”海盗组织。

计划： 哥得兰岛 www.gotland.info。中世纪节 www.medeltidsveckan.se。桑德伯格的餐厅凯皮特哈斯花园在维斯比大教堂的附近。

瑞典中世纪的教堂、红顶的建筑，维斯比这样宁静的画面在一年一度的8月中世纪节期间被打破。

挪威

斯瓦尔巴群岛

“通过望远镜，他瞪大眼睛看到大块浮冰从斯瓦尔巴岛脱离，这是位于挪威和北极之间的崎岖不平的北极群岛。群岛中最大的岛屿是斯匹次卑尔根岛，它是大型动物北极熊的据点之一。”

——托尔·拉森，美国《国家地理》杂志，1971年4月

挪威海的斯瓦尔巴群岛50%以上的岛屿被冰川覆盖。尽管如此，这里依然居住着2500多人，也是2500多头北极熊的家园。

波罗的海

在这一地区的大城市驻足，将所有那些优美细腻的小放纵留到一艘浪漫的游轮上。

离开斯德哥尔摩，游轮穿越钢蓝色的海水，经过一座座像小房子一样散布的群岛，就径直驶出了童话般的瑞典，进入了波罗的海。尽管是夏季，波罗的海依旧是灰色而寒冷的，但是海面没有冰山，适合乘坐游轮观光。

圣彼得线渡轮连接俄罗斯的圣彼得堡、瑞典的斯德哥尔摩、芬兰的赫尔辛基和爱沙尼亚的塔林。这条航线具有两个特别的亮点。首先，你可以在任意一个停靠城市下船，然后待上几天，而其他游轮的乘客则必须尽快回到船上前往下一个目的地。其次，你可以在没有俄罗斯签证的情况下在圣彼得堡停留 72 小时。鉴于如今申请俄罗斯签证的难度（和费用），这一点简直是天赐的便利。

波罗的海小集市有来自俄罗斯的企业参与，还有来自俄罗斯、瑞典和芬兰的货船。当你在游轮上的时候，你可以享受俄式按摩、蒸桑拿，以及在晚上欣赏闪闪发光的舞台上表演的当代舞蹈和俄罗斯民间舞蹈，尽情享受鱼子酱、香槟、伏特加和餐厅提供的其他美食。早晨醒来，你会抵达波罗的海最伟大的城市之一的海港，开始新的探索之旅。

游客必知
波罗的海重要城市

圣彼得线渡轮会在以下城市停靠：

赫尔辛基：芬兰的首都，绕着芬兰湾的入口和海湾延伸，有着各种精彩的景观，诸如芬兰堡。

www.visithelsinki.fi/en

圣彼得堡：彼得大帝的皇宫——奢华的冬宫（埃尔米塔日博物馆在冬宫内部）和彼得保罗要塞都坐落在圣彼得堡。

www.saint-peters burg.com

斯德哥尔摩：跨越 14 座岛屿，瑞典首都斯德哥尔摩有着欧洲最大的皇宫。

www.visitstockholm.com

塔林：塔林的历史可以追溯到 12 世纪，作为爱沙尼亚的首都，它是北欧保护最为完善的中世纪城市。

www.tourism.tallinn.ee

计划：圣彼得线渡轮 stpeterline.com。

在登上波罗的海的游轮之前，先花一些时间在保护完善的斯德哥尔摩尔老城区游览一番。

参加节日活动的人慢慢地欣赏着涅瓦河畔的喷泉景观。用不着慌忙，圣彼得堡的夏季有两个月的时间几乎接近极昼。

俄罗斯

圣彼得堡

圣彼得堡的夏季会经历两个月近乎极昼的漫长白天，当这座城市处于白夜时，尽可在午夜的街头漫步。

从5月开始直至7月底，圣彼得堡从漫长黑暗的冬季苏醒，进入夏季几乎无休无止的黄昏。在两个月的白夜节，日落变得难以捉摸。随着夏至的临近，即使到了午夜时分，太阳也只是刚刚沉入地平线以下，天边装点着粉色的云彩，随后变成半透明的蓝宝石色调。“这是一个美妙的夜晚。”陀思妥耶夫斯基在他负有盛名的小说《白夜》中就曾这样写道。这名俄罗斯作家接着感叹圣彼得堡空荡荡的街道，因为夏天很多人都前往乡间别墅度假。

如果他生活在今日，或许更喜欢如今的圣彼得堡，这座曾经属于沙皇所有的城市，如今用户外音乐会和24小时不停歇的迪斯科舞蹈拥抱来访的游客。追随俄罗斯作家的足迹，最佳的漫步地点之一就是涅瓦河畔，在宁静的清晨，巨大的吊桥拉起，让货轮从桥下穿过。尽管小说《白夜》里的故事可以发生在北半球高纬度的任何一个城市，但是因为圣彼得堡全球闻名的歌剧和芭蕾舞，人们总是会将这个故事同这座城市联系起来。圣彼得堡马林斯基剧院每年都会举行名为“白夜之星”的经典节日，期间3个月的时间里，都会在该剧院上演俄罗斯及其他国际顶级艺术家的表演。再加上其他全市范围内的庆祝活动，不眠不休的氛围几乎是必然的。

优中之选
乘坐夜间游轮前往瓦拉姆岛和修道院

乘坐夜间游轮继续往北，进入真正的白夜。游船从圣彼得堡出发，沿着涅瓦河前行。随着城市从眼前消失，你会看到河流蜿蜒经过小城镇和木质的圆顶教堂。当游轮行驶到涅瓦河汇入欧洲最大的淡水湖拉多加湖的地方，闭上眼睛睡一觉吧，当第二天早上船停靠在瓦拉姆岛的码头时，再从甜美的睡梦中醒来。岛上还有一座依旧在使用的东正教修道院，其历史可以追溯到14世纪。瓦拉姆岛上覆盖着芳香的松树、苍翠欲滴的蕨类植物和岩石山脊。游轮的票是套票，通常包括典型的俄罗斯餐食和导游服务。

www.saint-petersburg.com

计划： 圣彼得堡 www.saint-petersburg.com。来自世界各地的航班都降落在普尔科夫机场，包括俄罗斯航空每日从俄罗斯飞抵这里的飞机。“白夜之星”期间的演出 www.mariinsky.ru/en、www.balletandopera.com。

在佩内达吉尔斯国家公园徒步一天之后，来到如今已经被水库淹没的维拉里纽的富尔纳斯村庄清凉一下。

葡萄牙

吉尔斯

用脚去丈量崎岖多峭壁的海角，在泉水清澈的山涧清凉一下，甚至可能与狼同行。

北部的佩内达吉尔斯国家公园是葡萄牙认定的第一座国家公园。公园里崎岖不平，景色原生态，一年中的大多数时间天气都比较严酷和阴森，但是到了温暖的夏季，这里的自然景观却美到令人窒息。

想要真正领略到这座公园的精髓，那么就不要开车，而是选择徒步。沿着罗马时期修建的鹅卵石道路前行，稀有的金雕在天空盘旋，你在其他地方很难遇到这样的情形。将头伸进阴暗、凉爽的有着5000多年历史的石棚里面，又或者仅仅是驻足看着花岗岩巨石在阳光下闪闪发光。

想要更加极致的体验，那么就雇一名导游，跟随他（她）一起进入公园里神秘的世界：濒临灭绝的食肉动物，也是人们所恐惧的伊比利亚狼的世界。“体验狼群栖息习惯的最佳途径就是沿着古代牧羊人的路线行走，”当地导游佩德罗·阿拉考说，“7月上旬，是风景最美的时候。”

导游会告诉你如何识别伊比利亚狼的踪迹，以及如何跟随它们的路径，还会给你展示废弃的陷阱，给你讲述当地关于狼的传说。如果你的时间赶得刚刚好，你可能会幸运地看到这种神秘的动物。

优中之选
苏阿若的花岗岩粮仓

想要体验公园里最不同寻常的人造宝藏，就前往苏阿若村，参观修建于18世纪的花岗岩粮仓群。当地人将其称为“粮仓”，那里的各个地方都散落着这种建筑，但是只有在这个村落和附近的林多索才可以看到大规模成片的花岗岩粮仓群。尽量选择早晨日出或者傍晚日落时分前去参观，因为这两个时段的光线最有气氛，非常适合拍照。爬上粮仓的屋顶，以前曾经是村庄的打谷场，你可以在24座粮仓之间徘徊，粮仓都有象征保护的十字架，保佑存储的粮食不被破坏。

计划： 佩内达吉尔斯国家公园 www.visitportugal.com。想要雇导游一起体验伊比利亚狼群的行走路线，可以查询 www.ecotura.com。

比利牛斯山脉

骑着一辆山地自行车从中世纪的村落穿过，山里的清新空气和夏季的庆祝活动让你充满活力。

从地中海一直延伸至比斯开湾，比利牛斯山脉构成了法国和西班牙的国界线。自行车道连接着山坡上的小村庄，在山脉之间蜿蜒。穿梭在鹅卵石修建的中世纪村落里，例如西班牙加泰罗尼亚地区的小镇卡斯特利亚尔·登乌格，然后进入松林覆盖的荒僻山区。向着海岸线方向下山路线的山坡长满了野花，而山脚山谷里则散落着石头农舍，在午后的夏日阳光里反射出金色的光芒。当爬过一个陡峭的山坡之后，可以在高山湖泊或者峡谷荫凉处休息一下，喝上一口冰凉的泉水。

“比利牛斯山脉不仅仅有着让人叹为观止的美景，还有很多漂亮的村落和物种丰富的生态，大到棕熊，小到一些极小的生物，”《国家地理》杂志的摄影师提诺·索里亚诺说道，他一直居住在加泰罗尼亚北部地区，“到了夏季，人们会举办很多乡村庆祝活动，这些活动依旧保持了传统的魅力，尤其是当人们围绕着篝火载歌载舞的时候。”

当你骑车穿过狭窄的拉瓦尔德博伊，可以看到精心打磨的石头和罗马式的钟楼，“随处可见教堂和祖先留下的传统。”索里亚诺说。当暮色降临，你可以加入当地村民的庆祝队伍，一起庆祝6月底的圣约翰节，看着树干在篝火中燃烧，火焰诡异地在黑暗中闪烁，人们在夜色中走下山坡。

优中之选
西班牙卡达凯斯

在卡达凯斯小镇沿着两侧都是白色房子的鹅卵石街头漫步，小镇地处西班牙布拉瓦海岸，是典型的地中海小渔村。蜿蜒的山路是通往小镇唯一的通道，坐落在多岩石的十字架海角半岛，这里曾赋予很多艺术家创作灵感，包括毕加索、夏加尔，也是萨尔瓦多·达利最喜欢的地方。在北边一点的利加特港可以参观达利故居改建成的博物馆，然后可以沿着港口散步，这里停靠着各种色彩丰富的船只。在当地人称为“赌场”的人群聚集点驻足，头发花白的渔夫们会聚集在这里玩牌，或者躲开这里享受一个安静的下午。

www.spain.info

计划： 比利牛斯山脉 www.spain.info。从西班牙比利牛斯山骑车到地中海是一条相对容易的骑行路线 www.easyridertours.com。

一名骑行者沿着山坡向下的路前行，可以俯瞰奥索山谷。

法国

普罗旺斯的薰衣草

“或许没有任何其他的气味，能比浓郁的、令人沉醉的薰衣草香味更能代表普罗旺斯了；也没有其他的风景，能比蔚蓝的夏日天空下散落在山丘的一片片紫色小花更能勾画普罗旺斯的印象。第一朵薰衣草花朵在6月绽放，到了6月底，真正进入盛放的季节，大片盛开的薰衣草如梦如幻，在阳光下形成蓝紫色的光环。”

——芭芭拉·A.诺伊，美国《国家地理》杂志编辑、作者

到了夏天，法国东南部的普罗旺斯地区就变成了薰衣草的海洋，放眼望去都是盛开的薰衣草，空气中也弥漫着薰衣草的花香。各种不同的旅行路线引导游客在该地区观看薰衣草田地以及参与有关的节日庆祝活动。图片：一轮圆月悬挂在薰衣草田野上空。

日内瓦湖畔会给人留下深刻的印象。瑞士沃州西庸城堡旁的湖水则是人们沐浴的场所。

瑞 士

跳入没被污染的青绿色的湖水中或深蓝色的阿尔卑斯山冰川河流里吧!

瑞士阿尔卑斯山地区总是唤起人们脑海浮现这样生动的画面：亮蓝的湖泊背后，雪山的山峰在阳光下发出耀眼的光芒，就是这个地区夏日阳光下波光粼粼的水面同样引人入胜。瑞士有数百个天然的游泳场所，每一座主要的城市和小镇都有一处湖泊、池塘或者河流可供人们随时跳进去畅游。在天气暖和的6月至9月，这里吸引着城市露营爱好者、喜欢在沙滩漫步的人、喜欢在徒步后跳入水中畅游的人，以及水肺潜水爱好者，他们喜欢潜入阿尔卑斯山清澈的湖水中进行水下考古探索。

古老城镇的清澈水流

单单是苏黎世就有很多露天的游泳场所，温泉洗浴装修风格多样化。7月份的这里更像里约热内卢，而不像欧洲。整个游泳场所移到了水边的高地，一时兴起的野餐也让餐厅和酒吧之间有了些许的竞争意味。这里有针对不同人群的浴场，同性恋、哈西德派犹太人、女性和银行家都能找到自己的同类，在这里工作的谷歌员工还有自己的浴场。到了8月，亲水的狂欢者们脚步轻快地经过苏黎世14世纪修建的桥梁和华丽的圆顶高塔，然后到利马特河畅游一番。

绝佳住处 看得见风景的瑞士房间

洛桑美岸皇宫大酒店：坐落在日内瓦湖畔，从酒店房间可以欣赏到法国境内阿尔卑斯山脉无以匹敌的美景，该酒店曾经是狄更斯、卢梭和拜伦勋爵经常光顾的场所。

www.brp.ch

苏黎世伊甸湖畔酒店：该酒店没有被列入苏黎世标志性的奢侈酒店，但其地理位置更好（价格也更亲民），这个坐落在苏黎世湖边的“珍宝”与湖边最热门的浴场乌提昆毗邻。

www.edenaulac.ch

瓦伦湖老福特酒店：这是一个由3层的老磨坊改建成的酒店，可以欣赏到瓦伦湖的美景，酒店所在位置是很好的徒步场所。

www.lofthotel.ch

往南一些，苏黎世湖畔遍布星星点点的沙滩和游泳场所，这里有阳光更为充足的黄金海岸和更适合乘凉的庇荫处，被人们戏称（并无恶意）为“流行性感冒海滩”。再远处一些，瓦伦湖在夏日阳光下波光粼粼，背景就是雄伟的阿尔卑斯山，吸引着游客前去休闲观光。

瑞士境内的其他地方，夏日的水景一样精彩炫目。莱蒙湖或者是日内瓦湖湖边遍布着星星点点的公园和沙滩，在日内瓦附近的水边有大量的日光浴场。寒冷的卢塞恩湖可以被当作“中土世界”的一部分，那是一种壮观而原始的蓝绿色。位于瑞士和德国边境处的博登湖以及康斯坦茨湖则广泛地受到德国家庭和骑行者的喜爱。

大胆尝试

伯尔尼乳液状的蔚蓝的阿勒河有着沁人心脾的凉爽，是很多游客的另一个心头好。绿松石般的韦尔扎斯卡山涧河流也不例外。在风景如画的、讲意大利语的阿尔卑斯山村庄拉韦尔泰佐，有一座跳跃桥，供那些勇敢的人们从桥上一跃而下，跳入冰凉碧绿的水中。即使是宽阔的莱茵河，哪怕行驶着工业驳船，也是可以游泳的。在巴塞尔，这里的经济活力催生了城市工业的繁荣，特地用警戒线围起来的游泳区欢迎来自城市的亲水游客。

博登湖的救生员彼得·布鲁维勒说：“你永远不用担心水质问题。看到喜欢的湖，不用犹豫就可以跳进去畅游一番。”

饕客必读
准备一顿完美的瑞士野餐

瑞士地区产的味道刺激的阿彭策尔奶酪，是一种乳脂状的提尔西特干酪加上格吕耶尔坚果的食品，几乎是瑞士餐桌上野餐必不可少的一样食物。同样，面包也是必备的，这里的面包品种丰富，包括脆南瓜子面包、瑞士辫子面包，以及一种柔软、耐嚼的脆饼干。瑞士黄油也是常见的食物，这是一种便于携带的管状西诺维斯，是瑞士人民的马麦酱。一些熏制的蓝吉格尔香肠和获得过大奖的风干肉也是搭配野餐的好选择。夏天应季的新鲜杏子是人们的最爱，而巧克力在瑞士几乎是随处可见的食物。搭配美食自然少不了美酒，品上一杯瑞士产地的佳酿，这里的酒仅有1.5%的产量用于出口。

计划：在瑞士的湖泊和河流游泳 www.myswitzerland.com。瑞士旅游局提供精彩的游泳 APP，可以查询水温和所处位置附近的游泳场所，在瑞士其他地方都可查询。

挑选一个湖，跳入水中就可以尽情畅游。在瑞士阿尔卑斯山地区，水质总是可以让人安心。

萨尔茨堡

在莫扎特的故乡，沉浸在莫扎特杰作的夏日光芒里。

萨尔茨堡音乐节自1902年首次举办以来，一直都是世界上最重要的音乐节之一，每年的7月至8月期间，音乐节将奥地利北部的这座小城变成了闪闪发光的舞台，上演古典音乐会和戏剧艺术。

“夏天的萨尔茨堡，日常生活和舞台艺术的界限变得模糊，”音乐节的新闻发言人乌利亚·卡尔琪麦尔说，“萨尔茨堡音乐节营造了一种氛围。整个城市变成了高端文化的秀场。”

莫扎特于1756年出生在萨尔茨堡，他获得了极高的赞誉，被称为萨尔茨堡人民最爱的儿子。坐在金色大厅，莫扎特的经典歌剧作品《费加罗的婚礼》或者《魔笛》高亢的旋律令你耳目一新，或者来到代表新艺术辉煌的莫扎特大会堂，这里会演奏令人难以忘怀的《安魂曲》。

白天则可以待在萨尔茨卡默古特地区，沉浸在这里的湖光山色中，冰川湖纯净透彻，倒映着松树缭绕的山脉，这里就是奥地利湖区。当你回到城区，试着在17世纪修建的萨尔茨堡教堂广场找一个座位。白色大理石双子塔构成了无与伦比的戏剧舞台背景，当午后的太阳逐渐西下，音乐节每年都会上演的中世纪道德剧《每个人》在这里拉开帷幕。

饕客必读
托马塞利咖啡馆

在托马塞利咖啡馆喝上一杯，在音乐节开始之前，先感受一下这里的氛围，这是一家历史悠久的咖啡馆兼烘焙屋，早在18世纪就开始营业了。地处萨尔茨堡老城区中心，由托马塞利家经营了150多年，这家咖啡馆抓住了奥地利咖啡文化的精髓。光顾这里的大人物也不少，莫扎特就喜欢杏仁奶，其遗孀康斯坦兹在他去世之后还曾在这里生活过一段时间。点上一杯维也纳特色的米朗琪咖啡，搭配精致的甜品，诸如野生草莓奶油蛋糕，这种蛋糕仅仅在夏天才供应。

www.tomaselli.at

计划：萨尔茨堡音乐节 www.salzburger-festspiele.at。萨尔茨堡旅游局网站 www.salzburg.info。

一半是时光机器，带人们回到过去；一半是盛宴，莫扎特音乐晚宴是向萨尔茨堡人民最喜爱的儿子莫扎特致意。

人们聚集到锡耶纳广场观看无鞍骑马比赛，骑手们都全力以赴，如果赢得比赛，将是社区引以为豪的一件事。

意大利

锡耶纳

当马蹄疾驰而过，敲打着这座托斯卡纳城镇中世纪广场的地面，感受一下空气中紧张热烈的竞赛气氛。

每年夏天两次，这座华丽的托斯卡纳城市在锡耶纳赛马节期间陷入集体的狂热之中，比赛要求骑手们在不使用马鞍的情况下，沿城中心的中央广场奔跑三圈。这个赛马节始于中世纪，时至今日，它既不是什么在博物馆里才会介绍到的古老传统，也不是为了吸引游客的噱头。锡耶纳赛马节是一场非常真实、紧张的比赛，充分体现了邻里之间的竞争、民众的骄傲和极度的热情，每年的 7 月和 8 月，像一场狂热的热潮席卷这座城市。

成千上万的人拥挤到锡耶纳田野广场观看比赛，田野广场是一座倾斜的贝壳状中央广场。首先举行的是开幕式，有盛装的场面和华丽的鼓队、旗手，以及戴着佩剑的骑士。然后，在傍晚指定的时间段，当 10 名参赛骑手列队准备开始比赛的时候，空气中充满了兴奋。

忽然，马儿撒开蹄子爆发式地向前奔跑，马蹄用力地击打着尘土飞扬的赛道，在挥舞着旗帜的观众面前，骑手奋力挥动着手中的鞭子抽打马的屁股。这是一个持续仅有一分半钟的极度戏剧化，甚至可能会导致悲剧上演的瞬间，骑手有可能被掀下马背受伤，甚至丧命。赢得比赛的社区会举办丰富多彩的庆祝活动。托斯卡纳地区的美食和旅行作家伊丽莎白·明基利说：“对于锡耶纳人来说，赛马节就是一切。”

优中之选
皮科洛米尼图书馆

毗邻华丽的锡耶纳大教堂的是皮科洛米尼图书馆，建于 1492 年，由教皇庇护三世下令修建用来收藏他的叔叔教皇庇护二世（锡耶纳人民最爱的儿子）所留下的珍贵的合唱团书籍。但是这里让人感到震撼的不单单是这些保存完好的大部头古老书籍。在书架上方的墙壁上，有 10 幅出自翁布里亚画派画家平图里基奥之手的壁画，用色大胆，光彩夺目，似乎要从墙壁上一跃而下。同样引人注目的还有大面积的闪亮的蓝色、红色和金色覆盖的穹顶天花板。在画面正中可以找到皮科洛米尼的盾徽。

www.operaduomo.siena.it

计划：锡耶纳赛马节 www.sienaonline.it。赛马节在 7 月 2 日和 8 月 16 日分两次举行，最好提前预订门票和食宿。

Top 10

十大让你尖叫的冰淇淋店

品尝夏日不可抗拒的诱惑——冰淇淋，还有各种不同的口味。

穆默斯家庭自制冰淇淋

密歇根州，特拉弗斯城

普卢默家族于1998年在他们位于特拉弗城西边的奶制品农场附近，开了这家穆默斯冰淇淋店，旨在帮助孩子们认识到食物和农业之间的关系。如果夏天来到这里，店门外会有很多人排队等着买冰淇淋，小店供应120多种不同口味。一定要尝尝樱桃冰淇淋，是软糖布朗尼的混合物，上面点缀有当地特色的酸樱桃。

www.moomers.com

四海冰淇淋

马萨诸塞州，森特维尔

四海冰淇淋店自20世纪30年代成立以来就声名远播。科德角的数代人，甚至包括肯尼迪家族，都会在夏天的时候朝圣般来到这个白色的小房子买上一支冰淇淋，有些口味只有夏天才有，例如清新的桃子味冰淇淋和提神的奶昔冰淇淋。

www.fourseasicecream.com

卡尤加湖奶油冰淇淋店

纽约州，因特拉肯

卡尤加湖奶油冰淇淋店提供的一些令人印象深刻的口味都是充分利用了当地大自然的馈赠，例如雷司令橘子味、薰衣草味、枫叶培根味。买上一个蛋筒冰淇淋，然后驱车往南不久就可以抵达风景如画的托格汉诺克瀑布州立公园，公园里有落基山以东落差最大的瀑布。

cayugalakecreamery.com

赫拉多斯·斯坎纳皮耶科冰淇淋店

阿根廷，布宜诺斯艾利斯

布宜诺斯艾利斯是一个流行冰淇淋的城市，但是最受欢迎的冰淇淋店是斯坎纳皮耶科，意大利移民于1938年在此开始经营。家族成员继承了这门生意，继续手工制作一些受人们欢迎的口味的意大利胶凝冰糕，例如柠檬酒口味。

www.heladosscannapieco.com.ar

贝蒂咏冰淇淋店

法国，巴黎

对于来自世界各地的冰淇淋爱好者来说，圣路易岛上有名的贝蒂咏冰淇淋店是他们到巴黎之后的第一站。最有难度的就是选择口味，因为选择实在太多，面对诸如蜜饯栗子、伯爵茶、黑巧克力和野草莓，选择的确让人挣扎。如果在7月底和8月，你发现这家冰淇淋店不营业的话，也不要沮丧，巴黎各个餐厅和咖啡馆都供应这个店铺提供的冰淇淋（你只需要看到贝蒂咏的标志就可以）。

www.berthillon.fr

圣克里斯皮诺冰淇淋店

意大利，罗马

意大利的冰淇淋爱好者都会去圣克里斯皮诺冰淇淋店大快朵颐，这家冰淇淋店在罗马有很多分店，包括罗马许愿池附近的一家店。在不同的季节，可以选择的口味会有所不同，例如有来自阿马尔菲的柠檬，或者来自西西里的开心果。

www.ilgelatodisancrispino.it

多格尔天然冰淇淋店

土耳其，博德鲁姆

柔软、弹性，且有嚼劲，这就是土耳其冰淇淋的特点，成分中含有兰花根制作成的淀粉，所以口感更加厚重。伊斯坦布尔的大街小巷都是卖冰淇淋的小贩，但是著名的多格尔天然冰淇淋店却是在土耳其的海边度假胜地博德鲁姆，这家店提供的冰淇淋有着五星的口感，以及各种应季的口味。千万不要错过这里特有的清新的东方酸橙味冰淇淋。

冰淇淋城

日本，东京

冰淇淋城位于东京太阳城综合购物中心的池袋游乐场，孩子们幻想在这里梦想成真。这里应接不暇的冰淇淋摊位出售各种不同风格和口味的冰淇淋，有口感柔软的，有意大利胶凝冰糕，还有土耳其风格的冰淇淋，有数百种口味，包括蜜饯樱花口味和咸甜鳗鱼口味。

www.sunshinecity.co.jp（日语版）

汤姆的调色盘

新加坡

在美食云集的新加坡城中心，汤姆的调色盘冰淇淋店是一家夫妻店。这家店因为坚持自制和创新性的口味培养出了大量粉丝，说到创新口味，诸如芒果糯米味、榴莲味和咸蛋味。如果觉得这些口味听起来不够有吸引力，可以说说你的建议。

www.tomspalette.com.sg

西番莲冰淇淋店

澳大利亚，墨尔本

西番莲冰淇淋店因其亚洲风味而出名，例如荔枝玫瑰味和香芋味，这家墨尔本的时尚冰淇淋店将圣代提上了新的高度。店里有一款冰淇淋叫做“最终幻想”，是黑芝麻椰子味冰淇淋，配有黑色龟苓膏和浓缩牛奶。

www.passionflower.com.au

在土耳其海边小镇里维埃拉，冰淇淋小贩制作完一个新的冰淇淋，高高举起吸引路过的人们。

岛屿之慕

托尼·霍克

希腊，圣托里尼

我的视线越过太太的肩头，瞥到了一封来自好友的邮件，邀请我们一起去度假。邮件后面是一家酒店首页的链接，照片看起来美得有点不真实。我注意到酒店在希腊的某个岛屿上，所以我低声跟太太说：”我从来没去过希腊呢……”说完这句，一切就从这里开始了。

我们抵达的时候是炎炎夏日。但是7月的天空阳光刺眼，炎热的温度让海岛游听起来魅力十足。在去圣托里尼的途中，我们花了一天时间向考古学家格里斯沃尔德一样在雅典游览。也就是说，我们跟其他很多游客一样，在烈日下徒步来到雅典卫城的最高处。跟所有人描述的那样，这里的景色令人惊叹。雅典城就呈现在你眼前，数千年的人类历史令你叹为观止。

还有几个小时要打发，我们决定去看看传说中的滑板屋，这是一个私人所有的空间，里面有座小型滑板公园。在一系列的电子邮件和电话沟通之后，我们与滑板屋的主人取得了联系，主人曾经是一名滑冰运动员，她钟爱滑冰坡道带来的美感，所以就修建了这间滑板屋。我们5分钟后抵达了滑板屋，挪开她的咖啡桌之后，我们尽情地滑了20分钟，有两次差点撞到平板电视，在尝试单手倒立失误之后又差点摔进洗手间里。但是对于拍摄一段短视频来说，20分钟基本足够了，你可以在这里看到我们录制的视频：youtube/1FmQzAqKOY0。

随后，我们飞往圣托里尼。在日落时分，我们抵达目的地，整个岛屿在夕阳下散发出金色的光芒。

在很多旅行网站上，如果谈到在圣托里尼“要做的事情”，排在榜单首位的恰恰是“什么都别做”。我们参照了榜单的意见，完成了绝大多数“要做的事情”，每天都在欣赏令人惊叹的美景，享用希腊美食。我们乘船出行了一天，探索整个岛屿和温泉。圣托里尼岛本身就是3600多年一场火山喷发的产物，这也是亚特兰斯传说的原型。如果亚特兰斯是一座未被发掘的海底乐园，那么圣托里尼则是陆地上的乐园，绝对可以媲美。

我强烈建议去圣托里尼旅行，尤其是在夏天的时候，这个季节可以看到晴朗透彻的天空，体验温暖的海水。一旦抵达，除了在美丽的爱琴海里消暑，尽量进入无所事事的状态。

托尼·霍克毫无疑问是全世界最著名的专业滑板运动员，也是托尼·霍克基金的创始人。

照片看起来美得有点不真实。我注意到酒店在希腊的某个岛屿上，所以我低声跟太太说：“我从来没去过希腊呢……”

尽快融入圣托里尼慵懒的氛围里，在那里，“泡在温泉”里“吃着当地的美食”，就这么度过一天，是很正常的事情。

在维罗纳的露天体育场看一场歌剧演出，这份经历会让你觉得在其他任何剧院的体验都不值得一提，这里的演出让整个傍晚成为一场华丽的演出盛宴。

意大利

维罗纳

当整座城市成为音乐和戏剧的古老舞台，尽情享受欧洲最浪漫的城市吧。

即使是莎士比亚也无法抗拒这样的地方：《维罗纳二绅士》可能是莎士比亚的第一部以爱情和友谊为主题的浪漫喜剧，当然，这座城市也是罗密欧在阳台为爱情发出绝唱的地方。这里依旧是一座文化之都，尤其是到了夏天的时候。

在维罗纳居住了很久的里德·布兰布里特，对着意式阳台上的一名漂亮女孩大声打招呼，后来成了他的太太，他说："夏日的维罗纳处处都是户外高雅文化，有2000多年历史的竞技场圆形剧院上演着经典的意大利歌剧。在阿迪杰河的对面，古老的维罗纳罗马剧院演出莎士比亚的经典戏剧。"从小贩那里买来野餐必备的食物之后，就可以坐在古老的圆形剧场的台阶上（比座位要便宜，但视野更好）观看演出。如果没有看歌剧的心思怎么办？罗马剧院还有夏日爵士音乐节，随后还有莎士比亚的戏剧，最后会有现代舞演出作为这一季的谢幕。

"在演出结束之后，柔和的夏日晚风似乎是在邀请游客沿着百草广场上光滑的步行购物道浏览市场上的摊位。"布兰布里特介绍说。或者就是漫无目的地沿街走走，抬头看看阳台上的人是否有你中意的。

优中之选
不朽的朱丽叶

全世界范围内3个最广为人知的虚构形象可能应该是圣诞老人、斯莫基熊和朱丽叶。如果你已经看过莎士比亚的戏剧，为什么不在他笔下最著名的爱情剧主角的住所朱丽叶之家驻足参观一下呢？这座建于14世纪的房子，后来补修了阳台（阳台修建于1936年，主要为了吸引游客），据说房子归卡普雷提家族所有。房子的下面是一条小过道，上面挂满了游客写给心爱的朱丽叶的信件，由于信件太多，整条过道看起来像夸张的贴满通知的公告板。维罗纳尽力让朱丽叶的人物形象活在人们心中，甚至组织志愿者们专门代朱丽叶回信，而这样的事情，斯莫基熊可是不屑的。

计划： 维罗纳 www.verona.com/en. opera、www.arena.it/en-us/homeen.html。维罗纳位于距离威尼斯以西约113千米，在米兰以东约160千米，可以乘坐火车达到 www.raileurope.com。

奥卡万戈三角洲

每逢夏日洪水季，广袤的奥卡万戈三角洲上的沼泽岛就成了野生动物的乐园。

导游关掉船舱外的引擎，船安静地滑向一棵倒下的大树。忽然，导游指着一条躺在倾斜的树干上晒太阳的鳄鱼，我们几乎就是在可以触摸到这条鳄鱼的地方。在天黑之后，徒步走过奥卡万戈三角洲上某个与外界隔绝的沼泽岛上的芦苇地，寻找一个可以露营的地方。这一夜就选择睡在外面吧，你会看到南十字星仿佛就低悬在地平线的位置，聆听远处丛林里狮子发出的低沉的声音。当第二天清晨醒来，你会看到河马从不远处的水中探出头来。

在非洲大多数地方，干旱的月份才是最好的观光季，因为在干旱季节，动物会成群结队集中到水源地。但是在博茨瓦纳北部的奥卡万戈，5月和6月的洪水季会将动物集中到沼泽地中心的岛屿。旅行规划专家梅根·英戈尔德比说："乘坐一艘独木舟，安静地在水面划过，就在视线的水平位置近距离看这些野生动物。"那些不想走马观花的游客则可以选择在奢侈的帐篷营地和旅馆住宿一夜。"将各种露营类型和环境结合起来，全面体验这里的各种活动，以及植物和动物。"英戈尔德比建议。

绝佳住处
奥卡万戈洪水季的最佳选择

老鹰岛营地：这个具有东方快车式异国风情的住所是奥卡万戈三角洲最时髦的住宿地之一。在这里的活动包括独木舟之旅、灌木丛徒步、直升机之旅和乡村探访之旅。

www.eagleislandcamp.com

水雉营地：该营地位于三角洲上一个永久性岛屿，这片幽静的营地在木平台上搭建了豪华帐篷，并提供独木舟旅行，还有一个大泳池供游客使用。

www.wilderness-safaris.com

小夸拉营地：这是一片温馨的帐篷营地，提供陆地和水上旅行组合，以观看大型猫科动物和专业级的导游线路而闻名，是奥卡万戈三角洲少有的为携带孩子的家庭旅行提供特别服务的营地。

www.kwando.co.za/circuit.html

计划：博茨瓦纳 www.botswanatourism.co.bw。在奥卡万戈三角洲有很多运动用具供应商都提供导游和食宿服务，如"非洲专家"的服务商 www.expertafrica.com。

奥卡万戈三角洲的狮子是最吸引人的，首先映入眼帘的斑马也一样令人印象深刻。

肯尼亚

纳库鲁湖

“纳库鲁湖的湖水不是蓝色的，在非洲的阳光下，湖面反射的光线既不是金色，也不是银色。整个湖面是粉红色的，成千上万只移动的、站立的、高飞或者低飞的火烈鸟在湖面捕食，整个湖面呈现出粉红色。这里是观鸟的天堂，公园管理员将这一场景称为‘上帝的杰作’。”

——格雷姆·格林，美国《国家地理》杂志作者

地处肯尼亚中部，纳库鲁湖的湖边是数百万只火烈鸟的家园。这个盐湖里生长的丰富的藻类植物吸引了各种各样的动物在这里捕食。

卢旺达、乌干达和小刚果

在这个地区最狂野和神秘的山区里，与大猩猩一起同行。

卢旺达和刚果共和国都能给游客提供最难以忘怀的动物体验之旅。这两个国家神秘的、温和的山地大猩猩非常吸引人，通过观看它们在丛林间的活动，可以理解人性的本质和核心。气候干燥的冬季是在丛林里邂逅这些不凡的高度濒危动物的最佳时期。

从卢旺达长途跋涉，就可以进入乌干达境内神秘的伊丽莎白女王国家公园，看到公园里的山地大猩猩。这片雨林也是戴安·弗西曾经生活、工作和最终死亡的地方，她曾在这片土地研究这些迷人的动物。

卢旺达境内的3座国家公园也是必看的。阿卡盖拉国家公园是非洲大草原动物的家园，例如长颈鹿和转角牛羚，以及其他13种灵长类动物，包括黑猩猩和生活在纽格威的长毛疣猴。卢旺达火山公园到处都是大猩猩，这里的大猩猩数量约为全球山地大猩猩总数的1/3，此外还有金丝猴和大象，以及世界上最为活跃的火山。

如果你喜欢平坦一些的地形和低海拔的地方，那么就一路向西来到刚果共和国境内，这里又被称为小刚果，探访奥扎拉－科夸国家公园里密度最高的西部低地大猩猩。

游客必知
正在消失的大猩猩

全球范围内野生山地大猩猩的数量已经不到800只。捕猎其他动物的陷阱是导致大猩猩死亡的头号杀手。但是大猩猩也被人为地故意杀害，它们身体的一部分被出售给一些收藏家。一只大猩猩幼崽在黑市的价格高达5000美元，被偷来卖给动物园；而成年大猩猩被捕捉到之后，通常被杀害。令人心痛的是，大猩猩集中生活的国家，乌干达和刚果民主共和国都常年政局不稳定，陷入战乱和动荡之中。想要支持大猩猩保护工程，可以前往戴安·弗西大猩猩基金的官方网站捐助：gorillafund.org。

计划：伊丽莎白女王国家公园导游服务公司 mtsobek.com。奥扎拉－科夸国家公园导游服务公司 www.wilderness-safaris.com。

大猩猩出生的时候重约2.3千克，但是它们的成长速度远远快于人类，尽管如此，它们在成年之后依旧与母亲保持亲密的关系长达数年。

徒步者在纳米布-诺克卢福公园内朝着一座沙丘的顶部攀登。6月到8月之间的气温略微凉爽，是沙漠之旅最舒适的季节。

非洲

纳米比亚

攀登到巨大的红色铁锈般的沙丘顶部，就可以俯瞰纳米比亚沙漠保护区的动物。

同那些久坐不动的行程比起来，纳米比亚标志性地作为理想的徒步目的地和燃烧卡路里的替代方式，已经受到广大游客的欢迎。沙漠里的月亮湾是少数民族达马拉族人和沙漠大象的故乡，红色沙浪一波接着一波。每年的6月到8月，当难以忍受的高温过去之后，沙漠的气候开始凉爽起来，营造了短期舒适的观光期，所有的动物都跑到水源地：狮子、犀牛和稀有的哈特曼山斑马都可以经常见到。

在这个季节，黎明和黄昏成为徒步攀爬巨大沙丘的黄金时段，例如著名的“大爸爸”沙丘（沙丘之王，高约325米）、“大妈妈”沙丘和45号沙丘。如果天黑来到沙丘上，天空上的星星如同宝石般闪烁，可以清晰地观赏到南十字星座和银河系。

“看着游客首次体验从巨大的沙丘往下滑是一种特别的体验，”荒野旅行公司纳米比亚区的经理克里斯·巴克斯说，“身下的滚滚红沙发出的轰隆声就好像空中飞过一群无人轰炸机。人们往往会觉得难以置信，然后抬头在天空中搜寻轰炸机的踪影，随后才会意识到声音其实来自自己身体下方。有人说这是滑沙本来就会有的声音，有的人则说这是沙漠幽灵的声响。”

游客必知
德国对纳米比亚的占领

纳米比亚是世界上最古老的沙漠（纳米布沙漠）的故乡，但在19世纪，纳米比亚一度成为欧洲殖民国家之间争斗的一颗棋子。1884年，德国占领了纳米比亚。但是充满斗志的赫雷罗人和纳马族人却不会轻易接受被殖民，他们发起了反抗，结果遭遇一场大屠杀。在1904年至1907年之间，10万纳米比亚土著人死于这场战争。最终在1988年，纳米比亚开始向独立主权国家过渡，并于1990年最终成为独立国家。如今，纳米比亚成为非洲最繁荣的国家之一。首都温得和克依旧能体现出日耳曼式的整洁和高效，你依旧可以在街头找到啤酒花园，可以听到人们用德语高声交谈。

计划：纳米比亚沙丘之旅，荒野旅行公司（www.wilderness-safaris.com）提供4种不同的野外露营方式，超越之旅公司提供高端行程（travelbeyond.com），乡村徒步者公司（www.cwadventure.com）有跟随猎豹踪迹的黄金徒步路线。

斯皮尔葡萄酒庄园的魔力餐厅就在露天荫凉处，配有一些开普酒乡年份久远的美酒。

南 非

开普酒乡

饮一口有着350年历史的美酒，沉浸在美丽的山地风光里。

开普酒乡被郁郁葱葱的群山庇护，被丰盛的葡萄园滋养，这里有各种土质的土壤，都非常适合葡萄生长，从而使得南非的酿酒商成为世界上产量最为丰富的酒商之一。第一株葡萄树是1655年才被种植在开普敦城外的，如今开普敦的产酒中心东移到距离开普敦城1小时车程的地方。在斯泰伦博斯镇、弗朗斯胡克镇和帕尔镇周围有数百个酿酒厂，很多坐落在有着几个世纪历史之久的庄园里，带有山墙的大厦的白色外墙映衬着棱角分明的群山背景。

这一地区通过一些葡萄酒路线连接起来，这些线路在起伏的农田里蜿蜒。如果是在7月底到9月中旬期间来到这里的话，南非的冬日结束，春天的脚步来临，葡萄园也呈现出勃勃生机。你会发现春日云淡风轻的天空下，自己被鲜花包围着，而不像1月到4月之间的夏季，这里到处都是拥挤的人群。

在斯泰伦博斯镇、弗朗斯胡克镇和帕尔镇周围有数百个酿酒厂，很多坐落在有着几个世纪历史之久的庄园里，带有山墙的大厦的白色外墙映衬着棱角分明的群山背景。

骑车游览斯泰伦博斯镇的葡萄园

从在斯泰伦博斯镇开始，林荫大道两侧矗立着南非最典型的荷兰建筑，干净发白的山墙同样体现了来自殖民时期荷兰人的影

别有一番风味的泽格雷酒庄的白苏维翁（长相思）葡萄酒窖藏在一个于1692年修建的建筑中。或者，更好的选择就是入住该酒庄的酒店。

开普酒乡的餐厅注重使用本地的食材，是搭配当地所酿制的红酒的绝配。

响，也是他们将葡萄树带到了南非。

如今，斯泰伦博斯镇是通往开普酒乡的门户，这里聚集了200家葡萄酒和葡萄生产商，分布在5条不同的线路上。

想要体验这个地区特有的翠绿的葡萄园和安静的农场，最好骑自行车探访，这样就可以随时停下来。沿着尘土飞扬的道路骑车，可以近距离接触葡萄藤，你甚至可以听到早春的风拂过树叶的声音。

与法国的渊源

在斯泰伦博斯镇往南约32千米的地方，南非的法国酿酒传统在这里如火如荼地发展。尽管是荷兰人在这里种下了第一株葡萄树，但是直至1688年，法国胡格诺派为了逃避宗教迫害来到南非，酿酒产业及其周边文化才真正在南非开始发展。很多原来的农场被发展成为著名的酿酒厂，诸如乐梦迪酒庄、榭蒙尼酒庄和迪奥恫酒庄。你还发现这里是高端餐饮业的中心，南非顶级的厨师会将来自春天的大自然的馈赠——美味的浆果和甜菜，用到新开餐厅的美食之中。

到了7月，弗朗斯胡克镇会举办自己的巴士底日来庆祝其与法国的渊源。用一个下午的时间来品尝美酒和大厨们精心制作的最新应季美食。如果7月未能成行，来得晚了一些的话，这里9月中旬还有开瓶节，顾名思义，酿酒商们会介绍新一季的佳酿。

饕客必读
开普酒乡的烹饪课

南非的春天（也就是美国的夏季或初秋）出产最美味多汁的水果和蔬菜：甜菜、豌豆、覆盆子、草莓和金橘。在当地参加一堂烹饪课，使用从花园（或者附近农场）采摘来的新鲜食材，让你的味蕾慢慢释放。开普酒乡正逐渐赢得南非美食中心的称号，吸引本土和国际知名厨师来到这里。位于弗朗斯胡克镇的卡蒂尔法国酒店就有两家获得过大奖的餐厅，也因其非洲特色的菜单而闻名，餐厅也提供烹饪课程，教授传统的南非菜，以及印度菜和中东菜，后者形成了南非的美食体系。

www.lqf.co.za/experiences/culinary-concierge-menu.htm

绿山生态路线上郁郁葱葱的酒庄

在开普酒乡受游客追捧的常规路线往南一些，葡萄园遍布在整条绿山生态路线的两侧，其间还有高山硬叶灌木植物，这是一种南非特有的类似于灌木的植物，这个时节正是茂盛的时候。这里是开普植物王国的一部分，有着地球上最为丰富的植物种类。

来自大西洋的海风吹过海岸和郁郁葱葱的翡翠谷，独特的气候产出独特的葡萄。海风也成为遏制城市开发和促进原生态保护的有力工具。拜访保罗·克拉维酒庄，在这里你不仅可以品尝到完美的冷藏的白葡萄酒，还可以欣赏到壮观的山地环绕的葡萄园，甚至能了解到克拉维家族如何努力确保葡萄和当地的植物相辅相成的。克拉维还参与各种社会活动，诸如开办泰迪酒庄和农场，面向公众开放，鼓励公平贸易。该酒庄和农场的大部分归250个家庭所有，这些家庭都是南非黑人经济振兴政策项目的成员。

计划：斯泰伦博斯镇 www.wineroute.co.za，距开普敦市区48千米，乘坐火车或者汽车均可抵达。骑行参观 www.bikesnwines.com。弗朗斯胡克镇 franschhoek.org.za，从斯泰伦博斯镇或者帕尔镇租车或者雇一名司机开车前往。巴士底日 www.franschhoekbastille.co.za。绿山生态路线 www.green mountain.co.za、www.elginvalley.co.za。格拉鲍镇也是探访酒庄的一个中心。

从葡萄酒的世界抽离片刻，看看南非的野生动物。

蒙古国

在全国范围内的各种夏日庆祝活动中，拥抱蒙古勇士的游牧生活方式。

当强壮的蒙古马疾驰在草原的旷野里，马背上的骑手们都是年幼的孩子，年龄在 5 岁至 13 岁之间，为孩子们而感到骄傲的父母和观众发出响亮的喝彩声。不远处，健壮结实的摔跤选手在激烈的比赛正式开始之前，正在表演鹰步舞，随后他们会展开激烈的角逐去争夺“狮子王”的称号。欢快的歌声和马头琴悠扬的琴声萦绕在微风中将你包围。

这就是蒙古族一年一度的那达慕盛会，每年的 7 月 11 日到 13 日举行，当冬季的积雪消退，草原变成一片翠绿，游牧的人有空聚集到一起，通过三项引以为傲的传统运动：摔跤、射箭和赛马，来追寻蒙古人的荣耀。

在首都乌兰巴托，那达慕在大型户外体育中心举行。从乌兰巴托向西来到后杭爱省或库苏古尔省，这里的比赛场地要小很多，但可以更近距离地一睹那达慕盛会。“蒙古人民都超级好客，而且热心将他们的文化与外人分享，”美国《国家地理》杂志的摄影师杰里米·施密特说，“哪怕你是一名旁观者，他们也会给你参与的权利。你可以问问他们你是否可以拿起箭来尝试射中一只碗。”

拿出你的勇气来，喝一点马奶酒，这是一种发酵马奶酿成的酒，也是夏天草原上最常见的饮品之一。

绝佳住处
大草原游牧生态营地

跟随夏天迁徙到这里的鸟儿的踪迹，找一处舒适的、传统的蒙古包，像游牧民族的人们一样生活。大草原游牧生态营地坐落在距离乌兰巴托 2 小时车程的地方，在甘盖卢特国家保护区内的克鲁伦河河畔，周围绿色环绕，骑着马儿和骆驼在草原上寻找西伯利亚白鹤或者盘羊（一种野生的、角很大的山羊）。拿起蒙古游牧民族的弓箭，小试身手，然后端起奶茶与牧民畅饮一杯。
www.mongoliagercamp.com

计划： 那达慕大会 www.mongoliatourism.gov.mn。大地旅行社 www.wildearthjourneys.com，可以帮助预订那达慕大会的票和安排骑马。美国《国家地理》杂志网站 www.nationalgeographicexpeditions.com。

参加射箭比赛的选手正在瞄准。蒙古传说中的射箭高手额日黑莫尔根从空中射下6个太阳，从而避免了草原的干旱。

香港的海岸线为人们提供了避暑的地方。图中是香港浅水湾的海滩。

中 国

香港

将双脚稳稳地踩到香港性感的、烈日下嘶嘶作响的、干净的沙滩里。

扔掉购物袋，享受香港自然的一面。香港往往被当成购物中心，而其自然美好的一面却常常被忽略。白色沙滩沿着郁郁葱葱的过山车式的海岸线延伸，幽静的海湾、避风的港口和200多个大大小小的岛屿给游客提供了大量的夏日游泳和休闲的场所，是躲避香港闷热的夏日气候的理想避暑场所。

香港有着100多个海滩，想去海滩的人总是可以找到自己喜欢的去处。大屿山的银矿湾海滩紧邻轮渡码头，但是大屿山南面更远一些的海滩，也就是沿着上下长沙海滩的海岸线一带是香港最长的海滩，背后就是郁郁葱葱的山脉，山上树木在盛夏时节正是一年中最茂盛的时候。在南丫岛，可以潜入海龟湾的海水中畅游一番，在这个安静的新月形海湾，在夏季的繁殖季节，还可以从观察海龟的小屋里静静地看着海龟慢慢地爬过海滩。拖家带口的人们往往会来到石澳滩，这里有着铜色的沙滩和温和的波浪，而且还有救生员和鲨鱼网保护，以确保安全。想要活动范围更大一些，则可以跟随冲浪者的足迹来到大浪湾，这里是香港唯一经过官方认证的冲浪海滩。（又或者到大浪湾其他没有经过官方认证的冲浪海滩，这里有着最狂野的海浪和最原始的山林，是香港少有的未被人为影响和改造的地方。）

游客必知
最好的海滩酒吧

拉奈酒吧在赤柱的圣士提反海滩，是一家氛围轻松的海岛式酒吧，带有夏威夷风格，酒吧因为提供的阿洛哈（夏威夷问候语）汉堡、飘仙鸡尾酒和日落景观而闻名。想要更活跃一些的氛围，就去石澳的桑给巴尔海滩俱乐部（www.zanzibar.com.hk），它是一家具有伊比萨风格的夜总会，有提基遮阳伞和香蕉躺椅。选择一个阳光明媚的日子，你可以躲开人群，来到与外界相对隔绝的贝澳海滩的奥拉拉酒吧（oohlala-hk.com），欣赏着周围翡翠绿的山，配上烤虾和桑格利亚汽酒，这家酒吧提供周末早午餐和周日晚上的萨尔萨舞蹈之夜。

计划：香港休闲和文化服务部门网站www.lcsd.gov.hk，网站提供了各个公众海滩的信息。

富士山

爬上这座日本人民心目中的圣山，观看黎明破晓的东京和日本的“阿尔卑斯山”。

日本有一句谚语：“只爬一次富士山的人是智者，爬两次的是傻瓜。”另外要送给智者的一句话是：爬上这座世界上最具标志性的火山，看着太阳在东京的上空缓缓升起，日出后的阳光渐渐笼罩整个日本阿尔卑斯山，这个过程和场景是一生难忘的经历，如果是7月到8月期间的话，就更加完美。

首先要知道的就是富士山被认为是众山之神，受到日本苦行僧佛教徒的敬畏。直到19世纪晚期，妇女都是不允许靠近富士山的，如今这座圣山每年都有超过25万人攀登，登山者不分性别和年龄。

富士山海拔约3776米，是日本最高的山峰，但是你会发现攀登富士山的人很多都是徒步的新手。根据宗教的说法，攀登富士山是同天照大神交流的机会。天照大神是天上的太阳女神，日本皇室宣称是天照大神的后裔。尽管很多人都是徒步新手，但是大多数人都坚持爬到了山顶观看东京日出。当日出的黄金时刻来临时，你会听到人们齐声呼喊“万岁”，看见脚下的云卷云舒和山脚下的湖水波光粼粼。下山的时候可以选择御殿场－富士宫线路，体验柔软的火山沙石。在爬完富士山之后，你会感觉行走在云端。

游客必知
攀登富士山

在攀登富士山较小的岩石时，不需要经过专门的训练和特殊的装备。但要准备好雨具、保暖帽子、防晒霜和进浴室洗澡所需的100元硬币，以及前照灯和电池。为了避免高原反应，登山运动员野口健给大家的忠告是：“慢慢走、多喝水、睡觉时选择靠近窗户的地方。”你需要提前预订一间小屋子，在接近顶峰时可以供你休息几个小时。山上小屋的相关信息可查询www.yamanashi-kankou.jp/english。

计划：富士山最近的天气预报和徒步信息www.city.fujiyoshida.yamanashi.jp。

作为全世界最著名的山峰之一，富士山被5个湖泊环绕，图中就是其中第二大的河口湖。

当塔希提的女性火舞者手中的火把照亮夜空，就迎来了戏剧性的一刻，将整个现场带入娱乐的高潮。

法属波利尼西亚

塔希提

让自己沉浸在夏日性感的舞蹈庆典中，传统和现代在这里发生碰撞。

花一夜时间参加塔希提的夏日舞蹈节，当地人称为海瓦节，你就会理解弗莱彻·克里斯敦和他的同伴们为什么不想离开这里了。不仅仅是因为这里蔚蓝的海水，又或者是云雾缭绕的山峰，真正的原因是塔希提的舞蹈。塔希提舞蹈节持续3个星期，人们将对传统的敬意转化成一场感官的盛宴，首都帕皮提的图阿塔广场会专门为节日搭建一个露天的舞台。如果在7月来塔希提参加舞蹈节，这个时候的温度是一年中最理想的，最高温度20℃左右，完全可以在白天出游。

天黑之后，真正有意思的事情才发生。这是塔希提人特地展示自己音乐和舞蹈艺术的时刻：抖动的臀部和双手，整个节奏让草裙舞看起来成了慢动作；男人们像祖先那样跺脚和嘶吼，骨节发出咔嚓声；原始的鼓声似乎可以进入人的灵魂，即使音乐停止，鼓声似乎依旧在你的内心深处驻足。

著名的舞蹈家图玛塔·罗宾逊将舞蹈节称为塔希提2000年历史文化的“发现之旅”。“海瓦节有塔希提的古老传统，但是也融入了现代的元素。”罗宾逊说。奇怪的是塔希提的舞蹈节却是受到1935年好莱坞电影《叛舰喋血记》的启发才开始举办的。

饕客必读
塔希提的美食

波利尼西亚和法国饮食传统在塔希提以一种奇特的方式碰撞，进而产生了一些菜式，融合了新鲜的南洋食材和高卢人的烹饪方式。海瓦节是展示塔希提荣耀的节日，也是一年中品尝当地美食的最好时间，在此期间，餐厅都会重点推荐当地的美食。这其中就包括椰奶生鱼沙拉，这是一种浓郁的用生鱼做成的菜，搭配当地的西纳诺啤酒。餐后甜品可以选择当地传统的水果布丁。而能够完美地提供这3项食物的餐厅是西部海岸的“粉红椰子”，餐厅还可以看到茉莉亚岛的风光。

计划：塔希提 tahiti-tourisme.com。在帕皮提的游船码头旁的玛纳瓦游客中心可以了解关于舞蹈节的信息。

澳大利亚

大堡礁

“软珊瑚依附在硬珊瑚的上面，藻类和海绵状生物给礁石涂抹上了色彩，每一个缝隙都是一个生物的家园。大堡礁从北向南延伸，这里生物的转变也是从北向南。大堡礁不断改变的生物多样性几乎是无可匹敌的。”

——詹妮弗・S.霍兰德，《国家励志》杂志，2011年5月

大堡礁是自然界的七大奇观之一，位于澳大利亚东北海岸线以外，由3000多个独立的珊瑚礁岛组成，占地面积约34.8平方千米。图片：一条粉色的小丑鱼从海葵里悄悄探出头来。

大约有280多种鸟类将卡卡杜国家公园当成栖息的家园，其中包括梳冠水雉和彩虹蜂虎。图中，一只白鹭展翅飞向公园上空。

澳大利亚

卡卡杜国家公园

在空气清新的季节，更容易遇到袋鼠和澳洲野犬，可以在这样的季节来探访澳洲最重要的国家公园——卡卡杜国家公园。

卡卡杜国家公园可谓是澳大利亚版的塞伦盖蒂，公园里是广袤的原始荒原，整个面积跟美国新泽西州的面积相当，位于澳大利亚北方领土的最北端，这里有着丰富的野生动物，比如野水牛、海洋鳄鱼、袋鼠、澳洲野犬、海雕、澳洲肺鱼。从6月中旬到8月中旬，40℃的高温气候和雨季退去，乌尔真季节来到（乌尔真是当地土著对这个凉爽季节的称呼）。“这个季节的热度恰到好处，会让你觉得午后游泳特别舒适，”公园的游客服务经理特雷西·迪达姆斯说，“头顶上方的天空是令人炫目的蔚蓝，木棉树灿烂的黄色花朵开遍整个公园。”

开车四处走走，遇到地处荒僻的死水潭就停下来，因为动物会聚集到这里喝水和捕食。甩开鱼竿在南鳄河垂钓，或许能钓上澳洲肺鱼。在加伦瀑布底部的水潭或者是瀑布顶端的悬崖水池畅游一番，这两个地方都离分水岭比较远，致命的海洋鳄鱼不会出现在这里。又或者加入由护林员当导游的行程，一般只在这个季节才有这项服务。迪达姆斯说：“在乌尔真季，最好的探索卡卡杜国家公园的办法就是加入由当地土著人经营的旅游线路，从他们的眼神里感受这里的独特。”主要的游客服务中心在贾必鲁，距离达尔文市约3小时车程，1小时航程。

优中之选
卡卡杜的岩石艺术

卡卡杜国家公园里已经确认的岩石艺术就多达5000多处，是世界上岩石艺术最集中的地区之一。这里的岩石艺术主要是表达土著居民与土地和历史的关系，这些壁画以赭色、黑色和白色等不同颜色绘制在洞穴的岩壁上或者悬垂的岩石边缘。有些岩画有2万多年的历史，但也有另外一些岩画是由现今的艺术家创作的。诺尔朗吉岩是其中最令人印象深刻的岩石艺术，岩壁上绘制了大量纳玛刚的形象，传说是澳洲土著人的祖先。

www.environment.gov.au/parks/kakadu（搜索“rock art”）

计划：卡卡杜国家公园 www.environment.gov.au/parks/kakadu。澳大利亚北部地区旅游信息 www.tourismnt.com.au。

大雪山

在炎炎夏日里，带上你的滑雪用具来到崎岖的世界——一流的高山滑雪场。

6月、7月和8月，当美国正经历炎炎夏日，你可以选择在这个时候来澳大利亚新南威尔士州的雪山，被亲切地称为“大雪山”，这里正被皑皑白雪覆盖，正是滑雪的最佳时节。尽管澳洲有一些不错的滑雪场，但是派瑞舒尔滑雪度假村无疑是最大的，这里提供各种不同的滑道和路径。整个度假村包含了4个滑雪村——派瑞舒尔、古迪加、蓝牛和斯明金滑雪度假村。

1984年冬季奥运会澳大利亚越野滑雪队的教练安德鲁·霍斯利建议，选择派瑞舒尔为基地，在这里能够很容易地去往一些顶级的滑道，以及其他3个滑雪场。派瑞舒尔位于景色优美的哥斯高国家公园，这里的自然景观也相当出色。如果你想离开滑道安静一会儿，那么前往古迪加高山旅馆，它坐落在蓝牛山的上面，与其他几个滑雪场相邻。“在古迪加高山旅馆用午餐，可以看到澳大利亚高山最美丽的风景。”霍斯利提醒。所以到这里喝一杯吧，可以在休息的过程中，将周围美丽的景色尽收眼底。

优中之选
滑雪之外

如果你想在滑雪之余休息一下，派瑞舒尔长约100千米的越野滑雪道可以带着你来到哥斯高国家公园的冬季高山地带。旅行用品商K7探险为滑雪初学者提供入门课程。或者也可以雪地徒步，请一名导游陪伴，从派瑞舒尔山谷的北欧居所出发，一路向上来到魁肯贝克山。在那里，在白雪皑皑的山脊享用野餐的同时，可以欣赏到斯莱德博山谷的壮丽风景。

www.k7adventures.com

计划： 雪山派瑞舒尔滑雪度假村 www.perisher.com.au。古迪加高山旅馆 www.guthega.com。滑雪季从6月初一直持续到10月初。派瑞舒尔滑雪度假村距离悉尼开车6小时车程，距离墨尔本7小时车程。

澳大利亚的体育运动不仅仅只有冲浪和足球。在新南威尔士州，滑雪是必不可少的运动，在斯莱德博山谷有着最好的滑雪场。

逃离北半球的滚滚热浪，一路向南来到新西兰的皇后镇，在这里见证世界极限运动大赛和热闹的皇后镇冬季嘉年华活动。

新西兰

皇后镇

南半球最热闹的滑雪度假地将滑雪后的社交活动和直升机滑雪带到了新的高度。

当北半球正在经历汗流浃背的炎炎夏日，新西兰南岛的皇后镇却经历着白雪覆盖下的寒冬。由于地理位置紧贴赤道南边，这座湖边城市可能没有最大的滑雪场，或者开放时间最长的冬季度假村，但是当冬天真正来临，这里的活动是如此丰富多彩，也很难有其他地方在活动的趣味性和丰富性上能同皇后镇相媲美了。

当冒险遭遇荒诞

皇后镇的冰雪季在 6 月的最后 10 天达到一个高潮，因为冬季嘉年华在这里举行。雪地运动和极限运动是嘉年华的焦点，此外还有化装舞会、现场音乐演奏、时装秀和一些其他古怪的活动。“我们从来没太拿自己当回事，”当地旅游协会的珍·安德鲁斯说，“所以在为期 10 天的嘉年华里，你会看到有人男扮女装，相互追逐；在雪地上骑山地自行车；在鸟人比赛活动中，人们尝试从码头‘飞向’湖里。各种好玩的活动，各种开怀大笑。”

优中之选
直升机冰川徒步

直升机会将人们快速地带到南半球高山地带的弗朗兹约瑟夫冰川，游客们可以在这里进行一天的冰川徒步，欣赏各种不断变化的风景，冰洞、冰川裂缝、太阳杯、冰川壶穴和蜿蜒的溪流。当直升机从弗朗兹约瑟夫起飞之后，一路向上飞到霍河峡谷，峡谷两侧的山崖都是冰川。直升机在冰冷的着落区将游客放下，游客们就可以使用冰爪和冰镐在冰川上攀爬。附近的福克斯冰川也有直升机冰川徒步路线。

www.glacierhelicopters.co.nz

当地人和游客可以参加任何的比赛。滑板箱比赛中，扑在扁平的行李箱上沿着滑道滑下去。看看你的狗是否能在搞怪的狗狗滑雪大赛中胜出，主人带着狗狗乘坐缆车来到皇冠峰滑雪场，然后带着狗狗一起比赛沿着雪道向下滑，或者跳入冰冷的瓦卡蒂普湖参加在这里举行的游泳比赛。

真正的滑雪

皇后镇不仅仅是好玩和各种游戏，它也有非常专业的滑雪场，尤其是有些滑道，只能乘坐直升机才能抵达。有些山峰约 3000 米，大面积的雪地和大量人迹罕至的地带，新西兰南岛被认为是全球排名前 5 的直升机滑雪和单板滑雪的胜地。“这里 99% 的面积都没有人居住，所以这里人迹罕至，且未被破坏。”南湖直升机滑雪公司的首席导游达恩·皮尔金顿介绍说。从 7 月底到 8 月底，当气温最低的时候，总是能找到一块非常好的场地，也是直升机滑雪的最佳时间。

顶级的场地，例如哈瑞斯山、克拉克冰川和库克山，都距离皇后镇不远，直升机只需要短时间飞行即可达到。皮尔金顿更喜欢瓦卡蒂普湖旁边的福布斯山。“那里有着陡峭的冰川覆盖面，可以看到大海，全程高海拔，”他评价说，“这里是上帝的领地！”

绝佳住处
避寒取暖

皇后镇的这些酒店在冬日为游客提供豪华的绝佳住处：

阿祖酒店：这间酒店更像一座私人庄园，酒店有 9 栋别墅，靠山面湖。酒店室内和户外的壁炉在寒冷的冬日显得格外有诱惑力。

www.azur.co.nz

乳制品豪华酒店：该酒店距离市中心只有几条街，曾经是一家乳制品厂（建于 20 世纪 20 年代），后来被改造成一家奢华的酒店。酒店有带壁炉的休息室、阅览室、户外温泉泳池和水疗，以及晚上的热葡萄酒，营造出舒适的环境。

www.thedairy.co.nz

计划：皇后镇 www.newzealand.com、www.queenstownnz.co.nz。冬季嘉年华 www.winterfestival.co.nz。南部直升机滑雪公司 www.heliskinz.com，是在南岛提供直升机滑雪和单板滑雪服务的公司之一，其提供的行程包括 2 人团至 8 人团不等，滑道从中级到专业级。

新西兰皇后镇瓦卡蒂普湖湖畔的卓越山滑雪场为不同级别的滑雪者提供难度级别不同的滑道，从入门级到专业级不一而足。

秋季

热空气不断膨胀，炽热地烤着植物的叶子，色彩鲜艳的野花漫山遍野，再来上一两个啤酒节。

秋天的色彩肆意渲染着葡萄牙杜罗河谷的葡萄园。

科纳

在夏威夷大岛的丰收季来这里品尝香甜的科纳咖啡，这期间是岛上旅游的淡季。

夏威夷肥沃的火山土壤，尤其是在西海岸凉爽的高地斜坡，特别适合种植咖啡豆，早在19世纪20年代，传教士们就意识到了这一点。每当秋天来临，咖啡果成熟，夏天汹涌的旅游人潮消退，大岛上充满夏威夷风情的科纳咖啡文化节拉开帷幕。“毕竟，11月是这里的咖啡时节。”科纳咖啡和茶叶公司的老板玛丽娅·博尔顿说。

从霍卢阿洛阿小镇的“咖啡与艺术漫步”开始。在此期间，你可以参观村子里很多的艺术画廊，同当地摆摊的农民交谈，他们的摊位为游客提供品尝和购买当地咖啡的机会。“这些种植咖啡豆的农民会告诉你是什么让这里的咖啡如此特别，”博尔顿说，“科纳咖啡真的是因其温和而闻名，带有淡淡的柑橘和浆果香味。”

捧着一杯咖啡，沐浴在11月温和的阳光里，沿着科纳海滨漫步，微风在耳边细语，海浪拍打着岸边黑色的火山岩巨石，当地人在棕榈树下随意地拨弄着手里的夏威夷小吉他。从露天市场买来的秋橘是搭配海滩野外早餐的绝佳应季水果。到了上午第二杯或者第三杯咖啡的时间，招手拦下一辆踏板车，去往海岸线的方向，那里正在举行久负盛名的咖啡杯测或者品尝咖啡的比赛。

优中之选
夏威夷火山国家公园

夏威夷火山国家公园位于大岛东南侧（秋季游客较少），是联合国教科文组织认定的世界文化遗产，走在这座公园就是走在一座酷热的活火山之上。嘎吱嘎吱地走过漆黑的、硬化的火山熔岩，岩浆依旧在阳光下闪闪发光，这是拉维厄和冒纳罗亚火山（世界上最活跃的两座火山）喷发留下的熔岩。你可以看一眼喷发着含有硫黄热蒸汽的火山口，然后沿着火山口环形步道步行。穿得暖和一些，带上雨具以防下雨：岛上的其他地方都是热带气候，但是这里海拔较高，荒芜得如同月球表面，风大而且寒冷，11月是岛上最多雨的季节。

www.nps.gov/havo

计划：科纳咖啡文化节www.konacoffeefest.com。参观科纳咖啡和茶叶公司的餐厅（konacoffeeandtea.com），了解咖啡收获和种植的知识，以及从农场到杯子里的全过程。

当地的农民在手工采摘成熟的咖啡果，尽管这个过程会很慢，但确保了当地咖啡的优良品质。

秋天的首次霜降给怀俄明州的驼鹿发出了信号，提醒它们开始冬季迁徙。迁徙中的驼鹿奔跑越过蛇河。

美 国

怀俄明州

驼鹿本能地会随着季节的变换迁徙，跟随它们迁徙的踪迹一路来到怀俄明东北部美丽的草原。

黄石地区壮丽山地秋日的首次霜降提醒了驼鹿，是时候向冬日的领地迁徙了。初秋时分，带着双目望远镜来到怀俄明州的高地，可以看到大量的野牛为了获得领地控制权而打斗的场景。它们发出令人印象深刻的叫声，音域足以覆盖 4 个八度音阶，从男低音到震耳欲聋的尖叫。

“迁徙凸显了在这片土地上生存的生物之间的关联，以及它们的极限生存能力和适应能力。”美国大自然保护协会怀俄明分会的监管者特雷·戴维斯说。位于大角国家森林公园南部边缘地带的腾斯利普保护区，自然保护协会在当地负责保护动物的迁徙路径不被快速的人类开发行为破坏。在腾斯利普保护区，即使是游客自行选定的徒步路线，有时也会遇到被关闭的情况，因为迁徙的动物需要经过这里去往低地。

生物学家埃里克·科尔认为最好的观察野牛交配的地方是大提顿国家公园。“试试在羽扇豆草原内环路的岔道口和林木岛。”他建议。一旦母牛受孕之后，牛群就会向下迁徙来到杰克逊市的周边。这里的河谷平坦，蛇河像一条缎带装饰着河谷，每年冬天为约 1.2 万只驼鹿提供了丰沛的食物和过冬的场所。你甚至可以偷偷观察狼偷袭鹿群的场景。

优中之选
劳伦斯·S.洛克菲勒保护区

劳伦斯·S. 洛克菲勒保护区占地面积约 4.48 平方千米，位于大提顿国家公园里，靠近菲尔普斯湖的南端。保护中心办公室介绍了当地的生态情况，这里也是一段长 13 千米的小斜坡步行道的起点，徒步走完全程，壮丽的风景就是最好的回报。约翰·D. 洛克菲勒购买了这片土地，起初是作为农场，后来用于自然生态保护。他的儿子，劳顿斯，于 2001 年将这块土地捐赠给了公园，用于特殊保护和维护。保护区每年从 5 月到 9 月初面向公众开放。

计划：大提顿国家公园 www.nps.gov/grte。腾斯利普自然保护区 www.nature.org。受到雪天和季节性封路的影响，前往保护区的某些地方可能会受到限制。腾斯利普保护区每年从 5 月开放至 10 月。

新墨西哥州，阿尔伯克基

国际热气球节

“每年 10 月，当数百个色彩丰富、奇形怪状的热气球悄无声息地升上清澈蔚蓝的天空，阿尔伯克基的魔幻时刻降临了。各式各色的热气球就像明亮的图案装饰品点缀着天空。地面上，大人和孩子们看着这些渐渐升起的庞然大物，伸长了脖子望着天空，向热气球驾驶者挥手，向他们的冒险精神致以敬意。”

——尼厄拉·施瓦茨贝里，记者、编辑

国际热气球节每年10月的第一周在阿尔伯克基的热气球公园举行。该热气球节始于1972年，从最初的13只热气球发展到如今的600多只，气球节的规模一直在扩大。

在南达科他州黑山地区一年一度的野牛围捕活动期间，一名牧马人和他的坐骑在草原上享受片刻的安宁时光。

南达科他州

卡斯特州立公园

牛仔驱赶着数千头野牛在南达科他州的大草原呼啸而过，震耳欲聋的戏剧性场面会令你惊叹。

卡斯特州立公园位于南达科他州黑山的深处，占地287平方千米，公园里有起伏的草原、长满松林的山地和陡峭的花岗岩石峰。这里生活着1300多头野牛，是世界上野牛数量最多的公园之一，它们自由自在地同公园里的大角羊、山羊和叉角羚羊生活在一起。

一年一度的野牛围捕在9月底拉开帷幕，野牛会经过一定的挑选，避免给现有的牧场造成过重的负担和破坏。在公园游客服务协调工作人员克雷格·帕格斯利看来，野牛围捕就是最纯粹的旧日西部场景，“大约有1500头野牛在牧场奔跑，蹄子卷起的尘土飞扬，还能听到鞭子抽打和牛仔驱赶牛群时的吆喝声。”

加入1.4万名观看野牛围捕的观众队伍中，在大草原上观看盛装的牛仔骑马飞驰，将牛群驱赶到围栏中等待贴上标牌、注射疫苗和分类。南面的观看区域可以看到牛群从山坡呼啸而过进入山谷的全景，北边的观看区却可以让人热血沸腾。“（北边）可以从正面看到整个牛群被驱赶到东边的围栏中，一切都近距离地直面眼前，”帕格斯利说，“野牛冲进围栏，你甚至可以伸手摸到它们。”

绝佳住处
州立游戏酒店

秋高气爽的秋日，入住州立游戏酒店会格外的诱人，让你体验经典的美国西部生活。美国总统卡尔文·柯立芝曾将整个政府管理团队搬到这里，以躲避华盛顿特区的滚滚热浪。酒店建于1920年，坐落在山谷里，掩映在一片黄松之中。这里的房间既有优雅的酒店套间，也有简单舒适的夹板房间。在酒店的餐厅可以看到南达科他州特有的动物，诸如水牛、野鸡和鳟鱼，乘坐吉普车到偏远一些的水牛野生动物园就能看到野牛，导游也会介绍公园里有关野生动物的知识。

www.custerresorts.com/state-game-lodge

计划： 卡斯特州立公园 gfp.sd.gov/state-parks。南达科他州黑山 www.fs.usda.gov/blackhills。

瓜达卢佩山国家公园

在公园里徒步，去探寻淹没在秋色里的深褐色沙漠。

走过灰褐色和棕色的岩质沙漠地带，地标性的酋长岩就在不远处，只需沿着垫脚石跨过一条小溪。如果秋天来到这里，等待你的是一片令人炫目的绿洲。

在瓜达卢佩山国家公园麦克奇垂克峡谷的背阴处隐藏着一处看起来不可能出现在这里的树丛，到了秋季，就变得色彩缤纷。粗齿枫的叶子到了秋天就自然形成黄色、橘色和红色的天篷，漆树灌木丛的色彩则如同火焰般，在离地面近一些的地方形成一片绯红。德克萨斯浆果鹃点缀更多的色彩，它的叶子是绿色的，树皮呈粉色和红色，当树皮剥落的时候，底色如同白色的帆布。

大自然的声响也在这个季节明快起来：倾听鸟儿叽叽喳喳的叫声，这可是你平时不大可能听到的鸟鸣。“这种体验就像在隐秘的大峡谷发现另外一个世界。”公园的守林员迈克尔·海尼说。

麦克奇垂克峡谷的谷壁形成了口袋状的荫凉，这里树木繁茂。树木的根系默默地汲取雪水融化和雨水形成的地下水。

当你发现自己正身处落叶树木丛林的时候，其实沙漠就在你身后不远处。等到秋天最后一片叶子落下，树叶落在仙人球和丝兰的周围，留下如同沙漠一样光秃秃的树干。

游客必知
瓜达卢佩山

这一地区曾经是一片海洋，是由石灰分泌生物（类似珊瑚和海绵）生成的海底暗礁的一部分。在长达数百万年的时间里，气候和地理的变化导致海洋消失，形成了如今我们所看到的瓜达卢佩山。世界各地的地理学家来到这里，一睹古老的海床形成的岩层，二叠纪礁石步道是最好的观察地点。当然，酋长岩和瓜达卢佩山并不是唯一令人印象深刻的由海洋生成的地貌，附近的卡尔斯巴德洞窟国家公园也有由史前礁石形成的地貌。

计划：麦克奇垂克峡谷 www.nps.gov/gumo。麦克奇垂克峡谷的叶子通常在10月底至11月初色彩最为缤纷。当你来到这里的时候，守林人会带你来到最好的观测点。

秋日缤纷的色彩将酋长岩围绕起来，这也是德克萨斯州境内排名第八的高峰。

同北极熊一起度假

博伊德·马特逊

曼尼托巴省，丘吉尔市

北极熊就好像北极的超模，被用来做广告推广各种产品，从苏打水到混合动力汽车。尽管北极熊的形象似乎无处不在，但是大多数人却从未有机会见到生活在野外的活生生的北极熊，因为它们主要生活在几乎与世隔绝的、难以抵达的地区。虽然如此，但有那么一个地方在每年秋季可以确保你有机会看到真正的北极熊，那就是加拿大的丘吉尔市。

我第一次去丘吉尔市的时候，我同知名的北极熊生物学家马尔科姆·拉姆西一起工作。我们邂逅了两只北极熊，他正在进行测量，马尔科姆指着他的助手说："他才是最有经验的北极熊屁股专家。"我转头看到助手的胳膊从熊的背后插入，取出一点粪便样品。目睹了这一刻，我说："我从来没想在任何领域成为那样的专家。"

幸运的是想要在丘吉尔市近距离观察北极熊的话，并不需要你成为一名北极熊屁股专家或者北极熊研究人员。丘吉尔市号称是"世界上的北极熊之都"，每年秋天北极熊就会现身欢迎游客的到来，它们就像这座城市的迎宾特使一样。丘吉尔市是哈德逊湾最早结冰的地方，北极熊热爱结冰，这意味着在经历了夏季的禁食之后，终于等到了可以饕餮大餐的时候。它们在10月份就来到了这里，焦急地等待首次冰冻。到万圣节期间，这座城市的北极熊数量达到了一定规模，甚至需要全副武装的人员出来保护万圣节出门要糖果的孩子们。

当我再次以游客的身份在某年的11月来到丘吉尔市，我乘坐苔原车出行，这是一种看起来像汽车的交通工具，巨大的车轮高达1.5米。这样可以确保我既安全又保暖，同时依旧可以从1米的高处近距离拍摄北极熊。为了避免在城市和野外开车往返的过程中错失观察北极熊的活动，我还在苔原越野车旅馆住了三晚。住在旅馆可以确保我在睡着的时候和醒来的一刻，周围都是北极熊。为了让整个经历更加令人难以忘怀，某天晚上大自然还上演了令人惊叹的极光秀。

博伊德·马特逊是美国《国家地理》杂志的记者和冒险家。他主持《国家地理周末》电台节目，同时也是《国家地理旅行家》杂志的特约供稿编辑。

“住在旅馆可以确保我在睡着的时候和醒来的一刻，周围都是北极熊。”

一只北极熊和它的熊仔在哈德逊湾的积雪上行走。

绿湾

绿湾包装工队的橄榄球赛事是当地的盛事，加入绿湾秋天的庆祝仪式，处处充满骄傲的气氛和特色腊肠的气味。

选择绿湾包装工队在当地比赛的某个周日，在体育馆附近停好车之后，踏着草坪上的落叶来到比赛场地，朗博体育场就矗立在眼前，因为它周边都是工人聚居的地方，它出现在这里就好像是用魔术变出来的一样。如果你在橄榄球赛季来到这里，深吸一口气，大街小巷都充满了木炭和烤香肠的气味。绿湾包装工队的所有人之一史蒂芬·苏利文说：“在街上你可以闻到木炭的味道，如果在秋季，这似乎是再自然不过的事情。”

绿湾包装工队是一支小城市球队，也是一支美国主要的球队，它还是唯一一支由当地公众所拥有的球队，这意味着苏利文和11.2157万名球迷是这支球队的主人。作为回报，苏利文说：“我们拥有了一支全身心投入这项运动的球队，给威斯康星州和粉丝们带来了愉悦、骄傲和胜利。”

心情愉悦的球队粉丝会在比赛之前聚会：欢笑、饕餮大餐，同时听着收音机里的季前赛。当你看见卡车特地为聚会装扮起来，提供烤肉和无线网络供大家讨论统计数据，你甚至会心生一丝妒忌和羡慕。但是你同时会感到宾至如归，期盼着当一天结束的时候，会有下一场比赛。

游客必知
包装工队雪天狂欢

赛前聚会是球队粉丝会做的事情之一，但是铁杆粉丝知道绿湾的秋天，下雪就如同看到落叶一样寻常。如果比赛之前的几天下雪，那么在绿湾包装工队主场的体育场会有一场狂欢，当地人会带上铲子清除座位、看台和其他地方的积雪，但是不会打扫体育场的草坪。球队会给参与帮忙的人每人每小时10美元的小费，就好像男孩点燃圣坛的蜡烛之后会得到一些赏钱一样严肃。这是绿湾典型的秋日一天。在这样的氛围里，你会真正变成一个傻乎乎的粉丝。

计划：绿湾 www.greenbay.com。绿湾位于芝加哥出发往北3.5小时车程的地方，密歇根湖湖畔。绿湾包装工队 www.packers.com。

无论你是绿湾包装工队的粉丝，还是对其他球队情有独钟，橄榄球赛始终是美国秋日的传统项目。

在肯塔基州伯里亚手工艺品店之中，拜比陶器是阿勒格尼山以西最古老的陶器商店。

肯塔基州

伯里亚

沿着阿巴拉契亚山南侧的山麓小丘漫步，观看民间顶尖艺术家和手工艺人工作的场景。

伯里亚地区的手工艺传统植根于古老的历史。从公元前200年到公元400年，肯塔基州中部的林地是霍普维尔人的故乡，他们是复杂装饰——珠宝和黏土物件的当地手工艺人。他们的精神被传承下来，活跃在肯塔基州手工艺之都和周边的一些工作室中。当你行走在老城和学院广场附近的露天工作坊和室内画廊之间，总是可以找到一个驻足聆听手工艺大师讲解，或者是从他们那里学习的地方。

10月的第二个周末，跟随伯里亚最好的评审艺术家进入山区，参加在有历史意义的印第安堡垒剧院举行的肯塔基艺术家和手工艺者协会秋季集市。这个露天集市在伯里亚的学院森林蜿蜒铺开，在一片灿烂的秋叶掩映下，集市上手工艺人们展示阿巴拉契亚山南部的手工篮子、吹制玻璃、珠宝、纤维艺术和其他一些手工艺单品。

“世界上很少有集市能跟我们的集市一样，”肯塔基州艺术家、手工艺人协会负责人兼金属艺术家珍妮特·罗利特说，“整个集市沿着小路铺开，你可以欣赏山上色彩缤纷的秋叶。在你观看艺术家工作的时候，小提琴演奏者和挑选工艺品的人四处游走。艺术、音乐、秋叶，这一切都让你想抬起脚步随着音乐起舞。”

游客必知
伯里亚学院工艺品

1893年，一次阿巴拉契亚山南部的行程促使伯里亚后来成为美国民间艺术和手工艺中心。在那次旅途中，伯里亚学院的院长威廉姆·弗罗斯特见证了工业化对当地手工艺传统的冲击。山地的居民会从希尔斯百货和乡村商店购买工厂生产的篮子和毛毯，而不是像过去那样自己在家编织。弗罗斯特回到校园之后，所见到的一切激发他推动阿巴拉契亚山手工艺复兴运动。他创立了学生编织课程（如今范围更广，包括木工艺、家具、瓷器和珠宝），鼓励手工艺人在伯里亚定居，并开始将本地的手工织物出售给学院富有的捐助人。

计划：肯塔基州艺术家和手工艺人协会集市 www.kyguild.org。更多关于伯里亚的手工艺工作室、艺术家工作坊和夏季课程可参考 www.berea.com。

宾夕法尼亚州

鹰山

“自1934年以来，有超过100万人游览过鹰山保护区，观看场面壮观的秋季老鹰迁徙，大概有16种不同种类的猛禽，包括库珀鹰、金鹰和灰背隼。看老鹰的眼睛和它展开双翅时的羽毛，都会让人感受到这种猛禽的野性。”

——瑞秋·J.迪金森，《国家地理旅行者》杂志作者

每年秋天，变化多端的气候迫使鹰在冬天来临前飞往南方觅食。宾夕法尼亚州肯普顿的鹰山就是观看鹰迁徙的最佳位置，每年大约有1.8万只不同种类的鹰经过这里向南迁徙。

爱德华王子岛闻名于世的龙虾在两个季节可以尽情享用，那就是春季和秋季。

加拿大

爱德华王子岛

在加拿大这个最小的省份，每年秋季举行的国际贝类节是加拿大最大的节日之一，节日期间可尽情享用各种海鲜美食。

参赛者举起手中的刀示意他们已经做好了比赛开始的准备，主持人发出比赛开始的信号，参赛者立刻迫不及待以最快的速度将一打生蚝去壳，然后将处理好的生蚝放到有粗盐的托盘上。1 分 14 秒之后，最先处理完生蚝的胜利者在空中挥舞着拳头，他将获得 2000 美元的奖金和“世界上剥生蚝最快的人”的称号。

每年 9 月在爱德华王子岛举办国际贝类节期间，这场快速而激烈的比赛都会如期举行，秋季也是生蚝丰收的季节。节日不仅仅是庆祝生蚝的丰收，你也可以享用龙虾大餐，各种龙虾的烹饪方法超乎你的想象，还有各种不同的海鲜杂烩。与此同时，听着传统的滨海音乐，品尝知名大厨做的食物，成了节日期间不可或缺的重要组成部分。

爱尔兰流亡者和餐厅老板利亚姆·多兰在 1996 年发起了这个节日，当时并没有想到它会发展成加拿大东部最大的年度节日之一。“如今规模变得很大了，”他说，“尤其是生蚝剥壳比赛和厨师比赛。我们在一个帐篷里举行比赛，备有一个大型的显示器，可以供 2000 多人同时观看，这听起来有点疯狂。”

游客必知
绿山墙

在淡季的时候来爱德华王子岛，这个时候酒店和餐厅的收费相对会低一些，可以在这里待的时间更久一些，探访岛上因为文学作品而声名鹊起的地方。绿山墙是一座农场，给了加拿大作家露西·蒙哥玛丽无限的灵感，创作了经典儿童文学小说《绿山墙的安妮》，主人公是红头发的孤儿安妮。访客可以参观位于卡文迪什的白色和绿色的房子，还可以花 45 分钟走一走书中所提到的鬼魅森林和香脂树小径。这本书在 1908 年首次出版，迄今为止在全球已经销售了约 5000 万册。

www.gov.pe.ca/greengables

计划：爱德华王子岛 www.tourismpei.com。国际贝类节 peishellfish.com。

加拿大，新斯科舍

布雷顿角岛

当地人在秋季会庆祝他们凯尔特人的血统，在节日的氛围里体验布雷顿角岛的音乐和美食。

在加拿大崎岖多石的布雷顿角岛上，凯尔特人的传统滋养着这里的音乐、食物和生活，这一切都在一年一度的凯尔特色彩庆典上融汇交织。每年秋季，当树叶绽放出绚烂的色彩，岛上的旅游旺季也就随之来临，来自世界各地的当代凯尔特音乐人纷纷来到这座小岛，参与到现场音乐会演出和社区表演中来，同当地的艺术家合作，甚至会同现场带着小提琴的人即兴演出。“我们的文化在厨房和社区礼堂中鲜活的存在，”色彩庆典节日的艺术指导乔艾拉·富尔兹说，“人们不仅仅是在那里围观，而是参与进来。”

除了现场音乐会，体验岛上各个小镇自行组织的各种工作坊和活动的最佳途径就是离开主高速路。在圣乔治海峡的乡下公社，道格·贝格和一些当地人会组织唱歌环节和晚餐集会，歌声同现场的即兴表演相呼应，志愿者在愉快的氛围里为晚上的集体聚餐准备鱼糕和豆子，集体晚安通常在社区礼堂举行。“当你让每一个人都参与到节日庆典中，”贝格说，“你就不会去区分不同的文化，英国人、美国人或是加拿大人，我们在一起唱歌、聊天和享用美食。”

优中之选
卡伯特公路

卡伯特公路在布雷顿角岛的北部，其沿线可以看到岛上多样的和戏剧化的特色自然风光。卡伯特公路全程约300千米，沿途有岔路可以去往布雷顿角高地，可以看到大西洋峭壁下海岸线的全景。随后，公路向南延伸，公路南端的尽头轻轻掠过布拉多尔湖顶端湖畔的草地。沿途可以在以下几个地方停下来观光：在麦肯齐山停下来观看鲸鱼，或者是拜访巴德克村，参观亚历山大·格拉汉姆·贝尔纪念馆，看看当地人如何表达对他的敬意。

www.cabottrail.com

计划：布雷顿角岛 www.cbisland.com。凯尔特色彩庆典 www.celtic-colours.com。游客可以先乘坐飞机抵达新斯科舍省的哈利法克斯，然后租一辆车，驱车334千米来到布雷顿角岛的巴德克。在哈利法克斯，布雷顿角岛与悉尼之间有往返航班。

从个人独奏到人人参与的社区即兴演出，参加卡尔特色彩庆典的音乐家们传达出对旧日时光的热爱。

Top 10
十大万圣节出没地

在这些极其恐怖的出没地，沉浸到万圣节的氛围中。

史丹利酒店

科罗拉多州，埃斯特斯公园

该酒店位于落基山，据说鬼会在夜间出现给人们盖被子，还会在音乐厅弹钢琴。史丹利酒店的鬼故事给了史蒂芬·金灵感，他以此为故事原型创作了小说《闪灵》，如今你可以入住以他的名字命名的套房。如果想要住上这间套房，记得尽量提早预订。

www.stanleyhotel.com

伦普公馆

密苏里州，圣路易斯

这栋维多利亚时期的建筑因其漂亮的手绘天花板、富丽堂皇的红木墙外皮以及历史上一系列不合时宜的死亡和自杀事件而闻名。如今这栋建筑被改造成了酒店，同时还组织灵异之旅。整栋建筑坐落在洞穴和隧道之上，这些地下空间最早用于家族的酿酒生意。在万圣节的时候参观地下酿酒厂，洞穴的墙壁上都溅满了“鲜血”，你还可以再下一层进入地下鬼屋。

www.lempmansion.com, www.scarefest.com

东方州立监狱

宾夕法尼亚州，费城

东方州立监狱类似于中世纪的堡垒，关闭在这里的囚犯被彻底孤立，直到令他们发疯的境地。关押在这里的最后一名犯人于 1971 年释放之后，这里就变成了一个供游客参观的地方，有人说听到过鬼的尖叫声。每年秋天，这座有着 180 年历史的监狱都会布置一间惩治鬼屋。

www.easternstate.org

伦敦塔

英国，伦敦

在伦敦塔，王后们在这里被砍头，年轻的王子在这里神秘地消失，伦敦塔总是同一些悲惨的故事和可怕的传说关联起来。如今，当伦敦塔陷入一片死寂之时，守卫会带着游客进行一段暮光之旅，领着他们走过鹅卵石的通道和螺旋式向上的楼梯。

www.hrp.org.uk/toweroflondon/whatson/towertwilight-tours

爱丁堡城堡

苏格兰，爱丁堡

从一名被火刑处死的女巫到一名无头的鼓手，关于爱丁堡城堡的闹鬼传闻已经有数百年的历史。有些游客说在苏格兰首府的这座 12 世纪的堡垒中感受到了灼烧感，看到了神出鬼没的身影。

www.edinburghcastle.gov.uk

巴尔迪城堡

意大利，巴尔迪

一个悲情的爱情故事萦绕着这座意大利北部的城堡。男主人公是一名军队将领，女主人公是一名贵族的女儿。她从城堡里看到敌军的骑士靠近，误以为她的爱人已经战死，于是从城堡跳下身亡。事实上，男主人公穿上敌军的衣服只是为了庆祝胜利。当他得知爱人死亡之后，也自杀殉情。人们说他的鬼魂依旧在寻找昔日的恋人。

turismo.comune.parma.it

胡斯卡城堡

捷克，布拉泰茨

胡斯卡城堡建在地面的裂缝深处，根据传说，城堡挡住了通往地狱的路。传说这座 13 世纪哥特式城堡曾经关押过一匹流血的无头马和一名四处游走的阴郁“白衣女子”。礼拜堂就位于洞穴的正上方，据说是为了防止地狱的恶魔逃脱。

www.ceskolipsko.info/dr-en/1230-houska-castle.html

好望堡

南非，开普敦

好望堡在 17 世纪由士兵和奴隶共同修建而成，尽管叫做“好望堡”，但是却名不副实，因为这里关押着地牢囚犯。在这座五角形堡垒里，通常会动用酷刑逼供。仔细听：有人说他们依旧可以听到痛苦灵魂的尖叫声。

www.castleofgoodhope.co.za

班嘎城堡

印度，拉贾斯坦邦

印度北部这座被遗弃的城堡和村庄遭到诅咒，被一名为情所困却未能得偿所愿的人诅咒？或者是因为一个傲慢的国王而注定如此？如果你对一些更接地气的话题感兴趣，了解关于这里的干旱和战争方面的情况，就很容易理解为什么这座建于 16 世纪的华丽却摇摇欲坠的废墟会同无数的鬼故事有关。

www.rajasthantourism.gov.in/destinations/alwar/bhan-garh.aspx

蒙特克里斯托宅邸

澳大利亚，朱尼

蒙特克里斯托宅邸位于澳大利亚东南部，这是一座维多利亚时期的庄园，据说有一名身着高领黑色蕾丝连衣裙的女人在房子里出没。你可以预订一次住宿加早餐的幽灵之旅，酒店的管理团队会建议你带上闪光灯来，这样才真正称得上“为受惊吓有备而来。”

www.montecristo.com.au

谣传爱丁堡城堡的鬼很多，其中包括一名被火刑烧死的女巫，即使是不相信鬼魂存在的人在这里也会感到不安。

阿卡迪亚国家公园内的游步道形成交错纵横的网络，徒步之后可以看到公园内的全景，隐藏在树丛中的池塘以及云杉和冷杉森林。

缅因州

阿卡迪亚国家公园

在阿卡迪亚的秋天，你能看到最美最亮的银河系，拥抱不眠之夜，眺望满天繁星。

阿卡迪亚是美国人口密集的东海岸人流量最大的国家公园，具有绝佳的观看星星的自然条件。因为地处东海岸的最北边，不会受到类似波士顿和波特兰上空的光污染，阿卡迪亚的星空纯净通透。秋天是游客观星的最佳时节，因为夜晚的延长，增加了观看星星的机会和时间。当夜幕降临，银河系如同爆炸一样在天幕铺满繁星，同星空下漆黑的海洋形成鲜明反差。

选择夜间徒步靠近星空

阿卡迪亚公园的凯迪拉克山是美国东海岸最高的山峰，登上这座山峰就可以最近距离地欣赏缅因州的星空。会有为数不多的一些人选择在山顶过夜，参加夜间派对，这也是阿卡迪亚公园一年一度的夜空节的高潮。每年到了秋天，当阿卡迪亚的天空更加清澈，游客也更少一些的时候，夜空节就选在这个时候，游客们在日落时分背着毯子爬上约 466 米的山顶。来自缅因州各地的观星天文爱好者会将他们的天文望远镜分享给游客，与大家一起观看美丽的星空。“我已经在缅因州居住了 12 年，”阿卡迪亚公园规划师约翰·凯利说，“这里的星空依旧会让我驻足。”

绝佳住处
环保住宿

灰色小屋客栈：该旅馆已被缅因州环保部门认证，它尽可能少地使用资源，以减少对环境的污染。

www.graycoteinn.com

山楂树旅馆：这是一家由当地人经营的提供住宿和早餐的旅馆，距离公园南入口约 2 小时车程。山楂树旅馆是一家环保型旅馆，是游客去往公园或从公园返回路上的住宿好选择。旅馆提供的食物都来自当地的农夫集市、社区支持的农业种植项目，或者旅馆自己的花园。

www.camdenhawthorn.com

米拉蒙特酒店：该酒店同样获得了缅因州环保部门的认证，这家维多利亚时代风格的酒店提供早餐和住宿，食物同样来自当地，并可以看到当地的秋叶美景。

www.miramonte.com

阿卡迪亚的星空为观星者打开了夜空的另外一扇窗，并不是每个人都有幸可以看到阿卡迪亚如此美丽的星空。阿卡迪亚夜空节除了提供观星的机会，还旨在培育一种沟通机制，让人们了解怎样减少光污染。“夜空节还有重要的文化意义。”凯利指出。倾听星空爱好者们讲述各种关于夜空的故事，这些故事里交织着他们对于星空的热爱，从美国本土的故事到尼尔·阿姆斯特朗的月球漫步编年史。“人类通过民间传说和占星术与星空的互动，”凯利说，“告诉我们天空也是一种资源。”

星空下的皮划艇

在天空晴朗清澈、水面平静无波、温度不算太冷的情况下，在阿卡迪亚公园夜间的巴港划皮划艇的感觉就像进入了另外一个世界，只有近距离接触和体验才能感受。当自然光微乎其微，人类的感官会对声音更敏感。“一些鸟儿在夜晚鸣叫，时不时地你会听见江豚或者海鸥的叫声，”当地的皮划艇观光导游布雷希恩·兰德说，“但是更重要的是能感受到浓厚的沉静。”当皮划艇的桨划过水面，水中的荧光生物会闪闪发光，同水面倒映的璀璨星空相得益彰。“如果运气不错的话，你甚至可以看到鱼儿从皮划艇下游过。”兰德说。

优中之选
色彩绚烂的阿卡迪亚时光

尽管缅因州绚烂的星空可能会让你迷恋至清晨，但白天不要总是窝在床上睡大觉。如果秋季的夜空是其阴柔的一面，那么白天公园里丰富的色彩即是富有活力的一面。10月初至10月中旬是最好的红叶观赏期，在此期间，公园里的树叶色彩缤纷，构成光谱上的彩虹色。云杉和松树成为永久的绿色背景，前景中则是鲜亮的黄色、红色和橘色。除了赏秋叶，你还可以参加西南港一年一度的啤酒节，节日期间从下午开始就会提供当地酿制的啤酒和红酒，品类的多样性一点不亚于秋叶的色彩。

www.acadiaoktoberfest.com

计划：阿卡迪亚 www.nps.gov/acad。阿卡迪亚夜空节 www.acadianightskyfestival.com。巴港港口小镇 www.barharborinfo.com。巴港坐落在一个沙岛上，紧邻阿卡迪亚公园，是一个集中的住宿地。阿卡迪亚公园皮划艇观光旅行 www.acadiaparkkayak.com。

缅因州夜晚的星空会让人觉得自己被罩在一个由星星制成的钟罩里。

纽约州

秋天的落叶

“当人们想到纽约州北部的秋天，他们脑海中出现的总是快照式的片段，而不是一个连续的画面。其实纽约州北部的秋天是一个连续的过程。树根扎在水中的枫树叶子最先变红，也最先消失。接下来就是长在旱地上的枫树和山核桃树，阔叶树的红叶似乎点燃了整个山坡。当红叶落下，橡树依旧还在，填补着11月光秃秃的树干带来的空洞感。”

——威尔林·克林肯博格，作家，《纽约时报》供稿人

纽约州北部的秋叶在9月至10月是最佳观赏期。阿第伦达克山脉是最佳且最知名的红叶观赏地，每年吸引着大量游客前来一睹秋叶美景。图片：阿第伦达克山高峰俯瞰的美景。

科基·罗伯茨

华盛顿特区

夏末是时候计划一次华盛顿首都之旅了。我可没有开玩笑，尽管华盛顿特区的天气臭名昭著。到了9月末，国家广场开始有人陆续扎起了帐篷，一侧是国会山，一侧是华盛顿纪念碑。在这样一个伟大的仪式性空间里待两天，你会听到人们在读书，是的没错，有人在这里读书，以及讨论国家图书节上看到的书。

在2001年，时任第一夫人劳拉·布什同国会图书馆馆长詹姆斯·比林顿一起，将美国国家图书节引入了华盛顿特区。布什夫人坚信人们一定会亲临图书节现场，聆听作者的讲座，向作者提问，排队等待作者签名，以及购买他们的书。她猜对了：如今成千上万的人庆祝这一节日，即使是下雨，爱书的人们依旧风雨无阻。

如果读者喜欢这个节日，作家们往往更喜欢。我参加了第一届的图书节，当我看到同读者见面的帐篷里挤满了读者，他们都急切地想听我更多地聊一些关于美国历史中的女性话题，看到这一幕我非常吃惊，这些女性如果有机会看到她们曾经选择安居下来的首都如今已经成长为现在这般令人赏心悦目的程度，应该也会倍感惊讶。对于华盛顿特区这样一个城市来说，历史是必不可少的话题，当然图书节期间有各种类型的图书满足不同人群的需求：神秘小说、烹饪书等。吉尔斯·菲勒出席图书节，海洛薇兹也出席过其中的某一届。

体育明星总是会吸引很多人，儿童图书作者也不例外。这也是华盛顿特区图书节另外一个吸引人的地方——这是适合家庭成员一起参加的节日。孩子们打闹推搡着想靠近他们喜欢的读物和作家，他们会被雷克·莱尔顿迷住，被R.L.史坦恩故事里的情节吓到，被莫·威廉斯的书逗得哈哈大笑。

大约会有1200多名志愿者来辅助组织这项复杂的活动，基本上就是把孩子们组织到帐篷里，照顾和看着孩子们在帐篷里听故事，让他们的父母腾出一些时间买书，志愿者虽然忙得满头大汗，但是却觉得这都是值得的。一旦孩子们被吸引住，来年他们还会要求再来图书节。我知道一定会是这样。因为有一年我的儿媳妇很忙，我的孙子非常自信地说："奶奶会带我去！"我兴高采烈地带着他来了。

科基·罗伯茨是全美广播公司和美国公共广播电台的政治评论员。她多次出席华盛顿特区的图书节谈论她的畅销书。

国会山图书馆主办的美国国家图书节上总是会出现藏书爱好者们梦寐以求的作家、诗人和插画家所组成的明星阵容。

"当我看到我的帐篷里挤满了读者，我非常惊讶。"

MIDWEST
MAP TO SOME GREAT BOOKS
EVENT
PEOPLE OF THE
BIG VOICE
Bottoms Up
A Toast to Wisconsin's Historic Bars & Breweries
Jim Draeger & Mark Speltz
photographs by Mark Fay
Places along the Way
CLUCK
Jungle Fowl to City Chicks
SUSAN TROLLER
The Waters
Star Lake
A NOVEL
Sara Rath
Edited by
Matt Dembicki

新罕布什尔州

堪卡马格斯风景之路

在一条游客不多的道路上穿行，发现新罕布什尔州的秋叶之美，沿着公路一直往前，进入令人眼花缭乱的树冠丛林之中。

从波士顿出发驱车向北2小时之后，残留的都市生活的痕迹都在这里让位给了白山国家森林公园壮丽的荒野风光。白山国家森林公园占地约3200平方千米，地处新罕布什尔州中北部和缅因州西部，美国西北部最高的山峰就坐落在森林公园内，这片森林象征着花岗岩之州粗犷的特性。

新罕布什尔州境内的堪卡马格斯风景之路（112号公路）全长约55千米，一路曲折向东延伸，从林肯市出发穿过白山公园后进入康威。尽管相邻的佛蒙特州也因其壮观的红叶而闻名，但是9月中旬到10月中旬期间，堪卡马格斯公路沿线的红叶美景可以同任何知名的赏秋叶地点一决高下。高约1917米的华盛顿峰被白雪覆盖，像背景一样映衬着色彩绚烂的榉木、桦树和枫叶树冠。岩石峡谷、廊桥和原始瀑布仿佛在向游客招手。

“如果你在寻找和设计一个完美的赏秋叶场所，那么选堪卡马格斯风景之路准没错，”林肯市卢恩山度假村经理格瑞格·科瓦斯尼克说，“高海拔确保这里白天热、夜晚凉，这样的气温就使得秋叶呈现出令人惊叹的红色、黄色和深紫色。乘坐敞篷货车前往卢恩峰，生动的色彩一路延伸至华盛顿峰，也可以坐空中滑索飞跃佩米奇瓦塞特河，俯瞰世界上最令人叹为观止的秋季风光。”

游客必知
老人岩

很遗憾，形似老人面孔的老人岩已经在2003年5月从它所依附的加隆山倒塌。但是它作为新罕布什尔州的花岗岩标志性符号却得以永恒，被印制在车牌和枫糖浆的瓶身上。勘测人员在1805年发现了这座高达12米的人面轮廓花岗岩之后，富人们纷至沓来，这里也开始建酒店供他们住宿，逐渐让白山成了夏季度假的胜地。如果稍微眯眼斜视的话，从弗肯尼亚州立公园还有可能依稀“看到“老人的面孔。在这里，巨大独特、轮廓分明的钢筋重塑了人们所热爱的老人岩，大自然的力量塑造了它，却也是大自然的力量将它抹去。

计划：堪卡马格斯风景之路 byways.org。卢恩山 www.loonmtn.com。敞篷货车之旅和空中森林冒险滑索一直开放到10月中旬。

沿着花岗岩之州安静的堪卡马格斯风景之路开车走下去，沿途能欣赏美到令人窒息的白山、斯威夫特河自然风光，还有红叶。

对于在加利福尼亚湾裸潜的潜水者来说，鲸鲨是他们在海底最好的游泳伴侣，尽管鲸鲨个头巨大，但格外温柔。

墨西哥

下加利福尼亚半岛

每年秋天在下加利福尼亚半岛的海湾里，会有大量体型巨大的鲸鲨在这里聚集，秋天来这里旅行可以一睹这些巨型海洋生物的风采。

当你在海面划着皮划艇，你看见某个巨大的东西从皮划艇旁边清澈蔚蓝的海水中慢慢升起。抵抗住本能，不要着急划着皮划艇逃生，耐心等待（准备好相机）这个巨大的生物靠近水面，这只长约 9 米的鲸鲨从皮划艇下掠过，用它巨大的嘴从海水中吸食一口浮游生物。

到了秋天，世界上最大的鱼——鲸鲨，会数以千计地聚集到加利福尼亚海湾，这恐怕是地球上唯一一个可以每年看到如此大规模鲸鲨的地方，加利福尼亚湾自然保护区主任卡洛斯·戈迪雷斯说："你可以下海与它们一起游泳，这里不像其他的公共水域会有危险。"戈迪雷斯说。11 月底，在它们洄游到太平洋水域之前，它们会聚集在这里交配、产仔和养育小鲸鲨。

在洛杉矶湾，你可以租用皮划艇和摩托艇出海同鲸鲨互动，或者是花几天时间乘坐游轮出海，到更远的地方观看其他生活在深水区的海洋生物，诸如座头鲸、鱿鱼和其他约 900 种热带鱼。

游客必知
其他鲸鲨出没的地方

菲律宾，董索：董索位于吕宋岛屿南部边缘，俯瞰着迪高海峡，每年 11 月至次年 6 月，鲸鲨会在此聚集。当地的旅行社会组织游客水肺潜水或者呼吸管潜水。

tourism.albay.gov.ph

墨西哥，霍尔博克斯岛：鲸鲨从每年的 5 月中旬到 9 月中旬会聚集在尤卡坦半岛温暖的水域。霍尔博克斯岛、坎昆和女人岛都提供潜水行程，让游客与鲸鲨在水底共舞。

holboxisland.com

澳大利亚西部，宁格鲁礁石：每年 3 月底到 7 月中旬，鲸鲨会聚集到这条长达 257 千米的礁石附近。户外旅行公司会从岛上的珊瑚湾和埃克斯茅斯出发，组织游客进行观鲸和潜水之旅。

www.westernaustralia.com

计划：下加利福尼亚湾 www.discoverbaja-california.com。洛杉矶湾 www.bahiadelos-angeles.info。

墨西哥亡灵节当日，有人装扮成传统标志性骷髅卡翠娜，加入到墨西哥国立自治大学校园的庆祝仪式中。

墨西哥

瓦哈卡

喝上一口龙舌兰，夹杂着强烈的恐怖气味，加入激情高昂的队伍，跟当地人一起庆祝墨西哥亡灵节。

午夜过后，在11月2日的清晨，数千人聚集到瓦哈卡郊外的一块墓地。在这里，天主教传统和奥尔梅克风俗融合在一起，诞生了亡灵节，提到亡灵立刻充满了恐怖的气息，却也是对生命的庆祝。在亡灵节当天，墨西哥全国境内的各个墓地都会举行庆祝仪式，但没有哪座城市会像瓦哈卡这般隆重。到了11月，夏天的炎热和潮湿已经远去，气候非常适合举办秋季户外仪式。

很多来到墓地的人会擦亮过世亲人的墓碑，或是摆上复杂的蜡烛阵行。当仪式结束，人们会在墓地旁边用餐，蹲在编织华丽的毛毯上，吃着自制的玉米粉蒸肉，喝着龙舌兰酒，唱着熟悉的歌曲。

在亡灵节的前一周，你可以加入由铜管乐队和身穿奇装异服的舞者组成的蜿蜒的游行队伍，跟着他们一起走过用鹅卵石铺就的大街小巷。沿途可能会有小商贩试图诱导你吃亡灵面包（面包上带有骷髅头图案），或者是喝一杯酸酸的仙人掌酒，当地称其为普达酒。在那样的氛围里，你甚至可能被激发出想绘制亡灵节明信片的冲动，写诗来歌颂尚在人世的名人和家庭成员。各种集会活动一直持续到当日午夜。

优中之选
阿尔班山遗址

阿尔班山古城坐落在瓦哈卡旁边的山顶之上，这座古城是西半球保存最为完善的考古遗址之一。从公元前500年到公元750年，这座不断延伸的城邦是美洲最大的城市，也是萨巴特克帝国的政治、经济和文化中心。阿尔班山遗迹最经典的结构就是数座巨大的金字塔形状的平台，据考证是天文观测台，也是墨西哥古代最精致的球场的代表。很多从这里发掘的珍贵文物都陈列在墨西哥城的国家人类学博物馆（www.inah.gob.mx）和瓦哈卡的圣多明哥教堂。

计划：瓦哈卡 ciudaddeoaxaca.erg。墨西哥亡灵节 oxacalive.com/muertoshtm。

加拉巴哥群岛

走过这座独特的动物王国，达尔文就是受其启发提出了进化论的概念。

少有地方能如加拉巴哥群岛这般美丽，同时能给科学带来如此大的影响，群岛串联起厄瓜多尔约1000千米的海岸线。群岛最有名的粉丝就是查尔斯·达尔文，他研究了加拉巴哥群岛上丰富多样的动物和植物，提出了进化论。大约140年之后，加拉巴哥群岛被联合国教科文组织确认为首个世界自然遗产。

加拉巴哥群岛横跨赤道，到了秋季，洪保德洋流增强，给当地的水域带来寒冷的营养丰富的海水和丰富的野生动物。科考游轮和独木舟是最佳的探索方式。一旦登陆，游客可以在蓝脚鲣鸟、海洋鬣蜥、绿海龟和其他生物之间穿行，不同的岛屿生物种类会有所不同。最妙的就是这些岛屿由于没有人类居住，生物完全是在没有人类影响或其他自然天敌的干扰下进化，所以它们对于外来者的出现丝毫没有畏惧，人类完全可以靠近观察，就好像行走在一个充满异国情调的动物园。这些岛上的动物对人类的好奇程度一点也不亚于人们对它们的好奇。

走回船上的旅程让人一路兴致盎然，你可以同导游和同行的游客讨论你在岛上看到的一切。带上泳装，水肺潜水和游泳都是饭后醒神的不错选择。

游客必知
达尔文与小猎犬号之旅

小猎犬号于1831年从英国的普利茅斯出发开始了长达5年的科考之旅，加拉巴哥群岛是达尔文跟随小猎犬号科学考察之旅中最知名的部分。事实上，他考察了一系列地区，包括佛得角群岛、福克兰群岛、基林群岛、澳大利亚和毛里求斯。他在巴西和阿根廷停留，研究灭绝物种的化石，诸如巨型犰狳，这对于他的理论形成也至关重要。在整个行程中，达尔文和这艘927米长的船上的其他70多人一起，经历晕船和其他疾病，他依旧乐此不疲。他享受骑在重达180千克的巨型海龟的背上，并给加拉巴哥群岛的各个岛屿命名。

计划：加拉巴哥群岛 www.ecuador.travel。科考游轮旅行服务公司分有克莱恩（www.kleintours.com）和加拉巴哥传奇（www.galapagoslegend.com），美国《国家地理》杂志也提供相应行程 www.nationalgeographicexpeditions.com。

唯一生活在加拉巴哥群岛的龟类——绿海龟，在达尔文岛屿附近的深海畅游。

卢汉

每年秋季，阿根廷会有数百万人骑马或步行来到这里参加高乔朝圣，游客可以亲眼目睹这一场面壮观的盛事。

这个习俗大概至少有一个世纪甚至更久的历史：数百骑手和他们的骏马散布在大草原上，这条路线沿途总是会有马车、牛车，一家大小坐在车上。在前往圣城卢汉的途中，有人唱着歌或挥舞着手中的阿根廷国旗，有人沉浸在默默的祈祷中，卢汉距离布宜诺斯艾利斯开车约 1 小时的车程。

这样的场景出现在一年一度的高乔朝圣节，游行的队伍最终聚集在卢汉圣母院，5000 多匹马挤满了圣母院前面的广场。这仅仅是秋季朝圣节的开始，节日期间既有个人长途跋涉，也有团队，他们从不同的地方赶来聚集到阿根廷最有名的教堂所在地，虔诚地向国家的守护神致意。最大规模的朝圣集会是在高乔骑行之后的一周，数百万的青少年和儿童从布宜诺斯艾利斯出发，步行 65 千米来到卢汉。

如果你不是骑马或者步行前往卢汉，你依旧可以通过参加圣母院前的仪式感受朝圣的精神，在广场两侧装饰成朝圣节氛围的烤肉店用餐，或者是在广场周边沿线的茶水点和零食点当志愿者。

优中之选
恩里克·乌道恩多博物馆

恩里克·乌道恩多博物馆位于卢汉老城内的总督府邸，该博物馆是阿根廷国家历史文化标志性建筑，也是阿根廷最好的博物馆之一。整座建筑以博物馆第一任馆长的名字命名，他在 1923 年至 1962 年期间，为博物馆增加了大量历史、人种学和交通文物。博物馆的馆藏包括拉潘帕（阿根廷的第一个火车头）、Plus Ultra（第一架穿越欧洲和南美的水上飞机），以及其他一些曾经为贝尔格拉诺、珀森家族和其他阿根廷统治者所有的藏品。博物馆里的其他馆藏包括吉他、银器和来自不同历史时期的阿根廷时装。

计划：不参加朝圣之旅的游客，可以从布宜诺斯艾利斯出发前往卢汉一日游 (www.bue.gov.ar)，乘坐客车或者开车大约需要 1 小时，火车则需要 2 个多小时。

朝圣者从布宜诺斯艾利斯出发步行65千米来到卢汉，等待着他们的是宏伟的新哥特式风格的卢汉教堂。

一道彩虹横跨伊瓜苏瀑布上方，而伊瓜苏瀑布好比一个数百个瀑布串成的大项链。

巴西/阿根廷/巴拉圭

伊瓜苏瀑布

近距离地体验地跨三个国家边境的伊瓜苏瀑布，它是如此壮观，以至于尼亚加拉瀑布在它面前都显得相形见绌。

南美洲原住民瓜拉尼印第安人对伊瓜苏瀑布带有一丝恐惧和敬畏，伊瓜苏在他们的语言里意思是“巨大的水流”，该瀑布事实上也是一座令人难以置信的景观。它比著名的尼亚加拉大瀑布还要大数倍，水流发出持续不断的轰鸣声。伊瓜苏瀑布实为一组瀑布群，包含了数百个大小瀑布，入选为世界新七大奇观之一，瀑布群横跨巴西、阿根廷和巴拉圭三国，前两个国家被认为是观看瀑布的最佳地点。

10月到12月期间是最理想的时期，能够尽享瀑布的美景。在此期间，空气不再那么潮湿，游客也不是那么多，雨季也过去了。莱斯利·莎莎在阿根廷境内靠近瀑布的波多黎各伊瓜苏经营着伊瓜苏水疗和赌场度假大酒店，她说在10月到12月期间来这里的另外一个好处就是瀑布水流更小。“所有的步行小道都露出水面，游客可以最大限度地靠近瀑布，”她说，“在此期间，水雾也小，能更清楚地拍摄到瀑布。”

大多数游客会住在阿根廷境内的小镇波多黎各伊瓜苏或者是巴西境内大一点的、更现代化的城市伊瓜苏市。巴拉圭境内的东方市因适合购物而闻名，也是另外一个看瀑布的点。从巴西和阿根廷境内出发的观瀑路径，将丛林与瀑布连接起来。或者乘船靠近瀑布的边缘，瀑布飞流直下溅出的水雾会把船上每个人的衣服弄湿。

绝佳住处
伊瓜苏水疗和赌场度假大酒店

伊瓜苏大酒店位于阿根廷境内的波多黎各伊瓜苏，距离伊瓜苏瀑布仅10分钟的车程。该酒店为领略瀑布美景的人们提供了一个安静的休息场所。你可以在乡村风格的豪华餐厅用餐，品尝着由穿着高乔服装的服务员所提供的阿根廷境内著名的草饲牛肉。在南半球的春天，清澈透亮的天空会让你不由自主地想要去户外活动，沉浸在清新的空气里，打一场网球，抑或是坐在户外品尝酒店准备的午餐。到了晚上，如果你还有精力的话，可以到附近的赌场试试手气。

www.iguazugrandhotel.com

计划：伊瓜苏瀑布巴西境内 www.iguassu.com.br。伊瓜苏瀑布巴拉圭境内 www.senatur.gov.py。伊瓜苏瀑布阿根廷境内 www.iguazuargentina.com、www.argentina.travel。

在设得兰群岛举办的苏格兰风琴提琴节期间，人们通宵跳舞到清晨。

苏格兰

设得兰群岛

在秋季举行的设得兰风琴提琴节期间，端上一杯佳酿，坐在炉火旁，任凭海风拂过，融入苏格兰音乐即兴演出的热烈氛围里。

启程来到设得兰群岛，这里是毛茸茸的小马和山羊的故乡，在秋高气爽的季节里，传统的苏格兰音乐在这里呈现出欣欣向荣之势。设得兰群岛更靠近挪威的卑尔根，而不是苏格兰的爱丁堡，岛上的景观更接近北欧。但是岛上带有设得兰口音的歌声和纯朴的音乐却是纯正的苏格兰风格。

秋季，岛上会组织各种节庆，浓烈温暖的节日气氛抵御着来自北大西洋的寒意，节日庆祝包括苏格兰的美食和布鲁斯音乐。想要体验纯正的弦乐和欢快的民间舞蹈，那么就参加岛上10月份举办的设得兰风琴提琴节，为期5天。

勒威克是一座繁华的、风景如画的港口小城，斯卡洛韦则是历史悠久的省会和码头，16世纪修建的斯卡洛韦城堡就坐落在这里。此外，还有大量的海滨步道：从克里克明史前圆形古堡到声音海角，在前往景色壮观的“二战”地堡途中，你将绕过铜器和铁器时代的建筑。在勒威克新开的马瑞尤中心先感受节日的气氛，这里有现场表演的礼堂，也是米瑞舞者光影艺术的家园，这是一个面向公众的光线装置艺术项目，对于秋季开始之后越来越漫长的夜晚来说，灯光艺术可谓是最佳的解药。

游客必知
提琴的历史

尽管提琴的声音很怀旧，但提琴本身的历史并不悠久，准确地说始于10世纪。该乐器从拜占庭传入中世纪的欧洲，里拉琴是波斯伊斯兰世界众多弓形乐器中的一种。里拉琴在11世纪向西方传播，并影响了欧洲，最终里拉琴和提琴这两个称呼成为彼此可以替代的称谓。如今，英国各岛、西欧和北欧各个地区的提琴风格相对欢快，而缓慢、凄婉的提琴风格则更加符合地中海沿岸的文化。

计划：设得兰岛 visit.shetland.org，设得兰群岛风琴提琴节 www.shetlandaccordionandfiddle.com。

波尔多

加入葡萄采摘队伍，在波尔多传奇的葡萄园里享受丰收的喜悦。

在秋高气爽的日子里，在法国最著名的葡萄园里深吸一口气，空气中弥漫着甜美的果香气息，这个季节的波尔多欢迎所有的人伸出双手加入葡萄丰收季。在一年一度的葡萄采摘季，带上篮子和大剪刀，沿着果实累累的葡萄架一路走下去，收获这里葡萄种植的精华。

在9月中旬，玛尔丹·卡泽纳弗的每一天都是从一粒梅洛葡萄开始的。她邀请游客们品尝这里的梅洛葡萄，了解葡萄收获的最佳时机。她的帕洛美城堡欢迎游客拿起剪刀采摘赤霞珠、品丽珠或者是梅洛葡萄，这些葡萄最终会被混合成经典的波尔多红酒。“酿酒是我们文化的一部分，我们希望来自世界各地的人们了解（这里的葡萄酒文化）。”卡泽纳弗说。

在经过一上午的忙碌之后，同兼职采摘葡萄赚取学费的学生、来自澳大利亚的退休人员，以及其他的采摘工人们坐在一起，享用丰盛的砂锅炖菜，并配上当地特产的红酒。

回到波尔多市中心，在重新布局美化的河岸旁，享用秋日的特色美食：鹅肝、斑鸠和鳗鱼。然后找一个当地的酒吧庆祝葡萄丰收工作的完美结束，诸如当地的葡萄酒酒吧就论杯为客人提供各种当地产的酒。

饕客必读
秋日鹅肝酱

鸭和鹅是南方波尔多传统美食的经典，而秋季是该地区鹅肝产量的高峰季。为了获得肥美的鹅肝，饲养方式引发了广为人知的争议，但是如果你选择了享用这种美食，当地的餐厅会为你提供最应季的菜单，诸如煎鹅肝配简单的葡萄酱，或者是文火慢炖的香喷喷的肉。特别值得一提的是具有当地特色的餐厅图皮纳，号称菜单是“祖母的味道”，图皮纳在巴斯克语言中是小汽锅的意思（餐厅网址 www.latupina.com），餐厅位于历史悠久的圣米歇尔街区。著名的教堂外的广场上举办着周日色彩缤纷的跳蚤市场，你可以在这里购买有浓郁当地特色的旅游纪念品。

计划：9月中旬到9月底是波尔多葡萄采摘的旺季，具体的日期每个葡萄庄园会有所不同。通过波尔多旅游局办公室的网站预订葡萄采摘之旅 www.bordeaux-tourisme.com、www.entredeuxmers.com。葡萄酒酒吧 baravin.bordeaux.com。

波尔多是法国最大的葡萄种植地区，其酿酒历史始于公元1世纪的古罗马时期。

Top 10

十大收获节

在这样一个丰收的季节，用美酒、美食、歌声和欢笑迎接丰厚的回报。

尼亚加拉冰酒节

加拿大，安大略省，圣凯瑟琳市

在品尝凉爽气候条件下酿制的冰酒之前，可以先加入欢快的吹笛大游行队伍，穿过圣凯瑟琳市的蒙特贝洛公园，然后再找个地方坐下品尝一杯美酒。持续两周（通常在9月底）的葡萄收获季庆祝活动还包括免费的音乐会、美食烹饪活动、周末闭幕大游行以及在该地区80多个酒庄的短途旅行。

www.niagarawinefestival.com

索诺马县丰收节

加利福尼亚州，圣罗莎

索诺马县位于旧金山以北45分钟车程的地方，当地有250多个酒庄，是世界上最主要的葡萄种植区之一。在这里一年一度的十月集市上，游客可以加入到踩葡萄冠军赛的比赛之中，品尝来自当地150多个酒庄酿制的葡萄酒，并亲自参与到农场的采摘之中。

www.harvestfair.org

美国苹果丰收节

宾夕法尼亚州，阿瑞斯维尔

亚当斯县是宾夕法尼亚州最大的苹果产地，每年10月的头两个周末会举办美国苹果丰收节。每年都有数千人前来参加这个节日，空气中弥漫着自制苹果饺子、鲜榨苹果汁和热苹果派的味道。

www.appleharvest.com

葡萄丰收节

西班牙，赫雷斯－德拉弗龙特拉

在整个9月，西班牙的各个葡萄酒产区都在庆祝丰收节。丰收节从距离9月8日（玛丽耶稣降生的盛宴）最近的那个周末开始，来到安达卢西亚的雪莉酒之都——赫雷斯－德拉弗龙特拉，享受一场最富有活力的节日庆典，节日期间有不停歇的斗牛比赛、弗拉明戈舞蹈和踩葡萄集会。

www.andalucia.com

斯图加特啤酒节

德国，斯图加特

斯图加特一年一度的啤酒和丰收节持续3个星期，从9月下旬一直到10月初。为了庆祝节日，人们会搭建一座装饰性的8层楼高的水果柱，巨大的啤酒帐篷围绕着水果塔搭建起来。除了畅饮比尔森啤酒，还可以乘坐世界上最高的可移动式摩天轮，品尝当地的传统食品，例如奶酪面疙瘩（用芝士烹制的斯瓦比亚面条）。

www.cannstatter-volksfest.de

阿尔巴国际白松露节

意大利，阿尔巴

白松露又被称为“白色黄金”，意大利北部皮埃蒙特地区产出的白松露因其接近大蒜的味道和醉人的芳香而获得美誉。每年从10月初到11月中旬的周末，阿尔巴都会举办白松露节，游客可以在一年一度的阿尔巴集市上品尝白松露意面、白松露意式炒饭和白松露酱汁。松露节开幕的时候会有传统的驴子赛跑和一场有1000多名当地人盛装参加的大游行。

www.fieradeltartufo.org

圣利奥波德节日

奥地利，克洛斯特新堡

克洛斯特新堡修道院的修道士早在900年前就开始酿酒，这座修道院的修建者、奥地利的保护神圣利奥波德就埋葬在这里。在11月15日圣利奥波德节这天参观这座位于维也纳森林的修道院，同当地人一起加入狂欢的队伍，享受音乐，举起手中的美酒为彼此祝福。

www.stift-klosterneuburg.at

栗子节

克罗地亚，洛夫兰

10月中旬，沿着克罗地亚奥帕蒂亚河，处处都是甜栗子。历史悠久的海边度假胜地洛夫兰率先举办栗子节，随后邻近的村庄里甘和多布雷会相继举行栗子节庆祝活动。品尝各种用栗子制成的食品，从栗子薄饼到栗子冰糕，然后参加自行车比赛来消耗一下卡路里。

www.tz-lovran.hr

住棚节

以色列，耶路撒冷

住棚节也被称为“我们的快乐时光”，节日一方面庆祝大自然在秋天的恩惠，另一方面纪念以色列人在西奈流浪时棚屋保护了他们。家庭成员在一起搭建仪式性的、开放式屋顶的临时小屋，在接下来一周的时间里，他们在屋里进餐、款待客人、休息、睡觉。节日期间，在耶路撒冷的萨夫拉广场有大量这样的临时棚屋，还可以欣赏免费的音乐会，参观当地的美食集市和其他一些气氛欢快的庆祝活动。

www.gojerusalem.com

中秋节

中国，香港

在中国农历的8月15日（阳历9月或者10月初），亚洲国家基本都会庆祝中秋节，这也可以说是香港版的丰收节，家庭成员团聚一堂，还会有场面盛大的灯笼和火爆的舞龙。游客可以前往维多利亚公园观看彩灯会。

www.discoverhongkong.com

在安达卢西亚一年一度的葡萄丰收节，在热情的弗拉明戈舞和斗牛比赛开始之前，一切庆祝活动都和葡萄有关。

香槟地区

在法国香槟地区，你的旅程必然有美酒一路相伴，也可以亲手采摘葡萄，它们将被酿制成气泡酒。

在法国北部，尖塔教堂和中世纪小镇散布在起伏的葡萄庄园之间，酿制香槟酒的过程在这里不仅仅是简单地生产一瓶气泡酒。酿酒至今已有4个多世纪的历史，被认为是一种艺术形式，只有来自法国香槟地区的香槟酒才能真正被贴上“香槟”的标签。香槟酒奢华的内涵可以追溯到历史上法国王室将其作为庆祝场合的饮品，其声誉一直被王室、皇室和香槟地区精心维护着。

初秋时节是体验香槟氛围的最佳时间，因为葡萄都是在9月和10月收获并进行工艺处理。如果你挑选在葡萄集中收获的2到3周来到这里，你的经历将不仅仅是品尝一下香槟酒，还有机会参与葡萄采摘。很多香槟酒厂邀请游客参加一天的“收获之旅”，让游客了解传统的手工采摘葡萄和工艺处理的流程。加入志愿者和专业葡萄采摘工人组成的采摘队伍里，让你的双手沾满葡萄藤上的晨露。一天的收获之旅包括进行葡萄采摘的指导、参观酒庄或者酿酒工艺、品酒和一顿正餐。当然，正餐会赠送1至3杯香槟酒。

优中之选
香槟：挑选你的那一款

想要亲自参与葡萄采摘需要提前预订。葡萄庄园会提前几周宣布对外开放的采摘日期。

劳诺伊斯佩尔酒庄：该酒庄位于维利耶尔莱布瓦村庄附近，葡萄庄园就建在文艺复兴时期的城堡之下。

www.champagnelaunois.fr

亚伯若巴尔酒庄：该酒庄位于兰斯市南部，一望无际、连绵起伏的乡村美景陪伴着你的葡萄庄园午后时光。

www.champagne-abeljobart.com

弗夫杜索酒庄：从采摘葡萄的时间里抽出一个下午，来到奥布省南部的这座酒庄欣赏连绵起伏的葡萄园全景。

www.champagneveuvedoussot.com

计划：法国香槟地区 www.champagne.fr/en/default.aspx。兰斯市和埃佩尔奈是香槟地区的中心，可以从巴黎乘坐火车、巴士或者开车前往。

历史悠久的香槟地区始建于公元7世纪，多芒村就掩映在兰斯山的葡萄庄园之中。

秋日，在卢森堡冰川切割的森林和隐蔽的青苔小路上徒步，是一种神奇的体验。

欧洲

卢森堡

探索云雾缭绕、布满苔藓的林中小径，让“小瑞士”的秋天成为很多徒步爱好者的梦想。

卢森堡在法国和德国之间，呈楔形，这个小小的国家有着得天独厚的数百千米的徒步步道。其中最引人入胜的地区被称为“小瑞士”。这一地区茂密的森林和美丽的岩石构造在秋天的时候最浪漫，云雾笼罩着如同仙境般的自然风景，落叶在秋日柔和的阳光里飘落，落到冰川侵蚀过的布满苔藓的峡谷里。

徒步的一个好起点就是艾希特纳郝小镇，也是卢森堡境内历史最悠久的小镇，著名的圣威利布罗德大教堂就位于这里。从火车站出发，沿着指路标来到编号为 E1 的步道，这是米勒塔尔步道的一部分，长 11 千米，步道是根据山谷里众多的水磨坊而命名。

陡峭的狼峡谷有些地方一次只能容许一个人通过，沿着峡谷就来到了彼列克普巨石，在这里可以看到壮观的森林全貌。“这条步道很美，但是难度也很大，很多台阶是直接在岩石上开凿的。”导游汉斯－格奥尔·赖默说。顺着小溪继续往前，就来到了霍雷，这个洞穴里留下了中世纪魔石碾压的痕迹。标记清楚的路线带有明显的岩石特性，有着令人回味的名字，诸如“粮仓洞”和“秃鹫洞”。不难想象历史上为了争夺这里的每一座山峰和河谷，不断地爆发战争。

游客必知
富裕的卢森堡大公国

卢森堡的历史就如同其境内错综复杂的徒步步道一样引人入胜。这一地区的统治王朝培育出了几个欧洲主权国家，直到后来奥地利、普鲁士、西班牙和法国人纷纷发动毁灭性战争来夺取和占领它。1839 年，卢森堡宣布成为荷兰控制下的大公国，才最终成为有独立地位的国家。矿业和钢铁给这个新成立的国家带来了繁荣，但是现金开始涌入是在 20 世纪 70 年代，当时的银行改革使得卢森堡成为繁忙的避税天堂。卢森堡的面积比罗德岛还小，但是却拥有全球最高的人均 GDP，根据有些机构的说法，这里的流动资产比华尔街还要多。

计划：卢森堡徒步 gwww.mullerthal.lu、www.echternach-tourist.lu、www.ont.lu。

当地人将慕尼黑啤酒节称为“die wiesn”，也是举办庆祝活动的展览中心的名称。

德 国

慕尼黑

沉浸在慕尼黑啤酒节的氛围里，享受这个丰富的秋季文化盛事热烈的一面。

推翻旧世界建立一个超现代的世界，德国东南部的拜仁州（巴伐利亚州）成为历史悠久的慕尼黑的故事背景。这座城市由圣本笃修会的修士始建于1157年，坐落在伊萨尔河畔，向北一直延伸到巴伐利亚州阿尔卑斯山北麓。走过古城老式的迷宫般的鹅卵石街道，来到隐秘的小巷、郁郁葱葱的公园和令人惊叹的华丽宫殿，从哥特风到巴洛克风不一而足。慕尼黑的春天令人愉悦，夏天也不错，但是在清澈凉爽的秋季最美，满树的红叶、橘色的教堂屋顶和透彻的天空，让这座城市的一切都看起来更加迷人。

打包带上皮短裤和紧腰宽裙，前去参加为期16天的慕尼黑啤酒节，这是全球规模最大的啤酒节，每年有超过60万人参加。每年的啤酒节期间，人们纷至沓来寻找昔日的德国和热情好客的啤酒花园。每一年，人们都不会失望，在慕尼黑这座大都市，想要寻觅的都在这里，琳琅满目。

慕尼黑在清澈凉爽的秋季最美，满树的红叶、橘色的教堂屋顶和透彻的天空，让这座城市的一切看起来更加迷人。

慕尼黑啤酒节的三大看点：皮短裤、超大的啤酒杯和不羞于露腿的男人。

自从1810年慕尼黑啤酒节举办以来，已经有超过600万来自世界各地的游客参加了这个一年一度的节日。

举起啤酒杯：人手一杯

慕尼黑啤酒节这场酩酊大醉的啤酒朝圣之旅是由很多啤酒帐篷组成的。大的啤酒帐篷包括时尚的赛马场帐篷，能坐下4200多人，还偶尔有名人光顾；HB皇家啤酒帐篷，这里能容纳1万多人，爱喝啤酒的美国人、澳大利亚人和新西兰人喜欢这里。小一点的帐篷，诸如维尔德莫泽烤鸡和烤鸭大篷自1981年起就由维尔德摩泽家族经营，只提供320个座位，是当地人喜欢光顾的地方。传统的服饰和音乐营造出热情、舒适的气氛，具有明显的德国风格。

纯正的啤酒必须严格遵循两个重要原则：必须是在慕尼黑市的限定要求下酿制，酒精含量不得低于6%。这样一来，只有极少数酿酒厂符合，例如狮牌（卢云堡）和斯倍坦。

终极放纵：巴伐利亚的美食

慕尼黑啤酒节期间丰盛的食物可不仅仅是啤酒节的配角。通常分量巨大的菜，例如烤全猪肘，会同松软的土豆丸子一起供应，上面浇上厚重的棕色啤酒肉汁，配有可口的酸菜和劲道的南瓜子面包，各种肥美的香肠蘸上辛辣的芥末汁是解酒的上品。巴伐利亚白香肠是一种香草小牛肉肠，煮熟之后需要剥掉肠衣才能食用，也是慕尼黑的特色美食。市区户外的维多利亚集市是巴伐利亚美食中心，在这里可以看到慕尼黑人购买鲜榨果汁、当地产的蜂蜜和芥末。

“慕尼黑啤酒节不是一个普通的展览会，”慕尼黑市议会的理事成员迪特尔·瑞特说，“这是全球最大的节日，是一个真正由慕尼黑发起的有着200多年历史的活动。这是巴伐利亚州的传统，也是这座大都市的节日。”

饕客必读
慕尼黑啤酒节：帐篷里的啤酒、香肠和其他美食

当地人涌向奥格斯提啤酒帐篷畅饮，在啤酒节期间，这个帐篷里的啤酒就像液体黄金一样从木质的啤酒桶里倾倒出来。如果觉得啤酒不过瘾，酒帐篷还提供其他15种以上的不同酒类。如果是想享用饕餮大餐，阿贝尔的库赫尔小牛帐篷是不错的选择，这是一个舒适的巴伐利亚风格棚屋，提供传统的巴伐利亚美食，高端食物诸如白松露小牛排；或者一些自制的甜品，例如德式薄饼。海鲜爱好者可以在弗洛尼渔夫帐篷里大餐一顿，这里提供各式海鲜。在啤酒节空心蛋糕咖啡吧喝上一杯咖啡，吃上一块空心蛋糕，从酒精中清醒过来，这个咖啡吧是一个缓慢旋转的旋转木马。

秋日菜单：文化宴飨

在啤酒与美食之外，慕尼黑还有很多东西值得欣赏。这座城市秋天的文化季也同样值得探寻一番。从包豪斯市民中心到赫尔佐格 & 德·梅隆建筑事务所设计的当代建筑（例如安联足球场、带有花园的购物中心、北京奥运会鸟巢），再到伦巴赫之家（因其收藏的蓝骑士派艺术作品而闻名）。所有的一切都令人印象深刻。

现代艺术陈列馆和高科技的宝马汽车博物馆都有精彩的展览。此外，还有慕尼黑歌剧院，作为欧洲最好的歌剧院之一，秋季演出排得满满当当，会上演一系列获得过大奖的歌剧，例如《麦克白》和《汉泽尔与格勒太尔》。如果这还不够，圣诞市场11月份就会在市中心的玛利亚广场开始，给这个欢乐热闹的季节增加一丝日耳曼人的节日氛围。

计划：慕尼黑 www.muenchen.de。去旅游网站查找慕尼黑啤酒节具体信息，了解露营、啤酒帐篷等住宿情况。伦巴赫之家 www.lenbachhaus.de。巴伐利亚歌剧院 www.bayerische.staatsoper.de，票价高达数百欧元，记得关注网站上推出的特别折扣。

奥古斯汀啤酒厂的啤酒棚总是会让路人禁不住停下来喝上两杯。

Top 10

其他十大啤酒节

巴伐利亚人的啤酒酿制技术传播到世界各地，使得世界上任何地方的啤酒爱好者都能庆祝啤酒节。

加拿大，安大略省，滑铁卢基奇纳市

基奇纳市在1916年之前就一直被叫做“柏林”，在这座城市里可以体会原汁原味的德国。基奇纳啤酒节大厅里的欢乐气氛，斟满的啤酒杯、盛满美食的盘子和欢快的舞步，处处洋溢着节日的欢乐。节日期间适合家庭参加的活动包括：钝头箭射箭比赛、时装秀。在加拿大感恩节游行到来之前，市中心还有艺术画廊集中设展。

www.oktoberfest.ca

俄亥俄州，辛辛那提和哥伦布市

穿着皮短裤的当地人、口渴的游客，以及用于比赛的达克斯幼犬聚集到六个街区的中心参加名为“Zinzinnati”的啤酒节，这也是美国最受欢迎的啤酒节之一，每年大约有50万人参加。俄亥俄州首府哥伦布市的露天广场也不可小觑，一旦来到这里，你就会想要到施密特的餐厅和香肠屋点上半磅泡芙。

www.oktoberfestzinzinnati.com, www.columbusoktober-fest.com

华盛顿州，莱温芙丝镇

莱温芙丝镇位于卡斯克德山脉北段的山脚下，是一个巴伐利亚风格的小镇，每年10月的头3个周末，会举办一年一度的啤酒节，吸引上百万喜好啤酒的游客来访。不要错过这个小镇传统的小桶开桶仪式，每周末小镇的镇长会组织这一仪式。

leavenworthoktoberfest.com

委内瑞拉，科洛尼亚托瓦尔

科洛尼亚托瓦尔被称作“加勒比海的德国”，这座小城位于首都加拉加斯以西1小时车程的地方，保留有巴伐利亚的建筑和传统。这里地道的文化源自于德国黑森林地区的移民，他们在1843年来到这里开始建设这座小城。节日期间可以观看锯木头比赛，也可以坐下来品上一杯专门为节日从德国进口的啤酒。

www.venezuelatuya.com

巴西，布卢梅瑙

为什么不是巴西南部举办啤酒节？这座小城与很多小城一样具有纯正的德国风味，它是在19世纪中期由一批德国移民来到这里兴建的。品尝来自当地啤酒厂所酿制的啤酒，诸如达斯啤酒，这里的啤酒节是拉丁美洲规模最大的啤酒节。直接来到位于德国村公园的啤酒花园，在亭台之间穿梭，品尝啤酒，像极了慕尼黑啤酒节扎满了14顶帐篷的广场，或者从穿过小镇的啤酒车上索取一杯免费啤酒。

www.oktoberfestblumenau.com.br

印度，班加罗尔

印度主要的啤酒生产商翠鸟啤酒每年会在印度南部城市班加罗尔中心的嘉雅马哈皇宫赞助数场音乐会。音乐家们的精彩演出注定会吸引你的注意力，但是节日期间的跳蚤市场是另一个亮点，市场上有各种手工艺品商贩和食品摊位。每年会有2万多人参加这一节日。

www.kingfisherworld.com/tgiof

中国，香港

这个繁华的小岛是一座欢乐之都，不要错过在香港马可波罗酒店举办的一年一度的啤酒节。这个啤酒节融汇了德国和亚洲的传统，迄今为止已经有了20多年的历史。啤酒节期间，可惬意地在维多利亚港口选一个高处的露台，倾听铜管乐器发出的声音，品尝烤猪肘子。尽量早一点抵达，争取品尝到每晚限量供应的200品脱的灵云堡啤酒。

www.gbfhk.com/aj

阿联酋，迪拜

当迪拜的很多场馆都被闪闪发光的德国金属箔装饰起来的时候，你很难不注意到10月在这里举办的向巴伐利亚传统致敬的啤酒节。持续一天时间的畅饮日在迪拜体育城举行，而其他一些地方也会举办自己的畅饮日，例如五星级饭店卓美亚海滩酒店就会举办自己的啤酒节。如果你错过了10月的啤酒节，你依旧可以常年在朱美拉罗塔纳酒店的包豪斯德国餐厅品尝到德国啤酒。

www.definitelydubai.com

澳大利亚，布里斯班

澳大利亚昆士兰州东海岸每年会有啤酒节，在为期两个周末向巴伐利亚传统致敬的啤酒节期间，这里的平均气温为21℃。啤酒节期间有一系列趣味盎然的活动，从巴伐利亚大力士比赛、牛铃打击乐，到音乐会、舞蹈和名为“海蒂”的约德尔歌曲会，该歌会值得一看，目前依旧是以家庭为单位来组织。自然不能错过啤酒：布里斯班啤酒节会从巴伐利亚的老图赫酿制厂进口手工酿制的啤酒。

www.oktoberfestbrisbane.com.au

南非，伊丽莎白港

伊丽莎白港的德国俱乐部有一个会员制的啤酒花园，但是在10月的一个周末，它会向纳尔逊曼德拉海湾的所有人开放，庆祝一年一度的啤酒节。“万岁，巴伐利亚”乐队会在这里演奏经典的阿尔卑斯音乐，以及其他经典的摇滚乐和现代音乐。

germanclub.co.za

在布里斯班举行的年度啤酒节期间，高山玫瑰舞蹈团的成员表演传统舞蹈，将手中的帽子高高举到空中。

瑞士的果园里种植着600多种不同的苹果，其中包括海曼霍夫尔和韦尔德缪泽。

欧洲

瑞士

风景如画的果园点缀着瑞士的乡村，瑞士人在秋日的薄雾里采摘着美味成熟的苹果。

这里干净、风景如画，瑞士的乡村处处点缀着果园，到了秋天的苹果收获季，采摘一天就能满载而归。

韦尔苏瓦位于日内瓦，是一个俯瞰着日内瓦湖的安静的农业小镇。这里的果园，成排的苹果树枝头挂满了成熟的红色和黄色的苹果，融入汝拉山细腻的景色里。到了9月底，一家人徜徉在广阔的果园农场里，诸如圣卢普司事果园或者德卢奥西酒庄，陶醉在秋日的薄雾和果实累累的丰收喜悦里。

瑞士有着600多种传统的苹果品种，很多甚至已经为大众所遗忘，它们要么成为日常的水果，要么被用来制成小巧精致的苹果馅饼或者苹果酒。孩子们在树枝间寻找最大、最多汁的梅莱客或尤娜蜜，他们的父母拖着9千克重的苹果去卖掉。"当你看到自己的孩子亲手摘下苹果的时候，你会情不自禁地微笑，"日内瓦的旅行作家米凯拉·曼塔尼说，"采摘可以让孩子们品尝新的食物。"

在10月初，这里的节日气氛达到高潮。圣卢普司事果园会组织一个苹果节，届时会有削苹果皮大赛，向游客提供鲜榨的苹果汁。

优中之选
饕餮果园

从韦尔苏瓦开车向北不远就是小城尼永，这里及其周边地区有瑞士境内打点最为细致的菜园，种植着各种蔬菜。从尼永城堡郁郁葱葱的露台，一条小路呈之字形弯弯曲曲地穿过拉杜歇市政花园，一直向下延伸到日内瓦湖畔，该城堡曾经是萨伏伊家族和后来的伯尔尼政府的所在地。乘坐短途轮渡就可以到法国境内的小镇伊瓦尔，参观华丽的五感花园。这座花园就好似一座绿色的迷宫，里面还有喷泉、鸟舍和一些名不见经传的草药。乘船回到尼永，探访普朗然城堡，在这里可以看到古老的植物块茎，它们帮助皇室熬过了漫长的严寒冬季。

www.myswitzerland.com

计划：瑞士苹果采摘 www.opage.ch。苹果收获季从9月开始一直持续到10月中旬。日内瓦 www.geneve-tourisme.ch。

波兰

马祖里湖

在辽阔的东欧湖泊体系——马祖里湖区，捕捉清澈的湖水倒映的秋日红叶。

波兰的马祖里湖区夏天很漂亮，这个“秘密”早就名闻天下了，但是这里灿烂的秋日也一样迷人却是近些年才逐渐为人们所知。到了8月，夏天的度假高峰已经结束，湖区的游船运营商开始停止营业，但是湖区开阔的水面和不断变换的水岸线风光预示着一个新季节的开始。空气中带着轻微的寒意，人的感官也因此更加敏锐。秋日的白天，尤其是9月的白天，依旧足够温暖，下午舒适宜人，适合在湖边活动，这里有大大小小2000多个湖泊供游客选择。到了9月中旬，湖区周边的树叶开始变成热烈的红色和橘色，清澈的湖水波光粼粼，倒映着湖边树叶的色彩。

马祖里湖区的湖间有河流或运河相连，始于华沙东北240千米处，一直延伸到俄罗斯的加里宁格勒州和立陶宛边境。湖区曾是德国东普鲁士的组成部分，依旧保持着一丝日耳曼人的清醒和节制。

在夏季，雄心勃勃的皮划艇爱好者会花上几周的时间，跨越若干个湖泊。但是到了秋季，湖区的色调更加柔和，游玩的乐趣又有所不同。除了划船，你还可以在马祖里风景公园布满落叶的步道上徒步，让全身的热血沸腾。公园围绕着湖区，是一片森林和生物圈。

游客必知
狼堡

距离美丽而宁静的马祖里湖仅仅48千米的地方，就是第二次世界大战邪恶之地的所在地，这与湖区的美景似乎很不协调。这里过去属于德国的东普鲁士地区，阿道夫·希特勒在这里修建了臭名昭著的指挥地堡，代号为“狼堡”。地堡设计之初是为了供德国军队的将领在攻打苏联期间在此藏身。游客可以参观这座残留下来的混凝土结构建筑，希特勒曾在1944年在此躲过了施陶芬贝格对他的刺杀。

www.wolfsschanze.pl

计划： 马祖里湖区 www.masurianlakedistrict.com。波兰境内的旅游信息 www.poland.travel。

当夏季的旅游高峰过去，秋高气爽的季节来临，马祖里湖区的哈斯兹湖畔是完美的静居之地。

塞浦路斯

在岛上葡萄酒庄丰收的季节享用这里的美酒，庆祝比十字军东征历史还要悠久的传统节日。

可能口感有点甜，但是谁在乎呢？现在你和狮心王理查有了共同之处：你们都在塞浦路斯畅饮过卡曼达蕾雅酒。该酒是现今仍在生产的有名字的葡萄酒中历史最悠久的，早在公元前800年就在地中海地区最先被酿制出来。几千年以后，你依旧可以享用卡曼达蕾雅酒和其他各种各样的酒类，酿制这些酒的葡萄种植在特罗多斯山脉多石的南山坡上。

在9月和10月的葡萄收获季，派对和庆祝也随之开始了。盖拉尼和其他一些高地村庄会举办葡萄丰收节，用音乐、美食和来自岛上50多个酒庄的各式美酒庆祝这一年的收获。塞浦路斯人的另一个传统在岛上的修道院进行，据说修道院的东正教修士酿制的酒是最好的。

奎科斯修道院明亮且装修现代，而帕纳伊亚村的克里索罗迪萨修道院坐落在海拔915米的山脊上，有一个阴暗、发霉的酒窖，最初在1152年由一名隐士建造。

“我们用葡萄制作了很多不同的东西，”马里奥斯·哈迪查拉兰博思一边倒着51°的白兰地一边说，“真香！”他充满诱惑地叫了一声，然后娴熟地晃着酒杯，白兰地顷刻间滑入他的口中。

饕客必读 塞浦路斯的美食

除了美酒，特罗多斯山区的居民还会用当地的葡萄制作各种甜品。耐嚼的焦糖色布丁甜品就是用葡萄汁和面粉，混合玫瑰水或者肉桂，像布丁一样在热的时候吃。这也是另外一种流行甜品葡萄卷的基础配方，葡萄卷长达1.8米，挂在商店橱窗的时候看起来很像香肠。另外一个当地人喜欢的甜品就是epsima，也是将葡萄汁煮到像蜂蜜一样浓稠香甜。尽管在塞浦路斯随处可见这些甜品，但是在产酒的村庄这些食物是最美味的，例如欧姆德霍斯村、盖拉尼村和阿格罗斯村，这些村子里还依旧保留了手工制作甜品的传统。

计划： 塞浦路斯 www.visitcyprus.com。旅游局提供更多关于塞浦路斯产的酒的信息，包括对于酒的介绍和一些酒窖的参观电子券。位于埃里米的塞浦路斯酒博物馆(www.cypruswinemuseum.com)是另外一个好的信息来源。

到塞浦路斯岛上某个葡萄庄园走一走，感受一下这里1000多年的酿酒历史和传统。

在探索贝鲁特这座城市之前，先在阿尔伯格酒店顶楼的茶水间放松一下，以这种优雅的方式让自己精神振作，焕然一新。

黎巴嫩

贝鲁特和贝卡谷地

当秋天来临，成群的游客离去，酒的丰收正如火如茶，这正是享受“中东巴黎”的好时节。

秋日的黎巴嫩意味着夏日里挤满了海滩和首都贝鲁特地中海滨海路的游客潮离去，为你腾出空间来欣赏这个小小的、感性的、充满了反差的迷人国度。当然，这个国家因为内战和民办组织而闻名，但是来到这里你会发现自己被海滩、数千年历史的古代遗迹、长满杉树可以徒步的山地度假村，以及供18个主要宗教团体供奉的宗教建筑环绕，最妙的是贝卡谷地是中东最先进的葡萄酒产区，秋天正好赶上这里的收获季。在贝卡谷地，你会看到历史悠久的地中海地区对葡萄种植的热爱，也能看到法国殖民给黎巴嫩留下的印记。“贝卡谷地折射出了黎巴嫩在农业、生态和历史方面的财富。”在当地经营着“黎巴嫩之旅”旅行社的贝尔托·马克索说，他的旅行社组织同性恋旅行团和一些特产市场的旅行。

在9月，游客可以参加由很多葡萄酒庄园组织的丰收派对。据马克索介绍，沿途会看到很多考古遗址散布在山谷，包括一些珍贵的遗迹，例如著名的巴勒贝克和安杰尔。“很多考古遗迹因其重要性和美丽而被联合国教科文组织认定为世界文化遗产，”他补充道，“这也意味着全世界都认识到了黎巴嫩所能呈现给世人的丰富文化遗产。”

饕客必读
中东的传统开胃菜——梅泽

仅仅将梅泽这道菜叫做开胃菜有失公平，“meze”（梅泽）在古波斯语里是小点心的意思，在一顿黎巴嫩正餐之前会先给客人提供梅泽。其实，梅泽本身就可以称得上一顿正餐了。当外出用餐，甚至还没开始点餐，服务生就会立刻给你呈上沉重的托盘，上面摆满了10到20种不同的中东食物，有些可能是你已经认识的，有皮塔饼、茄泥、橄榄、多尔马（用辣椒和葡萄叶包米饭）、塔布勒沙拉（干小麦碎与香芹制成）和炸羊肉丸子（辣味的羊肉丸子）。吃完梅泽，你甚至都吃不下主菜了。

计划： 黎巴嫩 www.lebanon-tourism.gov.lb。“黎巴嫩之旅”旅行社承接个人和小团体的行程(www.lebtour.com)。

耶路撒冷的老城区有一些世界上最神圣的地点，包括西墙、圆顶清真寺和神庙山。

以色列

耶路撒冷

当秋季用完美的天气和昂扬的精神向人们致意，在这样的季节里可以感受圣城脉搏的跳动。

走过耶路撒冷，这里是三大宗教：犹太教、伊斯兰教和基督教的圣地，这是一生值得来一次的地方，即使你此前从来不曾信仰任何宗教。信仰宗教的人们来到这里瞻仰他们心中的圣地，游客来到这里体验历史和信仰的终极交集。

面对这座围墙包围的蜂蜜色的城市，没有哪个季节会比秋天更令人回味。对于犹太人来说，秋天处处洋溢着特别的纪念活动和庆祝活动。“成千上万的犹太人穿过以色列来到这里见他们的拉比，”居住在耶路撒冷的犹太教拉比伊萨玛·吉兹伯格说，“就像车轮的轮辐，耶路撒冷毫无疑问是车轮的中心。”

繁忙的街道，神圣的城市

对于游客来说，秋天来到这里会立刻沉浸到圣城的气氛之中。无论是精神上还是身体上都有被拔高的感觉：沙漠上空的空气干冷，同夏天的空气比起来有着奇妙的变化，夏日炎热的街头到处是

绝佳住处
国王大卫酒店

在奢华的国王大卫酒店庆祝犹太教的圣日。酒店带有屋顶露台，可以俯瞰老城，室外游泳池一直开放到10月，这家建于20世纪20年代的古典酒店是一处豪华的住处。尽管在1946年酒店发生过恐怖爆炸事件，但是该酒店至今依旧是耶路撒冷最奢华的度假胜地。在圣日期间，酒店大厨会准备特别的菜单，包括鹅胸肉和填满鸡肝的羊肉，以及椰子糕点。

www.danhotels.com

熙熙攘攘的游客，空气不会如秋日这般清透。

秋季在犹太教的圣日中拉开帷幕，9 月庆祝犹太教的新年，随后就是犹太教一年中最圣神的日子——赎罪日。

犹太人成群结队地走过西墙前的广场，尤其是圣日期间的星期五，男人头上戴着犹太教小帽子或者圆顶帽，行礼祈祷。神庙山和金光闪闪的圆顶清真寺则挤满了虔诚的穆斯林，他们相信伊斯兰教的先知穆罕默德就是从这座清真寺去了天堂。在边上，有很多好奇的人们在观看，其中不乏从苦难之路赶来的基督徒朝圣者，据说耶稣背着十字架在这条路上走过。每天都有数千人来到这里，将他们的手放到石头上，似乎能与石头对话一般。

一个充满反差的季节

耶路撒冷的秋季是一个充满反差的季节。“赎罪日一切都变得严肃而安静。”犹太教拉比吉兹伯格说。但是随后而来的住棚节，在为期 7 天的节日里，人们会欢欣鼓舞地庆祝一年的丰收，城市里到处可见人们搭建的棚子当作临时住所。这些临时搭建的棚屋一方面象征着农民在收获季节在农田里搭建的木窝棚，也象征着古代以色列人在离开埃及之后沙漠里所住的棚屋。吉兹伯格注意到，在住棚节期间，“全城到处都是（人们搭建临时窝棚）发出的敲打声和嗡嗡声。”除了耶路撒冷，你还能在哪里找到比这里规模更大的住棚节？人们搭建的临时窝棚占据了萨夫拉广场，你可以在广场上听一场免费音乐会或参加儿童活动。如果在 12 月来到这里，会有为期 8 天的光明节，你会看到窗口闪烁着火光摇拽的烛台，听到孩子们在寻宝游戏中发出的尖叫声，这座古老的城市依旧充满激情和活力。

饕客必读
圣日的食物

耶路撒冷到处都有小贩和小餐厅为客人提供传统的、便宜的中东食物，有可口的热皮塔饼、鹰嘴豆泥、塔布勒沙拉、油炸鹰嘴豆饼等一些当地常见的食物，但是特殊的食物与犹太教的圣日有关。犹太人的新年里，苹果蘸蜂蜜是很传统的食物。犹太教赎罪日要禁食一天，赎罪日之后第二天早上特别流行家人和朋友在一起用早餐，食物往往是奶酪、面包、鸡蛋，这顿早餐象征着重生。用加入蜂蜜的甜品来庆祝生活几乎是必不可少的项目。更讲究的食物包括鸡蛋面、芝士薄卷饼、杏仁曲奇，混合了德系犹太人、西班牙系犹太人和其他流亡在外的犹太人的传统。

计划：耶路撒冷 www.gojerusalem.com。以色列 www.goisrael.com。秋天的气温非常戏剧化，有的时候很暖和，有的时候气温会降到 4℃，甚至比 12 月气温还要低。犹太教安息日当天，从星期五的日落时分一直到星期六的日落时分，城市的大部分商业场所会停止营业。犹太教圣日 www.jewfaq.org。圣日期间酒店一般都爆满，所以最好早点预订。很多地方会停止营业。穿着要保守一些，妇女不要露出胳膊和腿，这在有些场合很重要，尤其是宗教建筑内。

在犹太教圣日的犹太新年和赎罪日期间，会有传统的吹羊角仪式。

阿拉伯联合酋长国，阿布扎比

赛骆驼

“在阿布扎比的赛骆驼现场，是由男人、骆驼和SUV组成的尘土飞扬的混乱场面。周五的黎明，阿拉伯联合酋长国境内的骆驼赛道上就开始出现这样壮观的场面。数百头骆驼清晨便开始从周边的骆驼饲养地出发，由巴基斯坦、阿富汗、印度和其他国籍的骑手骑着，在沙漠中艰辛跋涉来到比赛地，这些骆驼都归属当地贝都因酋长所有。”

——卡尔·霍夫曼，《国家地理旅行者》杂志作家

对于阿拉伯联合酋长国的首都阿布扎比来说，赛骆驼既是一项受欢迎的体育运动，也是一项文化盛事。赛骆驼起初只在特殊的节日才举行，如今已经成为每个周末早上都会有的娱乐活动。图片：参加比赛的骆驼前往起跑线。

Hardtop

赞比亚的夜空，稻草色的果蝠在夜色里沿着穆索拉河飞回到栖息处。

赞比亚

卡桑卡国家公园

非洲规模最大的哺乳动物迁徙，是每年数百万只果蝠从非洲各地飞往赞比亚，只有在这里，你才可以目睹这一自然奇观。

塞伦盖蒂国家公园的动物迁徙可能更有名，但是非洲每年规模最大的哺乳动物迁徙却是800万到1000万只果蝠在10月到12月之间从非洲各地飞到卡桑卡国家公园。遮天蔽日的果蝠让人有瞬间被淹没的感觉。“这绝对是我见过的最令人兴奋和着迷的场景之一。”卡桑卡国家公园的经理弗兰克·威廉斯说。

果蝠飞过会发出声音：数百万双翅膀扇动的声音，果蝠此起彼伏的叫声，在整个赞比亚中北部稀树草原的上空回荡。这种体验在黎明时分更令人印象深刻，原始草原笼罩在朝霞的血红天幕之下，雨季初期的空气中弥漫着土地的气息。

卡桑卡国家公园的果蝠迁徙被认为是密度最高的哺乳动物群体迁徙，根据预测，在迁徙高峰期，约有重达250吨的果蝠飞行在空中。或者按照导游的介绍，相当于有700头大象从头顶飞过。傍晚时分，每秒钟约有1万只果蝠从树林里飞向天空，几乎覆盖了整片头顶的天空。第二天清晨，抬头看到空中大量的果蝠像黑色漩涡一样在森林上空盘旋，这种奇观可以同阿尔弗雷德·希区柯克恐怖电影里的场景媲美。

优中之选
赞比亚的野生动物带

卡桑卡国家公园地处野生动物走廊的中心地带，由赞比亚中北部延伸，部分进入邻国马拉维和刚果。这条生物带包括十几个国家公园和野生动物保护区。郁郁葱葱的卢安瓜河流域就有3个保护区，其中包括世界著名的南卢安瓜国家公园，因其庞大的大象群、健壮的野牛和河马群而闻名。这一地区的本格拉沼泽是非洲最大的湿地之一，是各种鸟类和羚羊的家园。

www.zambiatourism.com

计划：卡桑卡国家公园 kasanka.com。赞比亚旅游信息 zambiatourism.com。罗宾·珀伯旅行社 (www.robinpopesafaris.net) 提供游客深入卡桑卡国家公园观看果蝠迁徙的行程。

开普敦西部和北部

踏上旅途去看另外一种不同的野生生物——野花！

北半球的秋季刚好是南非的春天，在阳光晒干西海岸的土壤之前，冬季最后一抹湿润气息依旧发挥着它的力量。野花盛开，只有大自然才会缔造出这般色彩。这里可不是观看非洲“五大兽”的地方，但是如果你选择了这趟行程，你的感官会被大自然的杰作征服：这就是西开普省的漫山遍野的野花。虽然看不到“五大兽”，但是却有可能看到一些“五小兽”——牛文鸟、象鼩、豹龟、蚁狮、犀金龟。

开车或者加入一个旅行团从开普敦出发，前往纳马夸兰的斯普林伯克（北开普省）。这个季节不需要急急忙忙：在这条全程561千米的行程中，首先会有开普敦康斯坦博西国家植物园（可以将这里当作你的鲜花课堂），然后就是大量的遍布鲜花的田野和群山，数量多到令人难以置信——紫蓝色的非洲亚麻花、亮粉色的雏菊、像插满针的针垫花，以及其他一些野花。你会情不自禁地不停拍照，甚至会发誓学会画画。但是，无论是相机里的画面，还是绘画作品，都无法与眼前的景色媲美。躺在鲜花丛中，这样你就可以让你的肌肤感受这个地方。摘下几片花瓣放在游记本里，它们会随时把你带回到春天的记忆里。

饕客必读
肉食爱好者的终极零食：肉干

开车长途旅行需要很好的零食为伴。南非的路边摊总是堆满了大量的橘子和一包包的芒果干，除非你是素食者，否则不可错过的零食就是肉干。这可不是美国开车旅行途中在加油站可以买到的那种牛肉干，比那美味可口多了。南非肉干有带肥肉和不带的，有干的也有湿的，肉的种类之丰富足以让一个爱吃肉的人心满意足。尝试一下鸵鸟肉，或者是一些平时少见的肉类，诸如跳羚肉和条纹羚肉。开普敦最好的肉干店之一就是Gogo熟食店。gogosdeli.wozaonline.co.za

计划：开普敦康斯坦博西国家植物园 www.sanbi.org/gardens/kirstenbosch。康斯坦博西国家植物园的科学家约翰·曼宁所著的《南非野花实地指南》是一本很好的指导手册。

在夏季的炎炎烈日将纳马夸兰的土地晒干之前，这里的春日上演着大自然最伟大的杰作：漫山遍野的野花。

Top 10

十大著名的体育场馆

分享世界上最精彩的秋季球赛所带来的兴奋和刺激

冰球：蒙特利尔加拿大人队
贝尔中心

加拿大，魁北克省，蒙特利尔

探访蒙特利尔加拿大人队的故乡就好比前往魁北克的体育圣地朝圣。Habs 队（加拿大最老的冰球队“inhabitants”的缩写）是北美国家冰球联盟中获胜最多的球队，曾 24 次赢得斯坦利杯。

canadiens.nhl.com

棒球：波士顿红袜队
芬威公园

马萨诸塞州，波士顿

“美国人最爱的球场公园，”波士顿芬威公园外面的标语这样宣称。波士顿红袜队的粉丝经历了“贝比鲁斯魔咒”长达 86 年的折磨，直到 2004 年波士顿红袜再一次获得世界冠军。

boston.redsox.mlb.com

篮球：纽约尼克斯
麦迪逊广场花园

纽约州，纽约

漫步经过时代广场一直来到麦迪逊广场花园，在曼哈顿竞争最残酷的体育中心的显示屏上感受戏剧化和魅力。当花园里被 18000 多名极度兴奋的纽约人占据的时候，你会立刻意识到自己已经踏入了伟大的篮球殿堂。在球赛的休息间隙，你可以参与到“点名人”的游戏中去。

www.nba.com/knicks

校园美式足球：陆军 VS 海军

宾夕法尼亚州，费城或其他场馆

当美国陆军学院对阵美国海军学院的橄榄球比赛开场（通常在费城举行），这场对决可谓向大学生橄榄球的终极角逐致敬。陆军学院黑骑士队和海军学院海校生队在激烈地争夺体育霸主的地位之际，场外坐满了穿着制服的啦啦队为他们呐喊加油。

www.phillylovesarmynavy.com

马球：阿根廷马球公开赛
马球大教堂

阿根廷，布宜诺斯艾利斯

如果你喜欢马球，一定要去现场看世界顶级俱乐部的锦标赛——阿根廷马球公开赛。公开赛在阿根廷马球草坪举行，也被称作“马球大教堂”，位于布宜诺斯艾利斯时髦的巴勒莫城区。

www.aapolo.com

欧洲足球：曼联
老特拉福德球场

英国，曼彻斯特

沿着马特巴斯比爵士路向前走，一直走到曼联球队的两位被封过爵的教练雕像前。在慕尼黑钟前向在空难中遇难的“巴斯比宝贝”致敬，慕尼黑钟的时间仍然停在 1958 年空难发生的时刻。然后，花上 90 分钟的时间来好好游览这座号称“梦想剧场”的球场内部。

www.manutd.com

盖尔式足球：全爱尔兰板棍球和盖尔足球决赛
克罗克公园

爱尔兰，都柏林

这些板棍球和盖尔足球决赛是体育迷们必看的比赛。投球手用厚厚的板子击中硬硬的小球，灵巧的技能和极快的速度令人叹服。陶醉在由盖尔足球赛带来的部落式竞争气氛中，直至产生最终的冠军。

www.gaa.ie

橄榄球：新西兰全黑队与南非跳羚队

南非和新西兰境内的各个场馆

每年秋天，橄榄球锦标赛在南半球达到高潮，新西兰全黑队与南非跳羚队争夺自由杯。比赛的场地会经常变化，但是如果可能的话，选择到约翰内斯堡历史悠久的埃利斯公园体育场观看比赛，1995 年曼德拉就是在这座体育场给南非跳羚队颁发了世界杯。

www.sanzarrugby.com/therugbychampionship

足球杯：国际足联俱乐部世界杯

摩洛哥

在国际足联俱乐部世界杯比赛期间，欣赏来自世界各大洲（南极洲除外）的顶级足球俱乐部之间的比赛，这是一个为期 10 天的世界顶级足球盛事。

www.fifa.com/clubworldcup

赛马：墨尔本杯

澳大利亚，墨尔本

从头到脚好好打扮一番，来观看墨尔本杯赛马。这场号称“让整个国家为之停滞”的比赛于每年 11 月的第一个星期二在弗莱明顿赛马场举行。这一天是公众假期，无论社会地位高低，都能在现场感受纯种马比赛的氛围。

melbournecup.com

尽管美国人民对于冰球有着很高的热情，但是想真正投入看一场比赛的冰球粉丝应该来蒙特利尔的贝尔中心。

拉贾斯坦邦

在拉贾斯坦邦的结婚旺季，在装扮得闪闪发光的客人之中，感受浪漫和喜庆。

当夏日的高温终于从印度这个荒废的、尘土飞扬的皇家省份消退，婚礼旺季也随之而来。酒店里住满了新娘、新郎和数以千计的参加婚礼的客人，从政治家到明星，既有宝莱坞的，也有好莱坞的，还有偶尔客串的重达 2 吨的大象。婚礼旺季从 9 月开始，在 10 月达到高峰，一直持续到来年的 2 月。令人惊讶的是这里的婚礼欢迎所有人参加，尤其是外国客人。

拉贾斯坦邦宏伟的中世纪寺院和城堡矗立的城市是豪华婚礼庆典的最佳背景。乌代浦尔、斋浦尔和焦特布尔早就因其奢侈的莫卧儿建筑而闻名于世，这里的建筑装饰着蕾丝镂空窗板和封闭式阳台拱门，起初都是为古代的国王所修建。街道充满了各种亮丽的颜色，宫殿里充满了高档咖喱的味道，烟火照亮了天空。

“女人们华丽和时尚的纱丽与珠宝配饰，男人们昂贵和色彩鲜艳的外套或者高领长外套，精心考究的装饰，以及食物的安排，都必须亲眼所见，你才敢相信这一切都是真的，”米卡托旅行社的客户经理埃夫丽尔·海德尔·阿里说，“只有亲身经历了，才能理解为什么人们会说印度的婚礼场面盛大。”

游客必知
印度婚礼习俗

婚礼的习俗和惯例在印度不同的地方会有所不同。有些婚礼，男性和女性在大多数时间里是分开在不同的地方。女人们在一个帐篷里做汉娜身体彩绘，而男人们则在另外一边边喝威士忌边讨论生意上的事情。婚礼通常会持续数天，食物通常都是家里自制，参加婚礼的客人会自带食物供大家一起分享。一定要见证婚礼的以下几个环节：洗脚仪式，就是新郎当着新娘父母的面承诺会好好照顾新娘，会一直深爱新娘；净身仪式，新郎和新娘将一种叫做乌普坦的由檀香木、黄姜和玫瑰汁制成的汁液涂抹在身上，代表着洗涤双方的灵魂；花床仪式，就是将婚床用鲜花装饰起来。

计划：尽管你可能足够幸运遇到一场婚礼，也有一些旅行社，例如米卡托旅行社（www.micato.com/india）会帮助游客获得婚礼的邀请，并按照当地的习俗打扮，然后参加婚礼。

在拉贾斯坦邦的一个婚礼现场，妇女们穿着的亮色纱丽，好像田野里色彩亮丽的野花。

传统的茅草船屋停靠在印度喀拉拉邦的回水区。

印度

喀拉拉邦

在印度南部回水区骑大象，在寺院里徜徉，让生活慢下来。

时光在喀拉拉邦慢下来。印度南部这一狭窄的地区位于阿拉伯海和西高止山脉之间，是印度最多样化的地区之一，充满了殖民的历史、野生生物和变化多样的自然景观，从凉爽青翠的茶园到金色的热带海滩。

到了秋天，雨季已经过去，游客更少，物价也相对较低。秋日凉爽的天气赋予游客像当地人一样去体验喀拉拉邦的机会：那就是骑自行车出游。

喀拉拉邦当地的一名自行车导游彼得·布卢克介绍说，大多数道路都已经铺过，可以骑自行车在这些时光驻足的村落穿梭，探访数千年历史的堡垒或者印度教寺庙，邂逅大象，看着茅草船屋顺水而下，又或者安静地品茶。“很有可能你会遇到有人邀请你去他家小坐。”布卢克说，他认为喀拉拉邦是“印度最友好的省”，他还补充道：“在喀拉拉邦体验家庭烹饪和这里的热情好客，没有比这更好的经历了。”

喀拉拉邦著名的香料和产量丰富的椰子使得当地的食物成为印度最令人兴奋的菜系之一，尤其是这里的素食和辛辣的切蒂纳德咖喱，在一天或辛苦或轻松的骑行之后，它是完美的晚餐选择，会让你再次充满能量。

绝佳住处
宫殿住宿

喀拉拉邦秋季的节奏很慢，没有那么多游客，所以相对容易预订到一间宫殿酒店。入住科钦的奇托科塔拉姆酒店，像古代的国王一样生活。这是一家独立的、只有三间客房的酒店，这就意味着你不会跟很多人共享你的临时“宫殿”。酒店的食物是基于当地的传统素食而制作的。这里不提供酒。这些细节都体现了古代王侯在这里居住时极简主义的传统生活方式，尽管如此，还是可以察觉到这里的奢华，例如餐具全部都是银制的。

www.cghearth.com/chittoor-kottaram

计划：喀拉拉邦 www.incredibleindia.org、www.keralatourism.org。自行车骑行服务 www.exodus.co.uk。

尽管全世界大熊猫的数量仅有1000只左右，但在成都大熊猫繁育研究基地却可以看到很多熊猫宝宝。

中 国

成 都

观看惹人爱的大熊猫在户外围栏中嬉戏和打闹。

古老的成都在很多方面为人所知：一方面是四川的省会，也是麻辣川菜的中心；而其温柔的另一面就是它呵护着著名的大熊猫。成都大熊猫繁育研究基地是一个世界级的中心，致力于研究和保护中国的濒危国宝——大熊猫。

对于游客来说，秋天是访问这座城市的最好季节。到了秋天，降水减少、气候干燥、气温舒适，游客还可以欣赏市区和周边的秋日落叶。

早上9点来参观大熊猫基地，这个时候是饲养员喂养熊猫的时间，你会看到它们最活跃的时刻。《国家地理》杂志的数字游民安德鲁·埃文斯曾有幸亲自抱过熊猫宝宝，他称其是“值得一生回忆的经历”。“熊猫宝宝身上有木香和麝香味，有点像森林土地和绿茶的气息。”埃文斯说。熊猫宝宝是如此专注地舔着爪子上的蜂蜜，甚至是对着它挥舞的手臂都不眨一下眼。如果付钱的话，你也可以抱一抱熊猫宝宝，即使只是亲眼看它们在围栏里（围栏里的环境尽量模拟它们生活的自然环境）活动，也会让你觉得不虚此行，值得回忆。

游客必知
成都其珍稀动物

大熊猫无疑是人们在成都熊猫繁育研究基地所关注的焦点，游客们簇拥而至一睹芳容，但是也有一些其他濒危动物在这里繁育并被研究。这就包括小熊猫，一种奇特的小生物，看起来很像浣熊，相似度远超其他远亲熊；华南虎，一种大型猫科动物，目前已经极度濒危，被认为是在自然界里已经灭绝的动物，可以花点时间也看看这些动物。尽管它们不如大熊猫有名，但一样很难在自然界见到，甚至很快就会从野外彻底消失。

计划： 成都大熊猫繁育研究基地 www.panda.org.cn/english。基地位于成都郊区，可以乘坐公共汽车或者出租车前往。

上海

在上海著名的大闸蟹季来到这里，品尝鲜美的蟹爪肉。

每年上海人都会为秋天大闸蟹季的到来做好准备。从街头的小摊小贩到米其林餐厅大厨提供的瑞典式自助餐，都提供各种用大闸蟹制作的食物，各种以大闸蟹为材料的菜搭配不同的酱汁、火锅等。在中国很流行私人包间，在餐厅的包间里，食客们都直接用手来吃大闸蟹。跟中国很多其他的食物和饮品一样，大闸蟹长期以来一直是受欢迎的商务礼品，如今也不例外，它们不仅仅是食物，也是推动商业关系的润滑剂。

对于外国人来说，为这种肉量仅仅是缅因龙虾 1/3 的螃蟹如此疯狂，听起来似乎有点奇怪，但是在上海，大闸蟹的精细肉质和芳香味道被认为是一种高端的食材。最有名的大闸蟹来自阳澄湖，就在上海附近，曾是给皇帝的贡品。公蟹和母蟹吃起来味道差别很大，所以不用担心拿错了。母蟹有蟹黄（蟹卵），公蟹则有蟹膏，蟹黄和蟹膏都藏在一堆蟹肉里。自己亲手撬开一只是最终极的体验，但是毛茸茸的大闸蟹的肉却不那么容易弄出来，所以通常服务员会在一旁拿着工具帮助客人。

饕客必读
上海的街头美食

上海随处可见的街头美食就是臭豆腐，跟随你的嗅觉就能找到。外国人一般闻到就会捏住鼻子，而当地人则热衷于这种美食。还有上海的豆花汤，是用凝固的豆浆、干虾仁、紫菜、酱油、腌萝卜和大葱制作而成，这对于外国人来说更容易接受，是不错的美味午餐。茶叶蛋是一种用绿茶和酱油一起煮的鸡蛋，在上海的街头随处可见，是不可或缺的上海小吃。而上海最受欢迎的街头美食非小笼包莫属，街边小摊和五星级饭店都有卖。

计划：大闸蟹季很短暂，从 10 月到 11 月，中国人在餐厅里面会自己动手来剥蟹，但是高档餐厅，诸如浦东四季酒店的尚席 (fourseasons.com) 和丽思卡尔顿的金轩 (ritzcarlton.com) 会提供一些更讲究的以蟹为材料的菜。

不要被青毛蟹这个名字吓到，只有你品尝了一口之后，才能理解为什么当地人会将它奉为美食。

火山和温泉隐藏在大雪山国立公园的秋叶之中。

日本

北海道

你可以将北海道想象成佛蒙特州带上了一丝亚洲的味道：树叶在秋天绽放出缤纷的色彩，周围被火山和温泉包围。

北海道闪烁着原始自然和开阔的空间美，可谓是对远处若隐若现的东京塔的最好呼应。秋天，这座巨大的、未被开发的岛屿就好像日本的新英格兰，大自然的调色板在这里从绿色变成橘色和红色。

在大雪山国立公园欣赏最美丽的秋色。公园里和周边的步道带领徒步的游客穿行在秋日美景中，景色像极了错综复杂的日本绘画作品。“色彩最丰富的高山植物是阿留申水杨梅，在日语中我们称为‘chinguruma’。”当地的游客服务中心经理加奈子·威尔科克介绍这种随处可见的小野花时说。

色彩最丰富的路线之一就是天人峡的步道。从天人峡的温泉出发，沿途不仅有美景悦目，还有大自然的声音悦耳，羽衣瀑布两侧的森林正变成秋天迷人的色彩。

秋天的色彩会逐渐蔓延到其他国家公园，如知床国家公园、阿寒国立公园和支笏湖国家公园。除了欣赏秋叶，你可以在北海道泡温泉，还能在棕熊冬眠之前与它们偶遇，或者是数数马上就会被白雪覆盖的火山。白天的气温大约在16℃，秋天的气候最宜人。

饕客必读
北海道当地的美食

位于日本最北端，北海道地区的美食努力让食客感到暖和，这一点也就不足为奇了。在欣赏了一天秋叶之后，尝试一下石狩锅，这是一种火锅，食材是鲑鱼、蔬菜、豆腐、味噌和山辣椒，北海道石狩市自1880年就开始营业的金大亭餐厅的石狩锅堪称最美味。一种叫做成吉思汗烤肉的烤羊肉佐蔬菜也很有特色，通常就在客人旁边现烤。北海道西南端的函馆市区的特色美食是乌贼素面，就是将生乌贼切成面条状，蘸酱油或面露（一种酱汁）而食用。那些喜欢甜食的人一定要尝尝札幌的白色恋人，这是一种用白色巧克力制作的入口即化的曲奇。

计划：北海道 en.visit-hokkaido.jp。北海道国家公园 hokkaidonationalparks.com/en。

泰国

亲历泰国的水灯节，这是泰国境内无论城市还是乡村，都会庆祝的一个神秘又神奇的节日。

在泰历十二月十五日的满月日（通常是公历11月），泰国人穿上传统服饰来到河流和运河边庆祝一年一度的水灯节。人们都随身携带一只水灯，是由橡胶树叶或者荷叶做成的小船，里面放上一支点燃的蜡烛，以及线香、硬币和鲜花。在默默许愿之后，他们将树叶折成的小船放到夜晚漆黑的水面上，同时祈求水神饶恕他们的罪过，保佑未来好运。燃着蜡烛的小船顺水漂流，水面逐渐飘满水灯，闪亮着一片烛光，然后流向更大的河流，最终汇入大海，象征着厄运和不幸顺水流走。如果烛火一直是燃烧着的，那么这个人所许下的愿望就会实现，且健康长寿。

这个迷人的传统被叫做"水灯节"，大意就是"漂浮的灯笼"。根据传说，水灯节起源于古代13世纪的素可泰王朝，当时的人们用这种方式向三位神灵致敬：大梵天、湿婆和毗湿奴。节日发展至今，城市和乡村会用一整天或者数天的时间来庆祝这个节日，节日的活动包括水灯比赛、选美大赛、庆祝游行、娱乐项目和燃放焰火。

优中之选
水灯节庆祝活动

曼谷：在曼谷的山提柴帕堪公园观看五颜六色的彩灯船和各种文化演出活动，学习如何做泰餐。有些河边的酒店还专门为住店的客人提供特别的庆祝活动。

清迈：在清迈持续4天的庆祝活动被称为"清迈义蓬节"，庆祝活动包括人群熙攘的仪式、燃放烟花，以及装扮成水灯的花车巡游。此外，人们还会在空中升起数千只热气球般的孔明灯。

素可泰：素可泰是水灯节的起源地，这里每年都会举办别开生面的水灯秀，盛大的声光秀照亮整座城市的历史遗迹。还有专门的水灯节日宴，竹制的托盘上摆着小小的镀金碗，里面盛着泰国北部的特色食品。

计划：泰国 www.thailand.com、thailandfor-visitors.com。水灯节 www.loikrathong.net，这个网站介绍了水灯节的历史、庆祝活动、住宿预订，并教你制作水灯。

在清迈，人们燃放天灯，希望升到空中的灯笼能够带走不幸，这是泰国北部地区庆祝水灯节的方式。

Top 10

十大赏秋胜地

在世界各地尽赏秋叶之美！

加利福尼亚州，索诺马县

除了树上的叶子，葡萄庄园里的叶子更增加了秋天的美，所以索诺马的秋色会更加浓烈。开车沿着阿诺德公路穿过索诺马峡谷，两侧都是五彩斑斓的橡树和枫树。接着穿越俄罗斯河谷，葡萄藤给大地染上了阳光的色调，用美酒来庆祝 10 月的南瓜收获季。

inside-sonoma.com

新墨西哥州北部

新墨西哥州一直被误认为秋季只有沙漠，该州北端越过落基山山麓，奏响秋日的旋律。沿着 134 千米的著名环状景观公路驱车前行，这条公路从陶斯一直延伸至红河，青翠的山谷、连绵的杨木林和白杨树环绕的山地湖泊构成了这里如画的风景。此处的树叶到了 9 月底和 10 月就变成了漫山的金黄色。

www.enchantedcircle.org

俄亥俄州，霍尔姆斯县

在俄亥俄州中部的阿米什县，枫树、橡树和标志性的州树七叶树，遮盖着蜿蜒穿过棉花地的狭窄公路。开车从明亮的红色和黄色树枝下经过，同老阿米什人的四轮马车并驾齐驱，沿途遇到农场的小摊还可以停下来买些特产。

fallinamishcountry.com

加拿大，魁北克省，加斯佩半岛

沿着魁北克省的海岸线，枫树的叶子在秋天变红，像极了加拿大国旗上的红色枫叶。在盖斯佩半岛，圣・劳伦斯海湾的蓝色海水像一块背景布映衬着岛上红色的枫叶。沿着加佩斯国家公园的山地徒步，或者是在佛里昂国家公园边观看鲸鱼边欣赏红叶，每年的 10 月，这里会有 7 种鲸鱼光顾。

www.tourisme-gaspesie.com

葡萄牙，杜罗河谷

杜罗河谷横跨葡萄牙北部，到了秋天，当河岸两侧山坡上的葡萄园准备越冬的时候，这里就变成了红色、橘色和黄色的海洋。乘坐轮船沿着约 200 千米的河道前行，欣赏两岸的美景，喝下一杯当地酿制的美酒来抵御秋日的微凉。

www.dourovalley.eu/en/

德国，巴伐利亚

到了秋天，德国南部的山区是一片色彩浓郁的高山森林，背景就是白雪皑皑的雪山。沿着长约 360 千米的南德浪漫之路徜徉，这条道路始于弗兰肯葡萄酒产区，当地秋天会有红酒节，然后一直向南穿过有着几个世纪历史的城镇，诸如中世纪小城罗滕堡和丁克尔斯比尔市。这条道路在夏天的时候到处都是游客，秋天则是一片轻松的赏红叶氛围。

www.romanticroad.com

罗马尼亚，特兰西瓦尼亚

特兰西瓦尼亚的秋天能破除德古拉吸血鬼伯爵的魔法，这座小城沉浸在神话传说、中世纪棕褐色城堡和朦胧月色的意象之中。在长度 90 千米的传斯弗格拉什公路上挑战一下自己的驾驶技术，这条公路穿越弗格拉什山，到处是 90° 的急弯和回头曲线弯道，但是道路两侧是壮观的秋叶景色。

www.romaniatourism.com

俄罗斯，莫斯科

秋日的莫斯科似乎在挑战人们对它的刻板印象，这里不再是人们印象中沉寂的灰色，苏联时期的大都市和沙皇时代的花园被改造成公共公园，这一切都涂抹上了秋天的色调。去参观一下卡洛明斯科娅庄园，粉刷成白色的宫殿和蓝色、洋葱形的教堂圆顶点缀在森林和苹果园之中。

mgomz.com

中国，四川，九寨沟

九寨沟有着中国最多样化的植物群和动物群。每到秋季，这里引人注目的红叶、藏族村庄里七彩的经幡和翡翠色的湖泊就上演起一幕色彩大战，点缀着这里的自然风光。

whc.unesco.org/en/list/637

日本，京都

在日本有着赏红叶的传统（日语叫“koyo”），与春天赏樱花的习俗相呼应。日本赏红叶的最佳地点就是本州岛上的京都，鲜艳的红叶镶嵌着寺庙倾斜的屋顶，寺院是这座有着数千年历史的城市标志性的遗迹。从 11 月中旬到 12 月，寺院里的夜间照明系统会开启，灯光投射到半透明的茂盛的树枝上，美轮美奂。

www.japan-guide.com

北野天满宫神社内的数百棵枫树叶在11月中旬到12月期间红得最艳。

越南

中秋节

“这个节日（越南中秋节）有点像西方万圣节和圣诞节的结合……会安市中心到了晚上依旧热闹壮观：有舞龙和舞狮子，有抬着土地神游行，孩子们就穿梭其中……我穿过人群走到河边，学着大家的样子，我买了纸灯笼，登上一条小船。我学着同船的客人的做法，点燃灯笼里的蜡烛，然后将灯笼放飞。”

——约瑟夫·霍布斯，密苏里大学越南中心主任

越南举国上下都会庆祝中秋节（越南语叫“Tet Thrung Thu”）。农历八月十五，在秋季收获之后，家人和朋友会聚到一起。图片：参加节日庆祝的人们放飞灯笼。

金边

一年一度的送水节期间，金边的大街小巷和水路上都洋溢着喜庆气氛，游客会情不自禁地融入到友好的节日氛围里。

作为一名访客来到这座充满异国情调的首都城市，能感受到它的过去和充满活力的现在。在金边令人陶醉的气息和景色里每年都会举办热闹非凡的送水节，节日持续3天，也被称为水和月亮节。这是一个拥挤而喧嚣的节日，但是始终具有柬埔寨的特色，是一个非常友好的庆祝活动，节日期间会有露天游乐场、燃放焰火、流行音乐演出和传统的高棉舞蹈。“(送水节)是为了感谢上天帮助我们风调雨顺，也祈求来年有足够的雨水来种植庄稼。”柬埔寨之路旅行社的导游阿基碧说。

节日期间友好热情的氛围极富感染力。记得带上你的好胃口和冒险精神，在沿途热火朝天的小吃摊上品尝当地的食物：清新的芒果糯米饭，而真正挑战勇气的是油炸狼蛛。随后，同250万参加节日庆祝的人一起来到金边皇宫前的河边，观看龙舟比赛并为参赛队伍加油。

送水节还庆祝洞里萨河逆转流向和捕鱼季的开始。当你品尝了柬埔寨常见的、用椰汁烧制的阿莫克鱼之后，你就会理解送水节要庆祝捕鱼季开始的原因了。

游客须知
皇宫和波列莫罗科特佛塔

皇宫是一组金色屋顶、黄墙环绕的建筑，包括曾查雅殿、金殿、银殿、舞乐殿、宝物殿等大小宫殿20多座，回廊上是仿吴哥寺的浮雕。曾查雅殿雕梁画栋，琉璃瓦顶，同左侧金光闪烁的波列莫罗科特佛塔交相呼应，景色壮观。金殿内有宝物殿，专门陈列珍宝。在皇宫的所有建筑中，银宫最为华丽，地面用4700多块镂花银砖铺就。大殿内供奉着高约60厘米，由整块翡翠雕成的佛像，晶莹剔透，是柬埔寨的瑰宝，所以又将银宫称为绿玉寺。银宫内还有用纯金铸成的大小两尊佛像。东边的皇城包括皇宫、皇家博物馆、皇家花园和国家博物馆等建筑。

计划：柬埔寨 www.tourismcambodia.com、www.cambodiatrails.com，送水节一般在10月或者11月的月圆之时，为游客预留的VIP座位会有遮阴的地方，躲避烈日或者降雨，也可以到河边加入庆祝队伍。

团队合作和团结一致的精神在金边送水节的龙舟比赛上得到充分体现。

当这些斑点美人全力绽放之际，香草兰真正做到了名副其实。深呼吸，吸入这馥郁的花香。

法属波利尼西亚

塔希提

在香草兰盛开的季节，在塔希提这些偏远和质朴的岛屿上享受空气中弥漫的浓郁花香。

在秋收季来到塔希提旅行是亲身体验香草这种敏感而温柔的植物的最佳方式。香草通常是用来给巧克力和咖啡当配角的，这种充当配角的豆子实际是一种兰花，原产于墨西哥。但是产于法属波利尼西亚社会群岛的香草出奇的芳香，被认为是世界上最好的香草。温和的天堂般的波利尼西亚岛屿有着世外桃源般的美丽，岛上点缀着棕榈树，岛屿被清澈如杜松子酒般的海水包围，蔚蓝的天空一望无际，偶尔飘过一片淘气的粉色云朵，想想这些，这里产出最好的香草也就不足为奇了。

塔希提 80% 的香草都种植在土地肥沃、呈花瓣形状的塔哈岛，它也因此被世人誉为“香草之岛”（尽管岛上也有大量的西瓜和椰子种植园）。有一些种植园会邀请游客在香草藤蔓间参观，亲自感受给香草兰人工授粉，或者了解固化的过程。这种醉人的黄色鲜花需要人工授粉，因为只有墨西哥当地的一种蜜蜂才能给它完成天然授粉。如此一来，游客反倒是幸运的，亲自为香草兰授粉将收获一份难忘的记忆。

游客必知
大溪地香草

来自塔希提的波旁香草萃取物被认为是最好的，游客必须买上一瓶。你也可以考虑买些芳香的塔希提香草豆荚、香草油、香草洗发水、香水、香皂和香草酿制的利口酒。另外一个名字几乎等同于塔希提之旅：那就是“提基香水”，自从 1942 年开始，在这个品牌下有一系列产品：香草精油、化妆品和香皂，并作为原产地的品牌被保护起来。其标志性产品莫诺伊提基塔希提香草是将岛上的栀子花花瓣浸泡到椰子油中制成的，每一瓶都含有一颗香草豆荚。

www.tahiti-iti.com

计划： 塔哈岛 www.tahiti-tourisme.com。一些香草种植园会向游客开放。

冬

节日灯光，极光之夜，冷天运动，南方度假。

季

在挪威安岛上的小渔村布雷克的上空，北极光放射出梦幻般的光彩。

一支由西伯利亚哈士奇犬组成的艾迪塔罗德队伍，开始了1688千米的拉雪橇比赛，它们将沿着一到两条路线从安克雷奇一直到诺姆。

阿拉斯加

安克雷奇

艾迪塔罗德雪道上的惊心动魄，地球上最后的伟大比赛。

抓住冬天的尾巴，勇敢地拜访一次阿拉斯加吧，你将又多了一项吹牛的资本，也将有机会观看到没有任何其他比赛能够媲美的世界上最伟大的盛会：艾迪塔罗德狗拉雪橇比赛。

当然，这遥远的1688千米旅程中的大部分，橇夫和他的狗儿们都是在孤单前行，但比赛开幕时，安克雷奇出发的起点，人们的欢呼声可是震耳欲聋的。在那里，有将近70支狗拉雪橇队伍，被艾迪塔罗德的橇夫称之为“世界上最好的狗”组成的队伍，以连人类中最专业的田径运动员都羡慕的超强耐力和技巧，从开满了餐馆和商店的街道，一个接一个地出发。

3月第一个星期六的比赛起点，更多的是一场秀而不是比赛，但是那些狗儿们可不知道这些。站在起点附近，当下一个橇夫大喊“前进！”狗儿们被放行的时候，这些吠叫的生灵，就安静地出发了，它们要将所有的能量，燃烧在前方的征程中。

阿拉斯加的冰天雪地中，游客在活动中途需要去暖暖身，来两杯热可可，丝毫不用担心错过什么：雪橇队伍交错出发，会持续数个小时。

游客必知
艾迪塔罗德空军

长达1610千米从安克雷奇到诺姆的旅程，对后勤供应来说可真是个噩梦。但是全志愿服务的艾迪塔罗德空军（IAF），这项赛事的伟大传统之一，对这项比赛来说是必不可少的。IAF的30名飞行员，帮助四处运送参赛队员，接送狗，运输补给物资——56.7吨的狗粮和391个干草包，需要的时候援救橇夫。这些飞行员驾驶他们自己的飞机，并将飞机轮胎跟滑雪板勾起来以便飞机在冰雪上降落。

www.dogflying.com

计划：阿拉斯加 www.travelalaska.com。艾迪塔罗德狗拉雪橇比赛 www.iditarod.com。若要前往威洛莱克，可以租车或者找旅行社参团，例如阿拉斯加旅行社（Alaska Tours www.alaskatours.com）。

惠斯勒

从北美最好的滑道上呼啸而下，雪道无尽，新雪无边。

在山脚下，惠斯勒狭窄的村庄街道两边布满了精品店和餐馆。在这里，你想要优雅地闲逛购物，还是想要积攒点能量填饱肚子之后再次冲向雪道，都可以很好地结合在一起。而滑雪，还是更多人来到这里的主要原因。这里滑道上的粉状新雪能堆到你眼睛平视那么高，把原始森林深深地切出一道道沟壑，甚至可能有一两头冬眠的熊正沉睡在你掠过的深雪里。从12月到次年3月间的每个星期天晚上，这里都将上演一场特别的冰火秀。想象一下，在纷纷落雪中燃烧的焰火，滑着雪穿越火圈的完美跳跃吧！好吧，或者是1月的冬季盛典，这个将滑雪比赛、舞蹈和音乐完美融合在一起的庆典，伊丽莎白科维柯这样描述这座小镇："想想有一个地方，你在索道上遇到的人，成为你的今生挚友；想想有一个地方，每一个夜晚都是星期五的狂欢。"

从兔子坡到黑钻雪道，这是在2010年冬奥会中连世界上最好的滑雪选手也没能征服的险峻之处，你看惠斯勒的群山之巅划过天际。当第一缕暮色升起的时候，这一天当中的最后一滑，就跟之前每一次的疾驰跳跃一样，那些关于飞翔的梦想，那么真实。

优中之选
掠过山峰

当你感觉自己的膝盖已经有点颤抖而无法再滑一次的时候，惠斯勒有另一种不同的方式让你进行峰到峰的高山体验，即世界上最长的缆车。它在山谷上方436米的高度运行，穿越一根长达4.8千米的无支撑缆线。往下看，村庄就像一个玩具火车桌；往前看空空如也，除了锯齿状的山峰和雪。去惠斯勒感受下加拿大最好的滑雪吧，然后在缆车的任意一边尽头，惬意品尝小酒。

www.whistlerblackcomb.com/p2pg

计划： 惠斯勒 www.whistler.com。雪场状况和索道预订 www.whistlerbackcomb.com。TELUS冬季盛典 www.whistlerblackcomb-foundation.com。惠斯勒在加拿大温哥华以北大约2个小时车程的地方，沿着海岸线可以开到海天公路。

从雪道下来之后，你可以很轻松地在惠斯勒小镇步行街上得到放松，这里有许多精致优雅的商店、体面的餐厅，以及终年可见的山景。

Top 10

滑雪之外的十大冬季运动

扩展一下你的冬季活动项目吧，来试试这些令人激动的项目，如果你敢的话。

无舵雪橇

加拿大，卡尔加里，加拿大奥林匹克公园

仅由一根玻璃纤维的吊带和两只锋利的钢刃支撑的无舵雪橇，仰躺，双脚朝前，顺着为1988年冬奥会修建的冰道疾速下降。加拿大无舵雪橇联盟的运动员会教你一些关于这项运动的基本技巧，例如在无制动的情况下刹车，你就可以以每小时60千米的速度，在有着5个弯道的赛道上所向披靡了。

www.winsportcanada.com

雪地车

阿拉斯加，帕默

在位于阿拉斯加安克雷奇以北72千米的马塔努斯卡－苏西特纳峡谷，在向导的带领下乘坐一辆雪地车越过冰冻的湖水、结霜的草甸，或者沿着传说中的艾迪塔罗德雪道的延长线前行。小型团或者定制化行程可包括冰下钓鱼、野生动物摄影和观赏北极光。运动不需要有雪地车相关经验。

www.youralaskavacation.com，www.snowmobile-alaska.com

狗拉雪橇的滑雪游戏

缅因州梅森镇，新英格兰狗拉雪橇和泰勒马克滑雪旅馆

这项由狗爪子的力量作为动力的冬季项目，你可以在白山国家森林公园的度假村来次尝试。当地的大型犬在多天的“学习驾驭狗拉雪橇”远征中拉动雪橇，在令人振奋的滑雪游戏中拉动那些北欧滑雪者们。

www.newenglanddogsledding.com

冬季双项运动

纽约，白脸山，普莱西德湖

在1932年和1980年两届冬奥会的主办场地，位于纽约的普莱西德湖，体验做一次冬季双项运动员，可以说是最不寻常的。从12月底到次年3月初所开放的项目中，滑雪射击，以1个小时的越野滑雪课开始，结束于冬季两项射击场里有人监管下的击靶训练。

www.whiteface.com

冰壶

苏格兰各地的皇家加里东冰壶俱乐部

如果每届冬奥会都给你留下关于这项运动的疑惑：不就是在冰面上一边滑一边扫动那些被打磨抛光的石头么，有什么难的？那么，你不妨来一次免费的冰壶运动体验并解答你的疑惑。为期2个小时的体验活动在整个苏格兰的许多溜冰场里都能参加，由皇家加里东冰壶俱乐部赞助。记得穿上冰壶运动鞋，注意保暖哦！

royalcaledoniancurlingclub.org

有舵雪橇和俯式雪橇

挪威，航德富森，利勒哈默尔奥林匹克有舵雪橇和俯式雪橇轨道

整个斯堪的纳维亚半岛唯一的一条有舵雪橇和无舵雪橇轨道，就位于利勒哈默尔中心以北15千米。跳进一辆有领航员的4人雪橇或者6人橡胶雪地船来冲击每小时120千米的速度，或者脸朝前方，离冰面只有1厘米的距离，俯卧在一个俯式雪橇上，来一段一个人的冰上滑行。

www.olympiaparken.no/index.php/en

跳台滑雪

德国，施泰纳赫，伦斯泰希户外活动中心

伦斯泰希的“放风筝的人”项目，在保证无痛无碰撞着陆的同时造就了从150米的高度一跃而下的颤栗快感。一个吊带绳似的玩意儿使得玩家们不偏离轨道并将他们安全悬在图林根森林上方，然后来一个持续8到10秒的飞翔。单次跳跃或多次跳跃课程全年都有提供。

www.thuringia-tourism.com

夜间雪橇

瑞士，从普雷达到贝尔金

在冬季，从普雷达到贝尔金之间的阿布拉关口道路封闭，造就了欧洲最长的灯光雪橇道，长达6千米。戴好滑雪头盔，在火车站（从圣莫里茨出发大约30分钟火车行程）租一个雪橇，就可以轰隆隆地滑过冰雪覆盖的小径了，沿途会经过森林、农场和村庄。

www.myswitzerland.com/en/toboggan-run-preda-berguen.html

雪地风筝

奥地利，上陶恩

大场地大跑动的雪地风筝项目，是一项滑翔伞和单板滑雪的双项混合运动，需要风、雪，以及大剂量的勇气。在尝试着从高原起飞之前，记得花一个上午的时间，在取名取得恰如其分的位于上陶恩度假村里的“挂起来！”雪地风筝学校租设备并上一堂课。

www.obertauern.com

速滑

日本，长野，长野奥运会纪念场馆（M-波浪速滑馆）

从10月到次年3月，在长野奥运会纪念场馆标志性的棱线型屋顶下，滑雪及相关课程就对公众开放了。以“M-波浪”闻名的这座世界级的速滑场地，已经承办了多次奥运赛事。你可以在这椭圆形的场地上学点速滑基础，或者坐着冰面重铺机绕场转一圈。

www.nagano-mwave.co.jp

可没人指望一个玩冰帆船冲浪板初学者的半空跳跃，但这是一个很好的理由让你回去再多学点课程。

被夕阳余晖印染成金色的酋长岩和三兄弟峰，是冬天约塞米蒂公园的一处奇景。

加利福尼亚

约塞米蒂国家公园

在落雪的冬季远离尘嚣，到这片伟大的原始风光中来探险吧。

在每年来探访约塞米蒂国家公园的400万人中，大部分人都是在温暖的季节前往。但从许多角度来说，这里的冬季却是最迷人的。“别让白色的冬季在宅家昏睡中度过，”自然学者约翰·穆伊说，“我每天都会出门……无论跋山涉水，抑或闲庭信步，无论狂风暴雨，抑或风平浪静，满心都是欢喜。更有甚者，说不定还能来一次乘着雪崩滑下山崖的奇遇。”

诚然，在阿瓦尼的酒店壁炉前捧本好书蜷成一团，当然更简单惬意，但约翰·穆伊说得对：“当你在这个美国第三古老的国家公园里，挑战一些只有冬天才能带给你的探险乐趣，你不会后悔的。”

12月到次年3月间，约塞米蒂的山谷就变成一条条纵横密布的雪道。越过一块块草甸，如今以雪为毯；穿过一片片森林，如今以冰霜为衣。

荒野雪原

早在约塞米蒂这片山谷成为国家公园之前，这里的原住民在冬天里的雪地行走便是常事。“你可以在雪地里进出，”前公园历史专家吉姆·斯尼德尔说，“但是你需要一双好的雪地健行鞋。”在这个一切都在改变的年代里，雪地鞋也从一个单纯的功能性物品变成了一种休闲娱乐，而且是这座公园里最好的活动之一——穿着雪地鞋雪地健行。

超过560千米的雪道，始于巴格滑雪区，除了滑雪板穿越这条整洁雪道的沙沙声，没有什么能打破这片冰天雪地的寂静。

在温暖的月份以野花出名的托鲁姆草甸，随着冬天的到来，也变身为西亚洛高地最受欢迎的单板滑雪场。

怎样穿紧雪鞋，在厚厚的粉雪里长途跋涉，翻滚倒地之后如何让自己重新站起来，这些都可以通过参加一次由护林员指导的雪鞋健行尝试而得到快速了解，这项尝试活动由公园管理服务方免费提供。高强度的雪鞋健行探险，则可以在酣畅淋漓的6个小时长途跋涉后一直走到杜威点，然后到巴格滑雪场来一次浪漫的“满月”雪行，也就是星空月色下的夜间健行。或者，自己租一双雪鞋，离开主雪道，深入托鲁姆被冰雪覆盖的巨大红杉林中。

夜幕降临后的奇妙冬季

12月到次年3月间，约塞米蒂的山谷就变成一条条纵横密布的雪道。越过一块块草甸，如今以雪为毯；穿过一片片森林，如今以冰霜为衣。冬天真是一个观赏和拍摄野生动物的绝佳时机，包括公园里著名的熊、骡鹿、土狼、山猫，通常循着它们在雪地上留下的足印，便可找到它们。

山谷里的夜晚更加迷人。在咖喱村露天溜冰场，随着现场伴奏乐队的音乐节奏尽情在冰上飞舞，然后在溜冰场外的篝火坑边，来一杯暖暖的饮料，仰望繁星璀璨的苍穹。要么，徒步到上约塞米蒂瀑布底下，一览巨大的雪锥奇景；要么，尝试一下由坦那亚小屋酒店在大部分周末都会提供的滑雪橇活动。坐在一架铃儿叮当叮当响的雪橇上，在雪地里往前冲，45分钟后到达营地，不仅有热腾腾的苹果酒在等着你，还有熊熊的火焰在燃烧。

乡村雪地运动

早在20世纪30年代，当约塞米蒂争取冬奥会主办权（未成功）的时候就开发起来的巴格滑雪场，是美国最古老的冬季运动胜地之一。查理·卓别林和沃尔特·迪斯尼曾经在这里滑过雪。这里有坡度缓和的雪道短道，还有一个适合初学者的地形公园。4岁以上的孩子可以参加儿童项目走上雪道，当然，小孩子们也可以坐着大轮胎从山顶滑下来。

那些希望在体力和精神上进一步挑战自己的人，还可以参加更为冒险的越野滑雪，深入约塞米蒂更深处的荒野。最经典的是一个往返34千米的行程，一直到冰川点，在一个可以俯瞰整个约塞米蒂谷地的古老滑雪小屋里度过一个夜晚。铁杆滑雪迷们甚至可以参加一个为期6天的雪地越野，夜晚将在帐篷或者滑雪小屋度过，由约塞米蒂登山学校的向导陪同。冬天，整个公园合计提供565千米的滑雪道，任您驰骋。

饕客必读
布雷斯布里奇的晚餐

自从阿瓜尼酒店1927年开业以来，圣诞期间的一个传统就是布雷斯布里奇的年度晚宴，将精美的食物、饮料、音乐和好心情融合到一种复古的文艺复兴式氛围中，在这个约塞米蒂山谷的深处。7道菜的盛宴灵感来源于华盛顿·欧文文集《见闻札记》（又名《拊掌录》）中的布雷斯布里奇的圣诞故事。每一道菜之间都有基于书中场景的音乐短剧，由公园雇员和志愿者们演出。（著名的摄影师，同时也令人意外的是优秀的钢琴家的安塞尔·亚当斯创作了其中大部分的剧本。）所有的食物和乐趣都在酒店的大宴会厅向你敞开，还有它那教堂风格的彩绘玻璃窗。

www.yosemitepark.com/bracebridge

计划： 约塞米蒂国家公园 www.nps.gov/yose 。小屋预订 www.yosemitepark.com。巴格滑雪场 www.yosemitepark.com/bagerPass.aspx。咖喱村溜冰场 www.yosemitepark.com/iceskating.aspx 。冬季健行向导行程安排信息 www.yosemitepark.com/planyourvisit/guide.htm。冬季版 Tenaya 小屋雪橇 www.tenaya-lodge.com。

一对土狼在冬日里无所事事地待着，为下一次的捕猎养精蓄锐。

亚利桑那州，斯科茨代尔

土著文化节

“土著文化节是一项由西南土著部落的表演艺人们联合起来给观众们提供的一趟感官之旅，通过乐器、粉墨妆容、食物、歌曲和舞蹈的形式分享我们的传统和现代生活方式。在传播我们文化的同时，也联合了我们的力量，从而给我们的后代一个更为健康的前景展望。”

——德里克·苏魏玛·戴维斯（赫比/乔克托族），土著艺人联合会董事

斯科茨代尔的土著文化节，在1月底到4月初之间的大部分星期四和星期六的中午12点到13点之间举行，地点在斯科茨代尔公民中心公园。图片：一支传统的呼啦圈舞。

加拿大，魁北克省

魁北克城

尽情投入到这场一年一度全城倾情的户外冬季嘉年华吧！

"Mon pays ce n'est pas un pays， c'est l'hiver." 这是来自加拿大魁北克诗人和词作者吉尔·维格农著名歌曲中的一句歌词，意为："我的国家，不是一片土地，是冬天。"在气候上，它如此荒凉，温度甚至能降至 -40℃；而在文化上，它又如此繁荣，这就是魁北克。当冬天到来的时候，这个城市自有应对。每个人都穿得很暖和，这是当然了。但远不仅如此，当地人最充分地利用着这个季节，他们创作出令人惊叹的雪雕来装饰广场（如果你觉得我太夸张的话可以搜索网络图片），而且他们像扔雪球一样"扔"出了一个巨大的聚会。

在这个拥有世界最大冬季嘉年华美誉的魁北克嘉年华会期间，各种各样的庆祝活动如同风暴一般席卷全城。亚伯拉罕平原之于魁北克，正如中央公园之于纽约。在这里乘坐狗拉雪橇，去观看圣劳伦斯河上一年一度的独木舟比赛，看来自加拿大、法国、美国的 50 多支队伍欢呼呐喊着冲进冰冷的河水中（比赛起点在路易斯盆地）。即使你不参加比赛，去感受下嘉年华村的极地温泉水浴的巨大反差感也是好的。在这里，勇敢的泳客们跳进冰天雪地里的热水浴缸、热水泳池，还有散布在雪松间的桑拿屋里。为什么不呢？就连教堂，以冰柱装饰尖顶的教堂，也融进了冬天的精神呢！

绝佳住处
圣安东尼酒店

从嘉年华会的活动中扔一个雪球的距离，圣安东尼酒店——这个历史悠久又舒适优雅的地方——会让你感觉好像住进了卢浮宫。这是这座城市里最好的住处，就像是一个欧洲博物馆和曼哈顿精品酒店的融合，兼具二者特色：750 多件古文物在酒店里展示着其作为码头还有仓库的过去。全新装修的酒店提供 95 间优雅的房间和套房。酒店华丽的 Panache 餐厅是这座城市里最舒服的去处，石板墙、卷曲的铁艺楼梯、堆满柔软枕头的长椅。当然，还有精致豪华的时令食物。

www.saint-antoine.com

计划： 魁北克冬季嘉年华 www.carnaval.qc.ca，活动在 1 月底到 2 月中旬之间的某个时间开幕。这场盛大聚会的总部（魁北克城市中心）附近的食宿地比比皆是。

每年都会重建造型稍微有改动的博纳冰宫，是魁北克冬季嘉年华里一个人引人入胜的亮点。

波士顿公共图书馆装点一新，迎接新年前夜。

马萨诸塞州

波士顿

狂欢在北美最古老的新年夜祭祀中，敲响新年的钟声。

在波士顿公园这座新英格兰文化首府的田园中心，新雪飘落前的宁静，激发了人们对于已知过去和未知将来的沉思。这是全美最古老的城市公园，1634 年被当地的殖民者们买下后建成。殖民地民兵在这里被调集起来闹革命，约翰·亚当在这里庆祝初战告捷，还有波士顿民众在这里反对奴隶制、种族隔离和越南战争。

在 12 月 31 日，这座占地近 0.2 平方千米的公园，是整个波士顿新年第一夜的活动中心，将在这里陆续上演的是丰富的文化大餐，包括 200 多场演出，从舞蹈到电影，从电子音乐到探戈。从下午 1 点开始直到午夜焰火结束，100 万名狂欢的人群——大部分人蜷在某种颇具节日特色的摇粒绒斗篷里，沿着水岸从东向西在各个场馆间行进着，经过科普利广场。在那里，巨型的冰雕矗立在罗马风格的圣三一大教堂的阴影间。

“我最喜欢的新年夜传统就是大游行，而且这是广为人知的，每个人都可以加入，”新年夜活动的组织者乔伊斯·林瀚说，“在海恩斯会议中心挑选一个手工制作的大木偶，沿着博伊斯顿大街向下行进，数以千计的波士顿民众朝着你欢呼。这可真是一个极好的方式来庆祝新一年的开始。”

游客必知
波士顿公园101

随着波士顿从一个清教徒的殖民地演变为联邦首府，其中心公园的角色也同样在演变。这片绿地最初建立是作为家畜的放牧场，但自 1830 年这里被永久禁止放牧。而作为公开执行绞刑地终止于1817年。1913 年，约翰和弗雷德里克·欧姆斯特德二世策划并将这片土地彻底改造成了绿地公园。而在这里发生的南北战争招募会 80 年后，一些人宣称新英格兰人民为联邦军服务。在“二战”中，他们将遗留下来的废旧金属，主要是采集自公园的铁篱笆，用以帮助建造坦克、飞机和武器。

计划： 波士顿新年夜 www.firstnight.org。可进入所有室内演出的入场券（室外演出是免费的），也可以在网上购买。

就商场橱窗而言，没有比纽约的商场为节日而布置的橱窗更好，或者说更闪耀的了。

纽约

纽约市

当大苹果（纽约别称大苹果）为节日而盛装打扮的时候，走进大街小巷，走进节日的集市，走进冰天雪地中。

如果你选择在中央公园刚开始吐露绿色的春天，其他任何一个季节去纽约，没有人会觉得有什么不对。但是如果你想要看这座城市最闪耀的状态，那绝对非冬天莫属。在这座城市里，通常的前进动力（太多好地方可去！太多形形色色的人可看！）将会变成“超速行驶”，一旦你将节日购物、灯光、第五大道两边的橱窗，以及全世界的游客，融汇到一起时。

你大可以跳进人潮漩涡，但是当你需要呼吸时，就选一个地方坐下来享受一下观察其他人行色匆匆的乐趣。正如艺术家、专栏作家、绘画工程“纽约众生相”的主笔杰森·波兰所说：“我热爱手握一杯热可可的温暖，有朋友，还有另外800万的人们与我相伴。”是的，在纽约可能获得的最大快乐之一，就是那无数个大大小小的美好瞬间，可以温暖你整个冬天。

在这座城市里，通常的前进动力……将会变成“超速行驶”，一旦你将节日购物、灯光、第五大道、两边的橱窗，以及全世界的游客融汇到一起时。

从初级菜鸟到溜冰高手，纽约的户外溜冰场，包括下图中位于中央公园的这个溜冰场，会将冰上乐趣带给每一个人。

洛克菲勒中心里金光闪闪的常驻客普罗米修斯，迎来了他的节日伙伴——圣诞树，还有两排正在嘟嘟吹响号角的小天使。

礼物之旅

这座城市平日里的跳蚤市场和农夫市场每年到了节日期间就会添新伴：礼品和工艺品市场。有一些是露天的，你会想要把自己紧紧裹起来拥住一点温暖。钻进那些熙熙攘攘的人群中去吧，与人潮一起沿着小摊中间的通道慢慢移动，要么在联合广场的节日市场，要么在哥伦比亚环形节日市场。展台上陈列着各种物品，从手工巧克力到精湛的珠宝。如果是想要那些崭露头角的艺术家们的作品，可以去布鲁克林二手市场，它只在圣诞节前1个月左右里的周末开放。

然而，如果是去纽约中央火车站的范德比尔大厅里的节日市场，就能得到一次四合一的精彩体验了。在被购物中心里的众多地下商店吸引进去之前，先停下来买点礼物，从小玩意儿到昂贵物品无所不有。然后就该犒劳犒劳你的眼睛和耳朵了，在中央大堂的星空穹顶下看一看、听一听，最后还要在传奇蚝吧享用一顿美餐。

优中之选 一个阅读屋

当随着这座城市旋转太久之后，纽约公共图书馆的斯蒂芬·A.施瓦茨曼楼是个绝好的稍事休息的地方。作为纽约最有名的圣所，这个历史地标既是个美术艺术的奇迹，也是家艺术博物馆，当然了，更是个阅读的绝佳地方。如果你决定在主要阅览室里看上几页书，也别忘了从你的书中抬起头来，看看5层楼高的天花板壁画上的蓝天白云；或者参加一个免费的馆内游。什么？礼物还没买够？好吧，图书馆也有一家礼品商店。

www.nypl.org

灯光之秀

节日的曼哈顿流光溢彩，帝国大厦的泛光灯闪耀着红光绿彩，但是如果你去布鲁克林，就不是这样的璀璨，而是拥有这座城市里最戏剧化的灯光。忘记那些关于“要么做大，要么回家”的话吧，到了节日里的纽约，它变成了“做到最好，祝你平安！”布鲁克林展望公园入口处的灯台高达310米，甚至需要从樱桃采摘用的吊篮里才能点亮。在犹太光明节期间持续8个晚上的庆祝活动，会有舞蹈演出和大量的马铃薯饼，供每个人欣赏和享用。然后，去戴克尔高地的居民社区一路看房子，看看他们节日里盛装的屋顶灯饰吧。

如果你有心看一些好的老式树顶灯饰，洛克菲勒中心的树灯不得不提，但那可不是城里唯一的云杉。位于布朗克斯的纽约植物园，自11月底就点亮了树灯，而曼哈顿大都会艺术博物馆则会有多场点灯仪式。

计划： 纽约市 nycgo.com。联合广场和哥伦比亚环节日市场 urbanspacenyc.com 。中央火车站 www.grandcentralterminal.com。节日灯光、展望公园灯台 www.worldslargest-menorah.com。前往戴克尔高地的公交旅行 www.asliceofbrooklyn.com。植物园 www.nybg.org。大都会艺术博物馆 www.metmuseum.org。洛克菲勒中心 www.rockefellercenter.com。中央公园溜冰场 www.wollmanskatin-grink.com、www.laskerrink.com。

冰上之舞

汉斯·布林克尔大概是世界上最有名的溜冰选手之一，但洛克菲勒中心的溜冰场，则轻松成为在众多旁观者面前秀旋转的最知名地点。在洛克大厦30号的传奇圣诞树下或者是众目睽睽的金色普罗米修斯雕像前，系好鞋带，然后优雅地去冲击冰面吧。这个溜冰场同时也是个很受欢迎的求婚地，所以溜冰的同时还要留点神，可能你这一天里一部分时间，还要花在向一对刚刚订婚的新人献美好祝福上。

在纽约要感受另外一种经典的冰上飞舞体验，那就去中央公园。公园里有两个溜冰场，一个是特朗普本地人还一直叫它的旧名“沃尔曼”，另一个是勒斯克尔溜冰场。

用棒棒糖和圣诞拐杖糖做起来的帝国大厦建筑模型，给你一个甜美的纽约橱窗秀。

Top 10

十大节日灯饰

在这些闪亮的灯饰展示中点亮你自己的冬日。

纽约州，纽约市

无论你是一个可以在冰上旋转飞舞的专家，还是一个在原地蹒跚踉跄的菜鸟，都到洛克菲勒中心的溜冰场来吧，将自己沉浸在纽约式的光彩中。就在这溜冰场上，有一棵被装点的巨大常青树。这是自 20 世纪 30 年代以来的传统，正对着建筑群的标志性摩天大厦。如果你在那儿凝视树的最顶部闪闪发光的施华洛世奇水晶星星，喝上一杯热可可，你还会发现更多，如第五大道上那些知名店铺经过精心装饰的节日橱窗，原来就在附近。

www.rockefellercenter.com

华盛顿特区

无论是犹太教的光明节，还是基督教的圣诞节，在每一个节日季，白宫附近的椭圆公园，都会被灯光装饰得闪耀起来。而无论是当老拉比坐着升降斗点亮 9 米高的灯台时你在品尝着马铃薯饼，还是景仰着星星饰顶的巨大常青树时你在唱着铃儿响叮当或者其他受欢迎的圣诞歌，白宫的南门廊永远在那不远处微微闪耀。

www.thenationaltree.org/ellipse

哥伦比亚，麦德林

节日的光芒绵延数里，就在麦德林河以及这座城市的街道和公园都被各种奇妙的灯饰所覆盖，城市的地标也张灯结彩的时候。这些灯光的展示，灵感或许来自于手工艺人的编织，或许来自当地的山脉，不只是令你目眩。有一年，一种咖啡的香味弥散了一整个区域，而另外一个区域则四处响着鸟鸣声的录音。这是一场多媒体、多感官的纪念活动。

比利时，布鲁塞尔

将音乐和灯光完美结合，被诸多巴洛克 - 文艺复兴式外墙所环绕的布鲁塞尔大广场，每到 12 月就变成了一栋会跳舞的建筑。这座城市一年一度的冬日奇迹活动，也包括一些艺术家们的大型装置艺术展出。这些艺术家们前些年曾经在比利时首都时尚设计中心用发光丝带编织了一个顶棚。

www.brussels.be

意大利，古比奥

每年，在英吉诺山的斜坡上，人们都会用灯光串起一个将近 650 米高的圣诞树的轮廓。它使得山脚下的中世纪古镇古比奥看起来都小了许多，这棵“树”需要 700 多只巨大的灯泡，耗费将近 2000 名人工工时才能完成，这项传统自 1981 年开始一直延续至今。

www.alberodigubbio.com

匈牙利，布达佩斯

每年的圣诞季，都会有一辆被 3.92 万只小灯装饰起来的电车闪耀着穿过布达佩斯城。它虽然仍走常规路线，但在日常运作中加上了一些节日的愉快气氛，甚至可以将你送往该城的圣诞集市。在那儿，有一支用来自伯利恒的圣火点燃的蜡在微放光明。

www.budapestinfo.hu

以色列，耶路撒冷

在整个光明节期间，柔和的火焰摇曳着、闪烁着，贯穿了整个耶路撒冷老城的犹太区。但是到了第 8 个晚上，当家家户户到他们陈列在屋外的灯台上点亮最后一根蜡烛或者小油灯的时候，节日的温暖会在你的整个心里弥漫。日落时分，当你在那些石头宅子之间徜徉时，随着火焰点燃，人们的吟唱声和祈祷声也将在你耳边萦绕。

www.jewish-quarter.org.il

日本，神户

1995 年一场地震袭击神户之后，意大利捐赠了一些原材料以表达纪念亡人和鼓励幸存者的感情：成千上万只小小的手绘的灯泡。如今，每到 12 月，当城市将这些灯泡串成教堂式的拱门、小径、亭台楼阁时，你就可以在其中徜徉漫步了。

www.feel-kobe.jp

菲律宾，圣费南多

每个圣诞节，象征着伯利恒之星的明亮鲜艳的灯笼都会装点每个菲律宾家庭。据口头相传，1931 年最开始有这个大灯笼节的时候，人们还只是使用米纸糊在篾条上的简单星形灯笼，如今菲律宾北部城市圣费南多的艺术家们已经创造出了又大又闪亮的新型设计，并且开始手持灯笼沿街游行。

ofsanfernando.gov.ph

澳大利亚，悉尼

悉尼的一些地标在圣诞灯光秀时摇身变成巨大的画布。准备好野餐，在外面选个地方坐下来，然后就可以欣赏到各种各样的炫灯焕彩了，从圣玛丽大教堂华丽的沙砾石外墙上文艺复兴时期以来的艺术画作，到悉尼市政厅耀眼的万花筒色彩阵列。

www.sydneychristmas.com.au

为了重振在1995年地震中被摧毁的精神而建立起来的日本神户灯展，成了一年一度的灯光盛宴。

文学爱好者们会在乔治·范德比尔特图书馆流连忘返，可是没有时间啊——旅程还得继续。

北卡罗来纳州

阿什维尔

在一个令人着迷的山顶城堡里，纵情感受镀金时代的富足圣诞吧！

惊鸿一瞥，乔治·范德比尔特的比尔特莫庄园已令人着迷，一个奢华的镀金时代风格的建筑从叱斯迦国家森林平地而起。这个占地16000平方米，建筑面积16260平方米，有着250个房间的法国文艺复兴式城堡，曾经是美国最大的住宅之一，然而令人着迷之处不在面积，在于位置。“没有人能想到会在北卡罗莱纳的山间邂逅一座欧洲城堡，”比尔特莫的发言人李安·东尼里说，“无论你是第几次见到，你还是难以相信，它竟是在这里。”

范德比尔特的第一位受邀客人来到他的家庭住宅是在1895年的圣诞前夜。这个传统延续下来，说是在“比尔特莫之圣诞”期间，实际上是从11月一直到新年。每一间大厅都被精心装饰：300只手工点燃的灯，近500个花环，还有68棵圣诞树。其中的招牌树，三层楼高的弗雷泽冷杉，是按照范德比尔特传统，用1500个礼品盒、装饰物、电灯泡来装饰的，使得巨穴似的宴会厅都显得矮小了一些似的。

只接受预订的烛光圣诞夜活动，再现了范德比尔特家族的第一个节日情景。“夜间的气氛完全不同，”东尼里说，“人们走进门时，他们就开始柔声说话了。灯光微弱，巨大的宴会厅的壁炉温暖着整个房子，弗雷泽冷杉的香气会开启圣诞清晨的记忆。这真是种迷人的经历。”

绝佳住处
丛林公园度假村和水疗酒店

靠着从格鲁夫牌无味奎宁（一种19世纪90年代的抗疟疾药物）赚来的钱，埃德温·威利·格鲁夫在一个山坡上凿出了一个标志性的蓝岭疗养院。它开放于1913年，拥有512个房间的格鲁夫公园酒店的装修风格，汇聚了世界上最多的艺术风格的家具。传说中的客人名单包括10位美国总统和数不清的上流社会人士（F.史考特·菲茨格拉尔德曾在这里放肆地跟女宾调情，当时他的妻子在附近的精神病医院里疗养）。大厅里的书挡，是一个4.3米高的壁炉，掩藏了手工操作的电梯。豪华的装修则包括一个耗费5千万美元的4000平方米的地下水疗会所。

www.groveparkinn.com

计划：比尔特莫 www.biltmore.com。在线预订烛光圣诞夜活动的入场券时，别忘了在庄园里历史悠久的 Stable Cafe 餐厅预订一张桌子，在活动开始之前先享受一顿烛光晚餐。

蓝色温泉州立公园

罕见的温和的海牛，每年冬天都会来这里玩耍。

如果要评出佛罗里达州的海牛最喜欢的冬季度假村的话，有可能就是这座蓝色温泉州立公园了。当它们家园里的水温变得寒冷时，成百上千的超重生物便开启了它们从圣约翰河到佛罗里达温泉的旅程。在这里，水常年不变地保持着温暖。

从远处看，蓝色温泉看起来好像是被填满了椭圆形的灰色巨石，不过在水里细看，你将看到那些缓缓移动的“水中猛犸”真的好像是在奖励自己一次当之无愧的假期。当它们活跃的时候，你可以观察到，它们把水中的圆木当作玩具，啃咬着棕榈叶，像辊桶一样在水里旋转，拯救海牛俱乐部的执行总监说他甚至看到过一头好奇的海牛靠近一只鳄鱼（别担心，海牛完好无损）。“有那么多的海牛在那里，发生点真正可爱的事情的概率还是蛮高的。”他说道。

玫瑰令你陷入爱河，但你也有可能心碎。对于海牛来说，再好的地方也不完美，随着佛罗里达海牛数量的上升，人们也不难在其中一些海牛的背上发现螺旋桨打出的伤痕。

饕客必读
老西班牙糖作坊

行至离蓝色温泉州立公园只有30分钟处，你就可以自己跳进温泉里游游泳，并且享用一顿不寻常的早餐。在德雷昂温泉州立公园，老西班牙糖作坊餐馆实如其名，有一些旧式的机械仍在运转，并且有一个小小的展览告诉你糖过去是怎样被制作出来的。餐厅的特色菜是自制煎饼。服务员端来生面糊，用餐者自己用桌上的扒炉来加工。

www.floridastatepark.org/de-leonsprings

计划：蓝色温泉州立公园 www.floridastatepark.org/bluewpring。海牛季正式开始于11月，但是次年1月蓝色温泉里的海牛数量达到最高的时候是最好的观赏季。在旅行之前先预订停车位。

西印度群岛的海洋簇拥在冬天温暖的海水里，跟蓝色温泉州立公园里的一样。

巴哈马

贾卡努游行

贾卡努游行是巴哈马街头盛大的狂欢节，从节礼日到新年期间，整个岛都在庆祝。在拿骚，成千上万盛装的舞者带着颜色鲜艳的头饰和服装，敲着羊皮鼓和牛铃在海湾街道游行。这是一个狂野欢快的纯加勒比式节日。

——卡仁·卡米奇尔，《国家地理杂志》作者

贾卡努游行是为了庆祝非洲黑奴获得自由。节日于12月26日和1月1日的凌晨2点开始，一直持续到太阳升起，包括音乐、舞蹈和游行。图片：2011年新年，拿骚的街道因为贾卡努游行而变得生机勃勃。

R.A.迪奇

巴哈马，伊柳塞拉

在我工作期间，我是没有什么独处时间的。在成千上万个球迷眼前投球，每一个举动都被人观察着，不光是球场上的这些人，还有更多在电视机前的观众。

在联赛期间是藏无所藏的，那正是我为什么热爱巴哈马伊柳塞拉岛的一个原因。因为在伊柳塞拉，粉色的沙滩和灰蓝色的海水，有大量的地方可以让我藏起来。

伊柳塞拉是希腊语中“自由”的意思。这个名字恰如其分。

伊柳塞拉在加勒比的众多海岛中并不算大，177千米的月牙形海岸线，有着大量令人震撼的美景。那里之于我，拿其他哪个岛都不换。如今这个岛被逐渐开发了，不过幸好我的妻子安和我第一次去过的那个地方还没有被旅行指南提到。那儿有一个海滩，我从来没有发现我们的脚印之外还有其他人的踪迹。当我第一次注视着那无际的沙和水，还有那令人难以置信的颜色时，我想鲁滨逊当时就如我现在的感受吧，我还想天堂大概也不过如此了。

我最喜欢的去处是灯塔，在岛的最南端。我们去的那个地方，有3块礁石露出来，其间有小小的平静的洞穴。那里经常有鲨鱼，但我总能从一边游到另一边。我该怎么说呢？我总是有点冲动鲁莽。那里还有一块“山姆礁石”，我们用安的父亲的名字命名的。我们浮潜，在珊瑚礁之间进进出出，与色彩斑斓的鱼儿同游。我有时候还会带上一支鱼枪，期待或许能有好运抓只龙虾当晚餐。

关于伊柳塞拉，有太多值得珍惜的我们在那儿度过的甜蜜而简单的日子。我们在认识的当地人家门口停下，吃点炸海螺条；我们晃悠到一家小小的烘焙店，来份青柠派。我在沙滩上跑步听涛，胸中充满安宁。我喜欢当一个联赛的主投手，但是当我要寻找一个适合冬天的庇护所给我的蝴蝶球之心充电时，我知道我要去哪里。

R.A.迪奇，2012年全国棒球联赛的赛扬奖得主，也是一位丈夫、父亲、冒险家，以及多伦多蓝鸟队的投球手。他是畅销回忆录 *Where I Wind Up: My Quest for Trush, Authenticity, and the Perfect Kunckleball*（《不死的蝴蝶：大联盟蝴蝶球传奇投手R.A.迪奇，逆转生命困境，乘风再起的真实故事》）一书作者。

我喜欢当一个联赛的主投手，但是当我要寻找一个适合冬天的庇护所给我的蝴蝶球之心充电时，我知道我要去哪里。

在伊柳塞拉岛，最重要的是什么都不做。

多米尼加共和国

来，把握住一点冬季棒球的热潮，未来的大联赛明星可能就在其中。

“聊聊棒球？”在茂草屋顶的蓬塔卡纳机场外接你的出租车司机问道。看到你茫然四顾，他继续说：“许多的拉米雷斯！乌拉迪格雷罗！（多米尼加出身的美国棒球运动员）。”你恍然大悟，多米尼加人热衷于谈论棒球胜过任何其他活动。这个加勒比国家往美国输送了超过 200 名的热门棒球选手，超过美国之外的任何其他国家。你有非常大的机会见到下一个阿尔伯特·普霍尔，在这个大部分棒球明星都曾摔掉过牙的竞争激烈的冬季联赛中。

暂时把这个岛上的完美白沙滩抛在身后，来观看联赛中的几场比赛吧，从 10 月中旬到次年 1 月都有。最火爆的是在圣多明戈的基斯克亚球场和圣佩德罗的瓦加斯球场。不过要做好准备迎接一场全新的游戏——不是在球场，而是在看台。多米尼加棒球更像是一场狂欢而不单纯是项运动，鼓点、哨声、小丑，还有独木舟顶上的啦啦队舞蹈。当然了，当你从那个一直在叫卖的小贩那里买来一根烤玉米和成分主要是当地朗姆酒饮料的时候，你还是会有宾至如归的感觉。当你发现，从第一次投球到最后，你自己竟然也在通道边跳舞的时候，不要惊讶。

游客必知
多米尼加共和国的圣诞节

追溯到 15 世纪就有了基督教的传统，比起西半球的任何其他地方，多米尼加共和国有更多的时间来发展自己的节日传统。其中最古老的是平安夜，盛大的家族晚餐之后举行的一次午夜弥撒。多米尼加的颂歌是西班牙语和英语的那些最受欢迎的赞美诗的混合，有时候采用梅伦格节奏。鞭炮和焰火是另外一种圣诞节期间的传统。比较新的一种传统，是将耶稣诞生的场景图采用不能明显标识国家种族的面部形象，借以表达这个岛国的多民族根源的意思。

计划：多米尼加共和国 www.godominican-republic.com。多米尼加冬季棒球联赛比赛比分、统计和日程安排 www.mlb.com/mlb/events/winterleagues。球票可以在比赛开始前的早晨在体育馆办公室购买。

在多米尼加冬季联赛期间，亲历现场观看美国职业棒球赛大联盟的明日之星在球场上那漂亮的一击。

一座250年至800年的皇宫，玛雅皇宫帕伦克遗址戏剧性地耸立在恰帕斯高地的最北端。

墨西哥

恰帕斯

探寻古代文明，在雨林里的外来野生动物之间，邂逅他们的后代。

被誉为拉丁美洲最有象征意义的玛雅遗址，有着令人震惊的中美洲特色野生动物阵列，被巨大的雨林覆盖着的恰帕斯州，位于墨西哥南部，给旅行者提供了印第安纳·琼斯般探寻机会。

恰帕斯的许多迷人之处都在冬季，柔和温暖的微风，独一无二的节庆。阶梯式的帕伦克古城，散落着寺庙、地穴和雕像，在这个区域最负盛名。不过，还有更多的精彩在等待着你。坐船溯河而上的远征，或者在密集的雨林里长途跋涉，能带游客们深入这个遍布危险的自然世界，吼猴的隆隆叫声，一路伴随着你。

"恰帕斯远远不止是一个考古遗址，"经营当地旅行社的瑞贝卡·德·罗萨尔说："沿着那些已然破败的通道旅行，是一种一生一次的体验，让你以现代玛雅人的眼光看看这个世界。"罗萨尔又补充说，"这些友好的人们很急于分享他们的家园、食物和习俗。"

旱季里的蚊子要少一些，而且有更多机会看到野生动物，因为它们不得不从丛林来到河里喝水。对此着迷的游客也别忘了抬头看看，许多迁徙的鸟儿也会在冬天里掠过恰帕斯的天空。圣诞期间是最佳时机，因为玛雅人与天主教徒们聚在一起，共同庆祝。

游客必知
玛雅帝国

强大的玛雅文明帝国，在公元6世纪的时候达到顶峰，贯穿了今天的危地马拉、墨西哥、萨尔多瓦和洪都拉斯，留给如今的印记有尤卡坦半岛上的奇琴伊察遗迹、危地马拉的提卡尔遗迹，还有就是恰帕斯的帕伦卡遗迹。玛雅人在天文、算术、艺术、建筑和农业方面的知识都很先进。尽管他们的许多城邦都神秘地被遗弃，后来他们在西班牙殖民势力的手下苟延残喘，但玛雅人的后代和他们的语言还是延续至今。恰帕斯的著名考古地点也不过是对"现在"的一次迷人的浅尝，关于这个族群的早先，还有太多值得探索。

计划：恰帕斯 www.visitmexico.com。当地导游，例如穆迪·布特（www.themuddy-boot.com）提供很好的服务，让你了解这个州的历史遗迹、传统、自然和野生动物。

墨西哥

帝王蝴蝶生物保护区

“帝王蝴蝶到处都是。悬在松树上，好像是圣诞树上的装饰；聚集在树干顶端，好像是臃肿的蜂巢。有一些常青树上覆盖了太多的蝴蝶，以至于看起来酷似秋天里的枫树。”

——梅林娜·吉罗莎·贝洛斯，《国家地理旅行》杂志，2009年11月12日

气温的下降，引发帝王蝴蝶开启了它们的迁徙之路，从美国北部和加拿大向它们冬天的家园，位于墨西哥城附近的帝王蝶生物保护区。冬天里，在这个联合国教科文组织的世界遗产地，56平方千米的土地上，数百万计的帝王蝶翩翩起舞，悠然过冬。

一只雄性格查尔鸟（又名凤尾绿咬鹃）正在展示其在繁殖季节长出来的华丽尾羽。

中美洲

哥斯达黎加

沿着迷雾的丛林，绕着活火山，长途跋涉间探寻那辉煌羽衣下的阿兹特克之神。

在哥斯达黎加的丛林里，你可以发现大量难以想象的花朵和动物，在美洲虎的呼啸声中，在云雾的迷蒙间，在活火山的喷发里。而在这丛林间，有一种生灵，它被玛雅人和阿兹特克人尊为羽蛇神的化身，这就是名字起得恰如其分的凤尾绿咬鹃，又叫格查尔鸟、天堂大丽鹃。著名的鸟类学家罗杰·托里·彼特森称之为新世界里最艳丽的鸟儿。从12月到次年4月间的旱季里，它稍显下垂的优雅长尾，对于在厚厚的林木遮盖下的森林里找到它们真是个额外的帮助。伤心的是，它们的生存也受到了威胁，逐渐比以往更加深居幽处，难得一见。若能邂逅这种优雅的生灵，哪怕只是转瞬即逝，也能让你在惊鸿一瞥间，看到你在其他任何地方都看不到的生动颜色。

本地人推荐旱季，比如夏天到这，这时道路上的泥巴干了，河水也变浅了，叶子也落了，使得通行和观鸟都变得容易一些。这种鸟儿可以在哥斯达黎加一串相邻的国家公园里观察，其中包括阿瑞纳尔和博阿斯火山。这种探索引领你穿过海滩、山峰、云雾弥漫的森林、深深的湖水、溪流和瀑布。这种耳目一新、升华灵魂的自然体验，将会久久伴随你，即便当格查尔鸟的美丽羽毛已经消失在迷雾中。

优中之选
特色国家公园

北半球的冬天，是哥斯达黎加的旱季，是探访这个国家巨大而多变的国家公园的最理想时机。生态丰富的阿瑞纳尔火山国家公园有两座著名火山，查托和阿瑞纳。蒙特韦德云雾森林保护区是一片私人所属的雨林，是2500种植物和4000种鸟类的家园，还有更多动植物种类不断被发现。50平方千米的格查尔国家公园常年被云雾笼罩。专家称这里是最早观察到格查尔鸟的地方。其他的鸟类，比如火鸟、美洲咬鹃、唐纳雀、蜂鸟，也与树懒、土狼还有美洲狮们，共享这片乐土。

www.costarica-nationalparks.com
www.arenal.net

计划：观鸟 costaricanbirdroute.com。哥斯达黎加的观鸟路线堪称中美洲第一，相邻的18个点经常见到格查尔鸟。哥斯达黎加国家公园 www.costarica-nationalparks.com。

卡塔赫纳

鲜花、天空、文学和音乐活动，造就了这个海边度假城的魅力诱惑。

日历大概显示是冬天，但是卡塔赫纳寨城，就在赤道以北一点点，是个常年温暖的地方。作为南美洲最古老的殖民地城市之一，卡塔赫纳市在1533年被发现，它的财富建立在奴隶、蔗糖和金矿上。围绕古城超过11千米的城墙和堡垒，证明了它在战略上的突出地位，现在也是联合国教科文组织认证的世界遗产。沿着城墙行走，就像是步入历史深处，尤其是在这个季节里，阳台上、窗子前和花园里，处处盛开着热带鲜花。音乐萦绕着大街小巷，哥伦比亚与其他非洲、加勒比风格的融合，让你深陷岛屿风情。

有着丰富的历史和迷人的文化，这座海岸城市是个绝好的明媚愉悦的冬季度假地。来自纽约的芭芭拉·科博在这里度过了一个完美的冬天，她说，“因为这里是火热旱季。”尤其适合划船或在鹅卵石铺就的街道上漫步，丝毫不用担心下雨。“卡塔赫纳就在通往巴拿马运河的路线上，因此来自全世界的游艇，在穿越运河之前，都在这里稍作停留，从而造就了一个非常生动的国际船展的场景。”她解释说。冬天同样也是卡塔赫纳的节庆季，从1月的干草文学节到国际音乐节，再到2月的国际电影节。

绝佳住处
桑塔·克拉拉·卡塔赫纳·索菲特酒店

桑塔·克拉拉·卡塔赫纳·索菲特酒店里的热带花园和封闭泳池给了人们一个奢华的去处，让他们从这座度假城的旱季中稍微清凉一下。1621年这里最初是一座修道院，所以今天的酒店还弥散着一种怪诞的童话气氛，这里的陈设在哥伦比亚作家加碧丽儿·加西亚·马克兹的魔幻现实主义小说《爱与群魔》中有过描述。这里的装潢兼具古典和现代风格，有一些房间可以看到古城风光，有一些则是临窗观海。革命后发掘的殖民地时代的艺术品分散在各处，这进一步将过去的修道院与现在环绕着它的这座被认定为联合国教科文组织世界遗产的城市连接起来。

www.sofitel.com

计划：卡塔赫纳 www.columbia.travel、www.cartagenadeindias.travel。音乐、电影和文学节 www.cartagenamusicfestival.com、www.ficcifestival.com、www.hayfestival.com/cartagena/en-index.aspx。

历史上的卡塔赫纳充满了色彩和活力。

在里约的许多社区都能在夕阳西下时分观赏到城市夜景。

巴 西

里约热内卢

在这里庆祝闻名世界的狂欢节，在绵延数千米的灯火璀璨的海滩，在鲜花成行的街道，然后就是派对，派对，派对……

里约是这个世界上最性感的城市，它坐落于沙滩与花岗岩山脉连接的地方，山上森林覆盖，世界上最大的基督雕像屹立山顶，张开臂膀。北半球在冬天时这里是夏天，圣诞节和新年都在热浪中度过，有你知道的欢度圣诞大餐之夜，也有举世闻名的狂欢节。这座城市的美——人工的或天然的，在温暖的季节里都是最迷人之所在，大到它郁郁葱葱的城市雨林，耸立在耶稣山悬崖上的迪居甲国家公园，小到它的大量微型花园，散布于城市大街小巷的路边。

北半球在冬天时这里是夏天，圣诞节和新年都在热浪中度过，有你知道的欢度圣诞大餐之夜，也有举世闻名的狂欢节。

赴一场海滩上的盛会

里约是一个属于海滩爱好者的城市，尤其是在一年当中的这个时候，从拥挤的城市天堂海滩科帕卡瓦纳，到伯萨诺瓦风格的高档海滩依帕内玛。在节日季，桑巴舞的节拍无处不在，在阿维尼达·阿特兰帝卡的人行道边，在小农民酒（一种用蔗糖发酵制作的甘蔗酒）里。夜幕降临时，饱受了阳光洗礼的人们，终于可以清凉下来。或者去郊外富人聚居的巴拉迪居甲，那里的海滩和湖泊还没有被过度开发。

一年一度的狂欢节庆典开幕式变成一个巨大的无休止的派对。有完整的音乐、疯狂的舞蹈和丰富的食物。

在这个盛大的狂欢节中，庆祝狂欢节的里约热内卢女孩。

阳光和焰火下的节日庆祝

圣诞节在这里意味着家庭团聚，当地人都会赶回家。不过，对于游客来说，仍然有许多好去处。在圣诞前夜，在南部里约的罗德里格环礁，焰火遍地点燃，此起彼伏，与湖上 28 层楼高的圣诞树上的氖灯交相辉映。然后，在这座城市里的众多教堂中随便选一个，当然也包括市中心的一些最古老的殖民地时代教堂，参加一场午夜圣诞弥撒。再特别一点呢，就是去圣本笃修道院参观镀金风格的教堂，它的历史可以回溯到 17 世纪晚期。当然，不要忘了在哪个烘焙店停留一下，买一个新鲜出炉的圣诞“帝王蛋糕”。

在圣诞新年的庆祝活动中，海滩成了人们的游乐场。数百万的巴西人和游客一样，穿着祈祷和平的白色盛装，在沙滩上排成行，在午夜时分向海水中轻抛鲜花，向非洲海神致礼，祈祷保佑他们梦想成真。在 2 月 2 日的海神节，上万人又会返回水边点燃蜡烛，烛光随着椰子壳或葫芦小船在水中漂荡。

绝佳住处
科帕卡瓦纳皇宫酒店

拥有精英嘉年华、海滩，还有能让你清凉下来的可爱游泳池，科帕卡瓦纳皇宫酒店是你在这儿的不二好住处。它开业于 1923 年，是南美洲最奢华的酒店之一，不断地获得主流旅行出版物的各种奖项。你可以俯瞰整个科帕卡瓦纳海滩，这里很久以来一直是那些上流人物必到之处，从王公贵族到好莱坞明星。

www.copacabanapalace.com

加入世界最大的狂欢

巴西嘉年华，世界上最大的狂欢盛会，没有之一。跟复活节和四旬斋相关的活动，在圣灰星期三（大斋首日）之前的那个周末就开始了，桑巴学校们会在桑巴大道体育场争奇斗艳，这是一个从 VIP 到最差的座位都有的露天体育场。你可以观看盛大游行，或者干脆就加入到游行队伍吧，学校会租借盛装给那些跟在他们花车后的游客。好几层的花车上，会有外国超模，如娜奥米・坎贝尔，也会有本土超模，如吉赛儿・邦臣。

“要想全方位的体验巴西嘉年华，就不要错过那些无处不在的街头狂欢。”亚历桑德娜・德・乌利斯建议。她是里约人，也是两本巴西旅游书的作者。小游行团体，街头乐队，“四处都是游行，人们像是跟随着花衣魔笛手一样前行、歌唱、舞蹈、狂欢。”她解释说。自由的，非正式的，充满了舞蹈乐趣的，“游行团体是里约最精彩的部分。”德乌利斯这样说过。每一个都是独一无二的，无论是那些几百人的可爱小型社区嘉年华团体，还是依帕内玛和列布龙那些成千上万人熙熙攘攘的大型团体。每一个都有自己的主题：变装皇后、波尔卡、披头士、宠物等。

从音乐到海滩到夜生活，这座城市可以标榜它在这个季节里的巴西风范，没有任何一个地方、一个季节，能够与之媲美。加上 2014 年的世界杯和 2016 年的奥运会，很快，世界上每一个人都会知道里约的乐趣。

计划： 里约热内卢 www.rcvb.com.br。海滩 www.ipanema.com 。嘉年华 www.rio-carnival.net。

世界闻名的科帕卡瓦纳海滩靠的是“摇滚到底”的夜店、炫目的酒店，以及波萨诺瓦音乐。

Top 10

十大马尔迪·格拉斯庆祝活动

在这个星球最盛大的嘉年华上，享受吻别肉食的快乐。

路易斯安那州，新奥尔良

拿破仑将路易斯安那州卖给了美国，但法国传统却留了下来，其中最值得一提的就是马尔迪·格拉斯了（忏悔星期二，油腻星期二，因为人们在斋戒之前要把所有油腻的食物都吃掉），这个喧闹的嘉年华真实定义了路易斯安那。从1月6日一场盛大宴会上的化装舞会开始，庆祝活动会在5天的大斋前聚会中推向高潮。

www.mardigrasneworleans.com

墨西哥，韦拉克鲁斯

大斋前8天，嘉年华在这个东部港口城市开幕，同时进行的还有一个叫做“quema del mal humor”的活动，意为将坏心情都烧掉。数天的欢乐游行和拉丁式狂欢，还包括选出两名儿童成为嘉年华欢乐之王和欢乐之后并给他们加冕，最后的高潮也是整个庆祝活动的象征，就是模拟埋葬胡安，也就是那个要赶走的坏心情。

www.visitmexico.com

特立尼达和多巴哥，西班牙港

头戴头饰，下着热裤，画满彩绘的身体随着极富感染力的索卡音乐摇晃，很多西班牙港，每年都会举办加勒比地区最大也是最繁缛之一的嘉年华。投入一场通宵的狂欢和喧闹的钢鼓音乐吧！圣灰星期三之前的2天，水彩、油彩，还有融化的巧克力漫天飞舞在化装舞会的游行中。

www.rinidadandtobago.com

巴西，奥林达

这个历史悠久的海滨小城庆祝嘉年华的方式是一些小乐队演奏Frevo（来自葡萄牙语，译为“煮沸”）风格的音乐，以及混凝纸做成的大型人偶行进在鹅卵石的小广场。每条街都有自己的游行团体和嘉年华乐队，带动着大胆装扮的回旋舞者。最大胆的着装要数星期五的嘉年华上易装癖团体身上的那些了。

www.carnivalbookers.com

玻利维亚，奥鲁罗

隐藏在安第斯山脉深处，这座宁静的小城到了大斋前4天，也因当地的特色舞蹈“恶魔之舞”的游行而变得生机勃勃。当地印第安矿工担心他们的地下之魔苏派会嫉妒嘉年华上的圣客，也就是矿井里的圣母，因此自己装扮成恶魔的形象跳舞，并且互相投掷水球，以表达将矿井里的魔鬼驱赶出去的意思。

www.boliviaturismo.bo

德国，科隆

刻板严肃的德国人也会向人展示其滑稽的一面，那就是在嘉年华期间，在德国有些地区称其为“谢肉节”。庆祝活动自11月11日开始，延续整个冬天。在科隆，数百个节日活动包括游行、舞会、音乐会，以及传统的各种表演。在圣灰星期三之前的那个星期一，会有一场滑稽演员的喧闹盛会，然后是持续整晚的舞会。

www.koelnerkarneval.de

意大利，威尼斯

所有马尔迪·格拉斯的庆祝之母，华丽无比的威尼斯嘉年华在13世纪就产生了，意大利语中的嘉年华Carnevale这个词，是拉丁语Carne（肉）和vale（告别）两个词的组合。尽管根源于天主教，但这始终是一个世俗的大汇演，以及威尼斯人躲在面具后将他们的幻想念头匿名表演出来的一种方式。你可以在大斋前大约2周到访，看看当地人货真价实的假面和装扮。

www.carnivalofvernice.com

希腊，帕特雷

一个神话与现实的结合，帕特雷嘉年华是从古代希腊汲取了灵感——尤其是葡萄酒之神狄俄尼索斯。1月17日的圣安东尼节开启了嘉年华的正式序幕，将会一直持续到3月初，以一场盛装游行和一个风筝比赛结束。

www.visitgreece.gr

佛得角共和国，明得罗

就在离塞内加尔海岸线不远的地方，郁郁葱葱的佛得角群岛举办着一个特别的融合了各种传统的嘉年华，正在逐步推向高潮。在美丽的小城明得罗，用草制作的花车、曲线玲珑的舞者，正在随着当地音乐Creole Coladeira摇摆着。嘉年华期间举办各种比赛，包括角逐最好的行头、最美的姑娘、最棒的油彩，还有曼丁哥族战士中最好的鼓乐队。

www.capeverde.com

印度，果阿

在整个印度都是独一无二的果阿嘉年华仍然散发着一种自由和谐的精神，赋予这个曾被葡萄牙殖民统治的城市一种嬉皮士的传奇色彩。在“油腻星期二”（大斋前的圣灰星期三前），莫莫王宣读一份授予他3天统治嘉年华的法令，并要求所有人都来参加盛会。超棒的花车、优雅的舞者，伴随着传统民间歌曲和吉他的扫弦，一路沿着帕纳吉的街道向前行进。

www.goaturism.gov.in

巴伐利亚的嘉年华上有个独特的声音：铃铛。它们被挂在服装上、摇在手中，象征着人们希望冬天赶快过去。

普诺

在圣烛节上观赏绵延数英里的上千个街头舞蹈吧!

太阳，地球，神的馈赠。在我们现在称为秘鲁的这个地方过去被西班牙统治的年代，2月是收获的时间。与此同时，人们还渴望赞颂普诺城的守护神——坎德拉里亚。是的，现在是街头跳舞的时间了!

普诺，这个国家的民俗之都，每年2月都会有大约200个舞蹈和音乐团体，总共5万名舞者和1万5千多名音乐人在为期18天的圣烛节上一比高下。每个团队选择七种传统舞蹈中的一种，从诙谐的魔鬼舞‘diablada’到斗牛舞‘waka waka’。

以黄铜号角和排成阵列的鼓为背景，充满活力的竞争者们盛装舞蹈随着游行绵延数里，穿过普诺的街巷，好像永远都不会结束——街边人行道上排列着坐在凉棚或者折叠椅里的观众。这是一个各种神圣游行的混合体，梅西的感恩节游行、里约的嘉年华——所有这些发生在这个海拔3830米的高原城市，而这个高度，仅仅是爬坡走路，都已经令一些外地人力不可支、步履蹒跚了。

当所有的舞蹈都已经谢幕，很久之后游客们或许还能感觉到自己脑海中回旋着那些民俗曲调，急切地想要回到这里，重温那些美丽的疯狂。

饕客必读
秘鲁街头小吃

在秘鲁的街头游荡时，你将永远不会感到饥饿。在观看圣烛节的舞者们沿街舞蹈的时候，弄些小份的小吃是必不可少的。举起手来，招呼下那些将托盘用皮带系在脖子上的小贩们。只要一点新索尔（秘鲁现行货币），他们就会给你提供所有的东西，从乔洛（一种加了奶酪片的玉米穗）到夹烤肉片的三明治，再买点用玻璃纸包着的咸炸蚕豆和脆脆的玉米仁。你很快会口渴，不过不用担心，一些卖冰可乐的小贩很快就会出现在你跟前。

计划： 圣烛节 www.sivitperu.com。

坎德拉里亚舞者穿着丰富多彩的服饰旋转着穿过街道。

在阿根廷高乔人的疯狂骑马比赛中，骑手和马儿们正在穿过贝隆·德·阿斯特拉达附近的一个湖，比拼耐力。这个传统可以回溯到几个世纪以前。

阿根廷/智利/乌拉圭

南美大草原潘帕斯

观看传说中的高乔人马术比赛，然后和他们一起在巨大的低地天空下来场烤肉盛宴吧！

牛仔或许只在美国西部，但高乔人仍然充斥着南美底端的潘帕斯大草原上的无数个住宿区和牧场。夏天来到这里（对于北美而言是冬天），他们中最优秀的人会在骑野马比赛中一决高下，在阿根廷、智利和乌拉圭的农村地区，只有经历过这个比赛，人生才算完整。

这项活动大部分是在小镇内举办的。当骑手们跨马上鞍，步入尘土飞扬的赛场时，你会发现你身边只有不多的观众和你一起挤在一个木栅栏前。高乔人展开他们激烈的马术表演，期间马鞭在头顶挥舞，他们头戴红色运动贝雷帽，绿色围脖，手腕间围着丝带。“有点像空手道中的黑带，”老牧童帕特里西奥·巴卡萨笑道，“高乔人必须在成为一个好骑手时获得这些，而女人们在看完男人们骑马之后必须给他们这三样东西。”

每一次的骑野马比赛后，潘帕斯草原上都会有一个盛会，包括高乔人在内的每个人都聚集到一起，在无边无际的蓝天下举行烤肉宴。胜者期冀着全国性的牛仔竞技比赛，比如1月的牛仔竞技和阿根廷的科尔多瓦附近的民俗文化节。不过若是看那些大型比赛，你可就没有赛后与胜者一起野炊的机会咯。

绝佳住处
牧场酒店

一旦你看过一次牛仔竞技后，你自己也会忍不住想试一次跨马上鞍的感觉。

坎德拉里亚·德尔蒙特大庄园： 离布宜诺斯艾利斯大约1小时车程，这个诡异的庄园融合了马术活动、精美食物，以及摆满古董的房间。
candelariadelmonte.com.ar

洛斯·博特雷斯庄园： 这是北部阿根廷的科尔多瓦附近一家占地26平方千米的还在运作的有机畜牧农场。客人可以沿着小径骑行并学习马术。
www.estancialospotreros.com

兰奎特庄园： 这是在阿根廷北部的巴塔哥尼亚的一家井然有序的马场和牧场。在温和的夏季，兰奎特庄园提供小径骑行和深入安第斯山的过夜骑行。
ranquilco.com

计划： 潘帕斯牛仔竞技 www.turismo.gov.ar。牛仔竞技和民俗文化节 www.festival.org.ar。若想参加小型的当地牛仔竞技比赛，询问牧场主或者看门人。

绵延的安第斯山脉给门多萨的许多葡萄园提供了如画的背景。

阿根廷

门多萨

当丰收的季节如火如荼时，在安第斯山脉的阴影下品尝这个地区最富饶的季节给予的馈赠吧！

门多萨位于阿根廷这个葡萄酒王国的心脏位置，巨大的郁郁葱葱的葡萄园，一直绵延到雄伟的安第斯山的阴影下。从 12 月到次年 3 月恰逢丰收季。田野和庄园回报人们的馈赠都达到最荣耀的时刻。

这个阿根廷西部的城市，是阿根廷第二受欢迎的旅游目的地，因为它四处环绕着使这个国家成为世界领先的葡萄酒产区的葡萄园，主要种植品种饱满的紫黑色葡萄马尔贝克，其他品种也比比皆是。花上几天在各个酒庄转转，你可以尽情地品尝各式葡萄酒。

然而，门多萨在这个季节里可不仅仅是葡萄园。它是一个沸腾的城市，有音乐萦绕的广场、排列成行的花树和味道不错的餐厅，而所有这些，都有着密集的自然风光作背景。

门多萨位于阿根廷这个葡萄酒王国的心脏位置，巨大的郁郁葱葱的葡萄园，一直绵延到雄伟的安第斯山的阴影下。

葡萄园之旅，雪山作背景

这个季节来到门多萨，能让你体验到最好的时间里的葡萄园。"采摘季是最好的旅游季，因为完美的干燥天气，白天热，夜晚凉，"

门多萨葡萄酒之乡的葡萄庄园，在白雪皑皑的安第斯山脉前像一片绿色魔毯蔓延开来，期间点缀着各种餐厅，例如拉加德酒店的这家餐厅。

户外活动，参观农场，累了之后到葡萄园旁边品酒休息，就像图中泊戴斯巴耶合众精品酒店所提供的这项服务，这在门多萨葡萄酒产区是很常见的消遣方式。

阿根廷博列洛旅行社的桑德拉·博列洛说，“那些葡萄藤上，绿叶葱郁，又装点了色彩鲜艳的美味葡萄，雄伟的白雪皑皑的安第斯山，画儿一样的作为背景存在。”

多预留几天，好好感受下这个地区和这里的酒庄，从绿瓶装的迈普谷到路冉得库约，再到更靠近城市的沙漠，那里的葡萄藤就好像凤凰，自然地舒展。有一些最好的酒庄，如小小的家庭作坊曼德尔酒庄、广受欢迎的朱卡迪酒庄，还有博迪萨兰亭酒庄，里面有一家现代艺术画廊。大部分的短程旅行包括参观3到4个酒庄，然后稍事休息，来一个露天的烤肉午宴——阿根廷著名的烤肉就在那一垄垄的葡萄间。你会在酒足饭饱之间惬意地消磨几个小时。

博列洛旅行社还可以带游客参观橄榄油农场，比如帕斯瑞，“以最古老的时尚方式生产橄榄油”的地方，人们使用石头将橄榄碾碎。为了那些聪明的美食家们，许多酒庄和餐厅还举办烹饪课程，在那里你可以让自己真正地沉浸在这个烹饪之都，以及在这个季节里达到成熟巅峰的那些调味料中。

绝佳住处
卡巴斯葡萄酒小屋

卡巴斯葡萄酒小屋的阿根廷主人西西里亚·迪亚兹和马汀·里加尔，开发了门多萨地区最奢华的温泉度假酒店，其拥有的葡萄园提供用于治疗的葡萄和衍生葡萄酒的产品。所有的客人房间都面向西边，可以看到夕阳渐渐隐入安第斯山巅的景色，尤其是清澈的金色余晖，即阿根廷的夏季快要结束，收获的季节即将到来时。主楼有一个精心规划过的花园和一个游泳池，通向地下温泉，对于那些追求浪漫的度蜜月的人来说，疗养将变得更加完美。

www.cavaswinelodge.com

葡萄丰年庆，门多萨的美艳丰收节

在门多萨，有一个好玩世俗的体验，那就是葡萄丰年庆，一年一度的丰收节，通常在2月底或3月初举办，那已经成为近80年来的传统。其中的高潮是在星期五晚上的丰收皇后游行，沿着圣马汀大道和埃拉斯将军镇大道穿过城市中心。每一个年轻的女人都代表门多萨的一个社区或者郊县，她们盛装打扮站在灯火辉煌的游行花车上，沿途向人群中轻抛一束又一束的葡萄、蜜瓜，甚至瓶装的葡萄酒。第二天，城市里到处都是露天舞蹈表演和高乔节庆，甚至有许多阿根廷明星和政治人物到访。周六的傍晚，上万人来到音乐环绕的圣马汀将军公园。这将举行一个加冕仪式，其中一位丰收皇后被授予全国葡萄酒女皇的称号，代表阿根廷向全世界展示其农业的神赐和遗产。

计划：门多萨 www.turismo.mendoza.gov.ar、www.argentina.travel。博列洛旅行社（www.borellotravel.com）提供高端定制旅行路线。鳟鱼和葡萄酒旅行社（www.troutandwine.com）是当天往返的酒庄旅行和探险的极佳选择。

葡萄酒文化外的探险活动

这个季节同样也有探险的乐趣。在门多萨河上乘竹筏漂流，随着奔腾的河水一起顺着安第斯山谷呼啸而下。“五级速度已经令游客颤栗，而满月行程（夜间的旅程）中的顺流而下更是格外如史诗般的壮美。”爱尔兰人查理·欧马雷说。他经营着门多萨的鳟鱼和葡萄酒旅行社，同时也是这座城市里的英文葡萄酒杂志《葡萄酒共和国》的编辑。或者，你还可以选择骑马、划独木舟、徒步，或者玩世界上最好的飞钓。

在朱卡迪酒庄，从酒桶中倒酒时液体的路线可以是笔直的。

复活节岛

塔帕蒂·拉帕努伊

“几十年以前‘竞争’这个词被定义为聚到一起去全力拼搏，复活节岛上的拉帕努伊文化节更是体现了这个含义。有一些独一无二的传统，比如沿着300米的斜坡往下滑，除了香蕉树的树干之外没有任何其他工具，太平洋中心这个古老的竞技，需要进入你的遗愿清单。”

——尤吉·罗斯，电视主播、演员、制片人、作家、旅行家

复活节岛庆祝波利尼西亚传统的方式是塔帕蒂·拉帕努伊节，这是2月的一个持续两周的盛会，融合了传统食物、音乐、装扮和户外耐力活动。这个节日是受复活节岛的文化传统启发，同时又发扬了这种传统。图片：一个竞技者正躺在一个香蕉树皮上滑下山坡。

安德鲁·麦卡锡

巴塔哥尼亚

过去这里只有羊群和高乔人，现在成了拥有7000人口的埃尔卡拉法特城的一部分。茱莉亚，那个在饮品店帮我调制果汁的姑娘，从布宜诺斯艾利斯搬到了这里，因为她“厌倦了那样的城市生活”。乔治，那个开提供早餐的小旅馆的小伙子，来到这里，他能够“感受到蓝天”。甚至是那个跟一条灰狗待在一起的，戴着黑色贝雷帽，整天坐在解放大街的长椅上的老人，也不是本地人。

1月，夏天的太阳悬挂在无边际的天空。很快，风卷云涌，大雨倾盆。然后太阳又露出笑脸，接着又是下雨。现在太阳又出来了——所有这一切，发生在15分钟之内。有时候，这里的风实在是太大了，野餐桌被吹得像风滚草一般翻滚。矮小的灰白夹杂的马儿在啃着长长的黄草，而粉色的火烈鸟从冰川牛奶湖上飞起来。

11年前就因为“够了，就是够了”而从罗萨里奥搬过来的那个憔悴的女人，长长的深色刘海下，她的双眼注视着我。她租给了我一辆车，并且提醒我停车的时候要注意逆风：“我可不想让另外一边的车门也被风从铰链上撕开。”

沿着这世界的底端附近，马路狭窄而空荡，远景因此显得无限辽阔。翻过一个山坡，庞大的莫雷诺冰川出现在眼前，闪闪发光，它折射出天光，好似一艘宇宙飞船。我走出车外来到这起伏的、高耸的、锯齿状的冰原，它在我冰爪的铁齿铜牙下紧缩。一旦回到镇上，我会到一间又小又简陋的餐馆，享用我人生最大最美味的牛排。

沿着一段沙漠般的公路开上几个小时，到了埃尔卡拉法特的村庄外，来自全世界的攀登者像蚂蚁一样聚到了一起，执着地想要征服菲茨罗伊山。我沿着这山低处一些的坡地徒步。从一片荆棘丛林开始，我一边采摘一边咬着蓝黑色的卡拉法特浆果。传说如果一个游人吃了一颗这样的浆果，他就一定会再回到这里。于是，我又抓了一把。

安德鲁·麦卡锡是一名演员、导演、《国家地理旅行杂志》的编辑，还是《纽约时报》评出的最受欢迎的自传《漫漫回家路》的作者。

那些螺纹锯齿状的山峰，与冰川同名的冰川国家公园，环绕着托列湖，给湖水加上一个生动的边框。

翻过一个山坡，庞大的莫雷诺冰川出现在眼前，闪闪发光，它折射出天光，似一艘宇宙飞船。

路沿石上的神秘雕刻中有一个三连螺旋的设计，这成了纽格兰奇的象征。

爱尔兰

纽格兰奇

更新你的灵魂，当这个史前墓室在冬至日亮起来的时候。

让我们沿着时间的长河回溯到遥远的古代，纽格兰奇的一个黎明，圆顶形的石头墓穴在爱尔兰博伊恩山谷这片富饶的土地上被建起来，这已经是5000多年前的事情了，在巨石阵和吉萨金字塔之前。当你走进去时，你的旅程才真正开始，一段19米的内部通道将引领你进入一个十字架形的墓室。

但是如果你到访的时间恰好是12月的冬至，那么，一束金色的光线将会照亮你的敬畏感。在12月21日或22日，冬至前后的黎明时分，会有一束细细的阳光穿过入口处上方的一个开口，渗透进来。当太阳升起的时候，光线随之拓宽，这一年当中最短的一天的第一束阳光，充满整个墓室，持续17分钟。这新石器时代的光之秀，昭示了生死的轮回和重生。

“考古学家将纽格兰奇归为通往古墓的通道，”当地专家迈克尔·福克斯写道，“但它远不仅此，‘古老的庙宇’是个更合适的标签，一个在天文、精神和仪式上都重要的地方。”古老的雕刻可以在许多巨大的肾形丘的路沿石上看到，包括三连螺旋设计，已成纽格兰奇的代名词。

游客必知
冬至纽格兰奇古墓参观指南

冬至期间每天能进入墓穴的人数被限制在20人，这是每年通过抽签决定的。在Bruna Noinne游客中心可以拿到申请表格，或者你可以将你的姓名、地址和电话号码（包括国家地区号）发电子邮件到brunanoinne@opw.ie。在9月底，50个名字就会被当地学校的孩子们随机抽选出来。但是就算是不能进入墓穴内部，12月18日到23日之间古墓的入口处也会聚集大量等待太阳升起的人。

计划： 纽格兰奇www.newgrange.com。只有从Bruna Noinne游客中心（www.heritageireland.ie），在导游带领下方可进入。该地区的旅行可以与博伊恩山谷旅行社（www.boynevalleytous.com）咨询。

埃克斯穆尔国家公园

在欧洲第一个黑暗天空保护区，看群星闪烁，流星划过黑色的天幕。

在埃克斯穆尔国家公园遥远绵延的山脉，静静藏在英格兰的西南角可以俯瞰的地方，是成立于2011年的欧洲首个黑暗天空保护区。在冬天里，公园变成一个理想的观星目的地，这时清澈的天空里星光长久地闪耀着自然的光芒，而酒店价格则暴跌。

白天，这里是非常古老的英格兰，一个非常受欢迎的爬山地，而爬的山是史前土丘，一只只绵羊像是它身上的波点，古老的石墙像是它的螺纹，从石墙上可以俯瞰大海和村庄的远景。可是如果夜晚到来，另一幅画卷会在你眼前展开。戏剧般的橘色夕阳逐渐隐去，为那些闪亮的星星让路，仙后座、北斗星和北极星，以及成千上万其他肉眼可见的星星，流星雨阵阵落下，穿过凛冽的烟囱味儿的空气。

“过去这里的冬天总是很长、很沉闷，”经营着一家夫妻店的埃克斯穆尔观星者露西·奈勒说，“可是现在我们整晚追逐夜空中闪亮的星星，没有什么能比那更快乐。”有好几条通往这个海边公园观星活动点的路，这里有组织的沼泽夜行和以星座为中心的酒吧聚会也越来越多了。在凛冽的冬夜，花几个小时看看银河的微光，然后在一家舒适的酒吧火炉前取取暖吧。

优中之选
适合观星的旅馆和酒吧

蓝色球旅馆： 位于康蒂斯伯里的这座宽敞的13世纪的蓝色舞会旅馆酒吧，可以俯瞰整个穆尔公园和杜恩山谷，还会举办很受欢迎的埃克斯穆尔观星者聚会。

www.exmoorsandpiper.com

埃克斯穆尔白马旅馆： 位于埃克河边的这座16世纪的旅馆和酒吧种满了维吉尼亚爬山虎，富有魅力。这里还提供狩猎旅行，也是观星的理想地点。

www.exmoor-whitehorse.co.uk

纱线市场酒店： 在邓斯特的小小村庄里，这个纱线市场酒店是一个舒适的度假地，提供“观星大礼包”，包括由天文学家做向导的行程，酒店老板安东尼会很乐意向大家推荐爬山、行走和观星的合适地点。

www.yarnmarkethotel.co.uk

计划： 埃克斯穆尔国家公园国际黑暗天空保护区 www.exmoor-nationalpark.gov.uk。

漫长的黑夜给埃克斯穆尔国家公园做了一张闪烁的天幕。

暮光下沿着泰晤士河南岸漫步，威斯敏斯特宫的黄昏景致一片安宁。

英格兰

伦敦

以这座闪耀的、历史上著名的皇家之城做背景，参加属于这个季节的活动，拥抱冬天的寒冷吧！

有一些城市，当冬天一到来，天气看起来像是一场寒冷的考验时，就关上了它的大门。但伦敦不是这样。尽管天空会是灰色的，但也会有许多凛冽清澈的日子。博物馆、表演、餐馆及古香古色的酒吧，依旧像以往任何时候一样诱人。

如果有种东西，让伦敦以一种诱惑性的方式为其注入了更多，以制造某种吸引力的话，只有一个合适的冬季能够提供。因此，海德公园有了冬季仙境，一个巨大的季节性的游乐场，让你徜徉于其中，从各种演出、集市，到其他富有吸引力的活动。而在这座城市的其他地方，也建了许多户外溜冰场，让你随意地在冰上飞舞，舞台的背景幕布可能就是这座都城里一些最好的历史建筑。

伦敦市中心的多彩冬季博览会

在寒冷的伦敦中心，太阳即将落下，黑色的出租车和红色的公交车沿着公园车道来来回回，经过了演说者之角，经过了老字号的精品酒店多切斯特酒店，车流成为海德公园东边的边界。这座公园，曾经是亨利八世的狩猎场，现在是一个非常受欢迎的公共空间。

绝佳住处
多切斯特酒店

多切斯特酒店开张于1931年，在伦敦其他一些经典的五星级酒店如丽兹、萨沃伊酒店开业之后几年，但是多切斯特迅速成为最受欢迎的。1942年德怀特·艾森豪威尔总统到达英国时，就下榻于此酒店一间套房。拥有着悠久的历史、精致的房间、优质的服务，以及可爱的艺术装潢，这是一家好得超乎你预期的绝佳去处，尤其是在冬季。它在海德公园对面，使得这里成为探索冬季仙境以及其外围的一个理想根据地。

www.thedorchester.com

当暮色完全笼罩，漫步到冬季仙境，这个场所自11月底建成，是一个将各种吸引人的活动神奇地结合在一起的好去处。你可以乘坐摩天轮俯瞰整个公园，看到闪亮的万家灯火，甚至城市的天际线之外的地方。然后在德国式的圣诞集市闲逛逛，那里有1000多家小摊，售卖着当季的工艺品和各种食物。带上孩子去圣诞老人的领地，或者在某个惊险游乐项目里心跳加速，还可以在这个国家最大的溜冰场溜冰，最后用拜访Zippos马戏团来结束这一晚。

滑冰胜地

“泰晤士河通常都会结冰，”旅行作家以及伦敦《每日电讯报》编辑麦琪·欧·苏丽文说道，“他们举办各种冰上项目，从某种意义上来说，这座城市的溜冰场就等同于他们的现代生活。”

你牢牢地穿上冰刀滑过一次，就永远不会再忘记这个几乎没有缺点的地方。在1514年左右为红衣主教沃西兴建的汉普顿宫，你可以在这座美轮美奂的都铎式宫殿前尽情飞舞于冰上。另外一个主要的临街空地，是在新哥特式的自然历史博物馆前，博物馆作你溜冰的背景，你可以随着游客一起参观这座博物馆，或者是其附近的科技博物馆、维多利亚和阿尔伯特博物馆群，以及18世纪的萨默塞特宫的新古典式风格的庭院。这个季节里，站在城市中心这一连串的建筑前，意味着你去任何地方，剧院、艺术廊、餐馆，都只是扔一个雪球的距离。

饕客必读
来份下午茶，抽点烟

在大半天的冬季观光后，坐下来享用下午茶，是典型的伦敦惯例。克拉里奇酒店（www.claridge.co.uk）就提供这样一种经典派头的体验——40多种茶可供选择，纤巧如手指般的三明治、糕点、司康饼、奶油、果酱，还有许多，不过一定要记得提前预订。布朗酒店（www.brownhotel.com）除了提供传统下午茶之外，还提供一种改良版的健康下午茶“Tea Tox”。或者倾斜下你心中的天平，换个方向，到苏荷酒店来感受下让你撑爆腰带的绅士下午茶，最后再以几口雪茄来收尾。

计划： 冬季仙境 www.hydeparkwinterwonderland.co.uk、www.royalparks.org.uk。从11月最后一周开放至次年1月第一周，免费入场，但游乐项目需要买票，可以在网上购买。汉普顿宫（12月–次年1月中旬）www.hamptoncourticerink.com、www.hrp.org.uk。自然历史博物馆（11月–1月初）www.nhm.ac.uk。萨摩赛特宫（11月中旬–1月初）www.somersethouse.org.uk。

萨摩塞特宫这栋18世纪的建筑，成为游人们在英格兰首都的冬季冰上之舞最有声有色的背景之一。

节日成瘾

艾里克·鲍德温

在伦敦过圣诞

我的第一次越洋旅行就是去伦敦，那还是在 1988 年。那年，我 30 岁，还从来没有去过洛杉矶以西和圣诺克斯以东的地方，比起大部分人们进行这样一次处女航时的年龄都要大了些。我睁大眼睛，竖起耳朵，满心好奇地抵达多切斯特酒店。伦敦对我来说，意味着泰特现代艺术馆，意味着 Turnbull&Asser 男装店，意味着科芬花园，但最重要的，是那独特的英式英语腔调。比起在或许是以最高形式颂扬这语言的圣殿，有什么地方能更好地听到这种腔调呢？所以，在剧院里去感受这种腔调，去看《诗人的气质》中的瓦妮莎·雷德格瑞夫，以及《热铁皮屋顶上的猫》里的伊安·查理森和林德西·邓肯。

伦敦人称他们终日难见太阳，冬天是最熟悉的景象。蜷缩成一团，毫无抱怨，壁炉和酒精看起来比锌片更能保护受寒感冒的人们。最终，圣诞节在伦敦成了一个一年两次的传统。伦敦人低调地装饰他们的城市，没有巨大的塑料驯鹿在头顶摆动，没有假冒的圣诞老人占据广播和电视，试图给你推销信用卡和旅行积分。而有一些地方，是能够唤起你心里关于大教堂和唱诗班的画面的，我倾向的几所教堂，名字分别叫做奥利维尔、皇家剧院和多玛仓库剧院。

2007 年的圣诞节，我的朋友杰西卡·罗斯柴尔德带我去参加在伦敦其他任何一个剧院场景里都看不到的“旅程”：在老维克剧场听 *The Entertanier*（电影《骗中骗》的主题曲），在国家剧院看到麦琪·史密斯和她的《来自杜布克的女人》、丹尼尔·雷德克里夫和他的《恋马狂》《战马》。我们与剧场制片人共进午餐，在 J Sheekey 餐厅或者皮卡迪利大街上的餐厅享用晚餐，两顿饭之间的功夫，我可以信步拐进加里克俱乐部吃点斯缇尔顿奶酪，在山街上的 Sautters 烟草店抽根雪茄，或者，在哈罗兹商场的寿司吧前读几张报纸。

伦敦让人成瘾，因此随时抽身来趟伦敦旅行变得更加迫切。曾经看起来很傻的协和飞机，如今成了必不可少的工具。圣诞季的伦敦，集严肃、嘲讽和艺术的口语腔调于一身，成了我的另一个家园。

艾里克·鲍德温是金球奖和艾美奖得主的男演员，同时也是慈善家。

著名的伦敦宫剧院拥有典型的西区剧院的庄严外形。

伦敦人低调地装饰他们的城市，没有巨大的塑料驯鹿在头顶摆动，没有假冒的圣诞老人占据广播和电视试图给你推销信用卡和旅行积分。

拉普兰

跟在一队向前冲的哈士奇犬后，极地荒原的壮观雪景在你身边疾驰而过。

在北极圈里，瑞典的拉普兰地区向你展开了一幅由冰雪覆盖的山峰、深深的森林和无边无际延伸的巨大荒原组成的画卷。忘掉那些雪地车吧，让你松开双手的、环保的，而且更加收获满满的旅程，该由狗拉雪橇来实现。在专业向导的护送下，你将驾驭自己的哈士奇队伍，从一座野外木屋出发到达另外一座，每一天结束的时候，让你放松下来的，将是燃木加热的桑拿和繁星密布的天空。

到访这里最令人激动的时间，该是3月和4月，开始解冻的万物让你以为这是阳光的承诺，然而这承诺偶尔也会被一场暴雪打破。穿越极地荒原的旅程，让你能够与驼鹿、山猫以及其他野生动物触目惊心地近距离接触。在帕耶兰塔和沙瑞克国家公园里结冰的湖里饮水，见证萨米人千百年来驯养驯鹿的文化。到了晚上，你和你的狗狗伙伴们将围在一堆熊熊燃烧的篝火旁，埋头享用当地野鱼和其他野味佳肴。

“这是安抚紧绷的神经的良药，”经营着从乌姆那村出发的狗拉雪橇无声探险项目的卡特林·安德鲍克说道，“你在外面待的时间长了，就会与你的狗狗队伍越来越亲密。”

当太阳西下时，别忘了抬眼看看天际：世界上最神奇的天光秀，三四月间还常常会有北极光来客串。

绝佳住处
树屋酒店

还记得你有多么渴望睡在树屋里，而你的爸爸妈妈甚至听都不想听你提起这个话题的童年梦想吗？现在，你有机会实现了。在北极圈以南大约64千米处的哈罗兹村外，这家伟大的树屋酒店是由悬浮在高过森林地面的针叶树上一个一个独特又可爱的主题房间组成，春天来临的时候怒放遍野的山花是它的地毯。“鸟巢”是用茅草屋顶和树枝伪装成鸟巢的样子，而“镜面魔方”则完全是隐形的，“UFO”的形状就像是50年代的橄榄球。当冬雪消融时，一个装备了热水浴池和长沙发，可容纳8人的树屋桑拿房，将会是你完美的北欧幽所。

www.treehotel.se

计划：拉普兰地区旅游办公室 hemavantarn-aby.se。狗拉雪橇无声探险 www.dogsledding-adventures.com、NextJet（www.nextjat.se）有航班飞往赫马泰纳（Umunas 附近）。

一群哈士奇拉着赶雪橇的人穿过安静的、覆盖着厚厚积雪的拉普兰极地圈森林。

芬兰浴体验中的一部分是要在寒冷的水中浸泡一会儿，然后再跑回汗蒸房中。

欧洲

芬兰

在一场放松的芬兰蒸气浴后，伴随着北极熊跳进雪地的声音醒来。

当你走进那昏暗的木板桑拿屋，厚厚的热气扑面而来，空气中的声音似乎被消掉了，时间的流逝好像减缓了，之前所有关于桑拿的想象，那些丰裕，那些奢侈，那些色情，此时都消散了。

在一场芬兰浴中，你注定是要出汗的。桑拿的时间被花在极热和极冷之间不断的转换上。这种体验在冬天尤为突出，比用冷水淋浴冷却下来更为刺激的，是在雪地里打个滚，或者跳进冰冻的湖水里。冰雪刺痛着皮肤，好像成千上万支冰冷的针扎一样，刺激了血液的循环。

桑拿起源于芬兰历史，与芬兰人的日常卫生息息相关。回到几个世纪以前，芬兰人就相信适应这种让人大汗淋漓的沐浴方式会对他们的健康有好处，并且将桑拿屋作为女人分娩的无菌产房。现代科学量化了古代桑拿爱好者们的研究成果。热量能放松肌肉、润滑关节，还有可能降低血压。“从古代，孩子们就被教育在桑拿屋里要像在教堂一样表现。”芬兰桑拿学会的前任官员这样写道。如今，游客们也能享受桑拿的那种超然的氛围了。

游客必知
怎样洗芬兰浴

全身暴露在桑拿的极高温度里是很严肃的一件事情，通常是不穿浴衣的。开始的时候你需要进行一个淋浴以清洗干净身体，然后进入热蒸屋，温度能达到80℃ -93℃。当你感觉热起来了，就通过游泳或者在外面坐坐的方式让自己凉下来。不断重复这个过程，直到你感觉到舒服为止。最后的冷却程序也要以清洗开始，然后进入一个温度稍低一点但仍然是热蒸的屋子，再做一个结束的冷水浴或者游泳。最后以一杯饮料、一些点心来结束，慢慢放松，直到你不再出汗为止。

计划： 芬兰浴 www.visitsauna.fi/en、www.sauna.fi。有许多桑拿屋是在私人家庭内的，也可以使用公共桑拿或者在酒店桑拿。

Top 10

十大情人节的浪漫之地

找到舒适的隐居之地，星空夜景，远古花园——无论你那颗浪漫之心有着怎样的渴望。

加利福尼亚州，波斯特农庄，大苏尔

坐落在大苏尔地区的海岸线上，在壮观的桑塔露西亚山脉和无边的太平洋天际线之间，在波斯特农庄酒店的此时此刻，除了浪漫，其他一切都褪去了。你可以选择海景房、山景房、套房，甚至是完整拥有私密步道和水疗设备的独立屋。

www.postranchinn.com

亚利桑那州，塞多纳

以其摄人心魄的红岩景观而闻名，塞多纳是浪漫幽静的度假首选之地。迎着夕阳来次徒步或骑马，或者参观下佛得山谷里的葡萄酒王国，体验一把塞多纳丰富的葡萄栽培。私人的峡谷小屋，只提供住宿和早餐的酒店，奢华的度假村，在这片地区遍洒满地。

www.visitsedona.com

佛蒙特州，廊桥

在过去那个老式求爱的年代以《廊桥遗梦》而闻名，廊桥能够提供给令人艳羡的浪漫时刻和私密性。一个世纪之后，这些结构保留了历史的工艺的象征，成为风景如画的新英格兰的象征。有着 100 多座廊桥的佛蒙特观景驾车道，也成为来这里度个小假的完美理由。

www.visit-vermont.com/romantic-getaways

英国，英式普尔曼火车

踏上英式的普尔曼卧式火车，好像是踏上一次通往 20 年代的黄金年代之旅。与通往威尼斯的辛普伦东方快车称为姊妹列车，英国普尔曼列车通过提供在情人节穿越英伦乡村之旅，来庆祝一年之中最浪漫的这一天。享用一顿优雅的当地特色午餐或者晚餐时，乘客还可以在奢华古典的车厢里享用鸡尾酒和香槟。

www.orient-express.com

芬兰，萨利色尔喀，卡克斯劳太恩酒店

在卡克斯劳太恩酒店舒适温暖的玻璃冰屋里，游客们在百万颗星星和闪亮的北极光做成的天篷下入睡。白天的时间里，预订一场驯鹿狩猎，在 4 家餐厅里感受其一，还可以在世界上最大的烟熏桑拿中得到一些放松。

www.kakslauttanen.fo/en

法国，巴黎，埃菲尔铁塔

放开那些老生常谈，登上埃菲尔铁塔，一览这个世界上最浪漫的城市全景吧。别忘了在二层停留，喝杯巴黎咖啡，然后依偎着你的心上人，一起在那天际线下搜寻这座城市所有的名胜。

www.eiffel-tower.com

意大利，五渔村，情人步道

在利古里亚海的东岸，坐落着意大利最迷人的一处风景——五渔村，包括临海盐蚀的悬崖上五座被沿海的小径连接起来的小渔村。其中在里奥马焦雷和马纳罗拉之间的一段，又被叫做情人步道，有着美得摄人心魄的湛蓝海景，来一次浪漫的携手漫步，这里真是太适合不过了。

www.cinqueterreriomaggiore.com

克罗地亚，伊斯特利亚半岛

被称为“克罗地亚的托斯卡纳”，伊斯特利亚的地形中，绵延起伏的山峰和山谷，山顶的村庄，错落有致的麦田，葡萄园，还有橄榄树丛林，比比皆是。在 2 月 14 日，恋人们会发现白雪皑皑的阿尔卑斯山顶是他们的背景。乘坐一只热气球，将这一切尽收眼底。

en.gral-pitovanja.eu

中国，苏州园林

从十几个建造于 11 世纪到 19 世纪之间的精致园林中，其中包括联合国教科文组织世界遗产名单里的留园和耦园，挑选几个，和爱人手挽着手，漫步通幽曲径，越过小桥流水。

www.china.org.cn

越南，下龙湾

有着 1600 多个小岛的下龙湾，也有着令人震惊的美。预订一个隔夜的邮轮之旅，看看那些岛屿上的石灰石柱、洞穴和拱门，在夕阳西下时呈现绚丽的橙色和紫色，在旭日东升时又好像蒙上一层朦胧轻纱。

www.emeraude-cruises.com

在芬兰的卡克斯劳太恩度假村，雪原中茕茕孑立的圆木小屋，给情人节的度假提供了非常好的私密性。

在挪威的特罗姆斯达伦山谷，一束北极光正在向整个天空散发着光彩夺目的绿色脉冲波。

欧洲

挪威

追逐那照亮了整个挪威北极圈夜空的北极光。

在挪威壮观的西海岸，郁郁葱葱的峡湾，风化的木板教堂排列成行，这里的自然风景无与伦比，有层层叠叠的瀑布，还有野生动物，诸如鲸鱼和海雀。然而若是冬天到来，白雪皑皑遮掩住了曾是绿宝石般的海岸，悬崖上的一些顽强的绿色直升天际。挪威的北极光最好的观赏季节是12月到次年3月，当它们最活跃的时候能给你一场最好的“烟花”秀，这只有在靠近极地的地方才能得以一见。捉摸不定、时有时无的北极光，曾经鼓舞了数不清的维京人和萨米人，如今继续吸引着摄影师们来追寻它们的天光霓虹之美。当它们在凛冽的冬季天空流动变幻，就像神秘的外星鬼火。

挪威海达路德游轮公司如今提供天文主题的航行线路，游客们可以追寻极光，最好的地点是从罗弗敦群岛到北角的北极圈小镇，比如特洛姆斯·霍宁斯沃格。你也可以从海上观看，最好是在东风期间。“那不是你概念中的典型旅游线路，”朱迪，一位奥马哈族印第安人，总部在内布拉斯加州的巡航旅游经纪人回忆起其中一次极光之旅，“我们任何时候只要极光一出现就会提供叫醒服务，那次我们成功在3个晚上都看到了极光，那色彩真是太惊艳了！”

游客必知
北极圈里的野生动物

在绚烂的北极光下，北极圈也是一些在任何其他地方都难见其踪的野生动物的家园。威武的北极熊，就只在这里生活，它们大部分时间都在这片冰原上。它们是出色的游泳选手，有时候甚至在任何一块冰或者陆地以外80千米的地方出现。独角鲸，是神秘的海洋幽灵，它们群体行动，一个鲸群至多能达上百只，时常用它们长长的利剑般的长牙互相碰撞。北极猫头鹰，有时候被发现在冬季的天空中俯冲飞翔。北极狐，整个夏天都是棕色的，到了冬天落雪的季节，全身的毛变成白色。

计划：北极光 www.visitnorway.com/us。在海达路德游轮（www.hurtigruten.com）上追寻极光时，你还可以在甲板上温暖的按摩浴缸里泡泡，来杯热可可。

贝加尔湖

冲到冰上去，当冬天将这个世界上最深的湖变成一个巨大的冰霜度假村的时候。

贝加尔湖那么大，大到有它自己的天际线，而这天际线在冬天里并不是始终可见的，在无边落雪、空中飘云与湖面上的冰层全都混为一体，尤其在将地面上的一切视野都消除的时候。可是有什么希望在这个储藏了世界上20%淡水的湖上保持平衡感呢？别介意从层层叠叠的衣服里看外面的世界有多困难，冬天的温度通常达到零下9℃甚至更低，你不得不穿上一层又一层。

但是，冬天是你可以在贝加尔湖面的冰上乘坐马拉雪橇的时候，马蹄步履稳健，马口中冒出的热气在冰冷的空气中变成白色，就好像火车的蒸气一样，最好去享受湖岸边富含矿物质的温泉。或者，你也可以乘坐冰上气垫船，或是驾驶一辆冰上卡车，暖气烧得足足的。如放大镜的玻璃一般清晰的湖面冰层上深深的冰洞里，当渔民钓出一条湖水回鱼或者欧木尔鱼（贝加尔湖特有的一种三文鱼）的时候，你的晚餐就要到来了。而且，这里是俄罗斯，伏特加自然是少不了的，抵抗严寒的特效药。

冬天的湖上，夜色很早就降临了，哪怕穿上10层衣服也有足够的理由。或者，就像当地人那样，再多喝两杯，然后久久地待在传统的蒸气桑拿屋里。

优中之选
布里亚特新年

贝加尔湖在俄罗斯联邦布里亚特共和国的西边边境上，对于当地布里亚特人来说，庆祝2月22日的阴历新年，令待在死一般冰冷的湖上有了足够的理由。庆祝活动在2月举办，这是走亲访友、胡吃海塞的完美机会——各种奶制品，奶豆腐、奶皮子、羊奶酪、牛奶酒——白色的食物映照着这片白色的大地。然后，是时候将旧衣服扔进在藏传佛教寺院（俄罗斯最大的佛寺）的篝火堆中了。这是座神圣的佛教寺院，熊熊火焰将所有的罪恶都烧掉。再喝一杯牛奶酒，不会被称为罪恶的。

计划： 贝加尔湖 baikal.ru/en。旅行 www.lakebaikaltravel.net。乘坐飞机到乌兰乌德，或者乘坐西伯利亚铁路，都可以很容易到达贝加尔湖。

冬天，马拉雪橇将俄罗斯贝加尔湖上的冰层变成了巨大开阔的高速公路。

蒙顿

当赏心悦目的柑橘造型装点着法国里维埃拉度假村的时候，享受嘉年华般的庆祝活动，只为欢庆当地最受欢迎的水果——柠檬。

蒙顿，这个遗世独立的海滨度假村，人称法国里维埃拉最温暖的地方。这意味着柠檬树热爱这里，游客们也能到这里享受深冬，气温仍然是平均10℃ –15℃左右的舒适区间。

这是一个关于庆祝这种黄色柑橘类果实的节日，非关天气甚至非关那美丽的山边环境，它们给蒙顿带来名声和财富。从2月到3月初，那些平常安静的公园和广场都变成了一场柑橘嘉年华，到处都是稀奇古怪的雕塑，而且几乎全都是用柑橘和柠檬做成，睁大你的眼睛好好看看，如果你愿意的话。45吨的水果被一车一车运过来，用几十万根橡胶带缠绕到框架上。你或许能看到一个3层的埃菲尔铁塔形状的水果挞，一个微缩的泰姬陵，一个巨大而多汁的菩萨，每年主题都有变化。

“比起尼斯嘉年华来，这里要更本土化，也没有那么多的游客。”珍妮·奥利弗，一个住在里维埃拉的旅行作家和博客写手说。在所有的活动中，最特别的是金色水果船游行。这种串联的游行花车沿着滨海步行大道移动着，完全由重的音乐、杂耍演员、民间团体，以及大量的五彩纸屑组成。当这些全部结束的时候，被捞起来的水果，将被制成果酱、柠檬酒，以及美味的柠檬馅水果挞。

优中之选
大峭壁公路

在冬天的几个月里，当马路变得安静的时候，是最好的时机来勇敢面对从蒙顿到尼斯的公路。在阿尔卑斯山的松林间蜿蜒伸展后又突然急速落入大海的这条公路，是世界最美丽的海滨公路之一。大峭壁公路——3条平行的公路中最高的也是最危险的一条，建于拿破仑统治时期，它一直爬升到海平面550米的高度。阿尔弗雷德·希区柯克的《捉贼记》就拍摄于此地。摩洛哥王妃格蕾丝1982年车祸丧生于此地，同车的斯蒂芬妮公主幸存了下来。在事故发生地，常年有鲜花摆放在那里以寄托怀念。

计划： 蒙顿 www.tourisme-menton.fr。柠檬节 www.fete-du-citron.com。

在一年一度的柠檬节期间，蒙顿的大街小巷都矗立着为了迎合节日气氛而用柠檬柑橘类水果搭建的各种雕塑。

在法国的西南部，人们靠猪来完成这项隐秘的户外活动：寻找有着“法国之金”美誉的松露。

法 国

佩里戈尔

在法国的西南部隐秘角落的泥土中，与人类和动物的专家们共同寻找那珍贵而芬芳的松露。

整个夏天，法国都是欧洲人的游乐场。但是到了冬天，游客们日益减少，那些松露，在布满沙砾的丛林里，在阳光斑驳的牧场中，偷偷地探出头来。这就是佩里戈尔，波尔多地区 80 公里以东的地方，寻找松露的季节又到了。

热爱松露的游客们挤满了这个舒适的中世纪小村庄的集市和餐厅，想要买到吃到这种埋藏地下的野菌，但是只有很少量的游客是专门为了收获这带着芳香的菌中金子而来的。寻找松露对游客是放开的，有松露专家做向导。参加一次这样的远征，你便也成了那少数知晓寻找松露的秘密的人们中的一员了。在覆盖着厚厚的橡树和榛子树的冷飕飕的森林里，在隐秘的散发着些麝香味道的地面上前进，摸索。和你们一起前行的，还有受过专门训练的猪和狗也来帮忙寻找这种地下神秘野菌。这就像是一场终极泥土清道夫似的猎寻。然而，最值得纪念的奖励便是：金子一样贵重的佩里戈尔黑松露，终于出现在你眼前，看它成熟得正好，散发着迷人的香味。

当然了，在这里享用一顿晚餐，也是对你终于有了收获的奖励。当地的小酒馆端上各种各样的松露美食，而且很明显价格不贵，从经典的松露鹅肝、野味馅饼、开胃鸡蛋，到更为创新的菜肴，比如松露冰淇淋、焦糖布丁，以及风头正劲的松露伏特加。

饕客必读
松露市场

如果去丛林里寻找松露不是你的菜，那么从 12 月到次年 2 月间，活力达到巅峰的生机勃勃的松露市场，为不愿意去寒冷的冬季丛林里侦察的那些人们，提供了另外一个好选择。世界上最大的松露市场之一就在沃克吕兹的里舍朗舍村，而凯尔西的拉尔邦屈埃则是法国西南部最大的松露市场。但是最受欢迎的松露市场，则是每周一早晨在佩里戈尔的圣阿尔维埃莱村。在寒冷的 1 月，当黑松露的芳香达到顶级的时候，这里是最繁忙的季节，经常会诱惑那些名厨大师来此哄抢囤货。

计划：法国寻找松露之旅 uk.rendezvousen-france.com/en/special/dordogne。采掘松露的季节从 11 月到次年 4 月。游客们可以加入寻找、采掘活动，还可以在松露工作间自己烹饪。当地专家爱德华·阿诺开班授课松露采集和烹饪技巧 pechalifour@gmail.com。

意大利，威尼斯

威尼斯狂欢节

“仿佛全世界都来到了威尼斯，看嘉年华上的愚蠢和疯狂。女人、男人，不管什么样的人，都是古代装扮，伴随着奢靡的音乐，跑跑跳跳，从一所房子来到另一所房子，所有的地方都可以免费进入。”

——约翰·伊夫林，英国的日记作者，1646年

在圣灰星期三前的12天里，整个威尼斯城里的当地人和游客们一样都穿着色彩艳丽的古装服饰，戴着面具，欢度嘉年华。图片：城市中心的圣马克广场，是嘉年华中许多主要活动的举办地点。

从1月到3月初，马约卡的杏树满树繁花，粉色、紫色、白色的花影，像春天的云彩一样。

西班牙

马约卡

在这个地中海小岛上杏树满树繁花的季节，给小岛铺上了一张张轻轻摇曳的粉色、紫色、白色毯子。

特拉蒙塔纳山脉，一座高达1445米的动人山脉，刻画出了马约卡的西北海岸线。每一年，远在山顶的皑皑白雪消融之前，一张杏树盛开、繁花似锦的“毯子”便铺上了整个高原，一直延伸到东岸，充满诗意的当地人称之为“马约卡之雪”。杏树生长在整个小岛上，但1月到3月初的花季，才是令人惊叹的探访季节。

在阳光灿烂的日子，粉色、紫色、白色，好像调色盘上的颜料融到了一起，融入远处背景一般的被白雪覆盖的山峰画面中。这场景给过无数的画家和摄影师以灵感，将一次简单的步行变成一场野趣盎然的浪漫体验。

去哪儿呢？菲奥娜·麦克林，马约卡徒步公司的老板，提议从美丽的Es Capdella小村到公有的加拉诺庄园的步行，全程9公里，大约需要3个小时。“杏树的密集度是我所知道的小岛上最高的，”她说，“有许多的重瓣杏花，因此颜色要更鲜艳。”岛上这处幽静的农村角落，有很好的视角可以欣赏山上的惊人美景。

如果你在心里疑惑着这些杏树的果实最后都去哪儿了，那么不妨试试杏仁蛋糕，通常跟烤杏仁冰淇淋搭配着吃。

饕客必读
Es Verger餐馆

从岛上的主要城市帕尔马西北方向约30公里的小镇阿拉罗出发，大约4个小时的徒步穿越杏树和橄榄树的丛林，到达质朴的Es Verger农庄，这是一处会让巡回美食家们感到喜悦的地方。尽管地方不再是个秘密，但再受欢迎也没有减少一点点它迷人的乡土气息。毛蓬蓬的小绵羊在前院里漫步，老祖母的菜谱看上去跟附近的罗马葡萄园一样久远。最吸引人的是她的传奇烤羊肉，用啤酒腌渍24个小时再到木炭火上烤到恰到好处的鲜嫩。不要忘了再来一瓶她家自酿的美味红酒哦！

www.esvergeret.com

计划：马约卡 www.infomallorca.net、www.seemallorca.com。公共交通 www.caib.es（查找Horaris transports）。徒步 www.mallorcahiking.com。

捷克共和国

布拉格

在这座城市的中世纪市中心，与众多乔装打扮的魔鬼和天使们一起，庆祝圣尼古拉斯节。

当冬天来临，游客减少时，这座古老的捷克都城开始闪亮起来。“在欧陆中央，这是一个天气寒冷的城市”，捷克本土作家卡特琳娜·帕芙洛娃说，“在12月，下午4点钟天就黑了，但那正好使得灯光照亮的橱窗和城市的街灯更加富有吸引力。”在12月5日，人们在高高的巴洛克风格的圣尼古拉斯教堂里，在古典的音乐声中，一起庆祝传统的圣尼古拉斯节。穿过查理桥，伏尔塔瓦河那边的老城广场上，有更多的狂欢活动。

在捷克的民间传说里，圣尼古拉斯在属于他的节日这一天，总会穿着白色长袍头、戴主教法冠而来，身边总有滑稽的天使和魔鬼伴随左右。你会看到，在那每次整点都会敲响，12个小使徒依次出来游行的15世纪的天文钟下，三重奏的小乐队漫步在只供人行走的小广场里。而纪念品的采购，还是等到圣诞节的露天市场吧，在那里有各种小饰品售卖，其中还包括一种华丽的玻璃吹制饰品。“有各种形状、各种大小，而且它们仍然由捷克的巧手工匠们手工制成。”帕芙洛娃说，她深情回忆起童年时代的种种。或许带一些不那么易碎的纪念品回家更为明智一些，而那些也是她童年记忆中最受欢迎的东西，譬如发条小鸟、松果，还有“屋顶上有雪花亮闪闪”的小房子。

优中之选
查理桥摄影

这座有着600年历史的人行石桥，横跨伏尔塔瓦河，桥上终日是各种艺术家、街头音乐人以及游客们熙熙攘攘。桥两侧哨兵似的耸立着宗教雕塑，他们的双手凝固成祈祷的姿势，见证着曾经在这里蓬勃发展的基督教。要想抓住圣人雕像和河流的一点宁静时刻，就在黎明时分来到这里，那时雾和阳光的变幻给这座城市的尖顶建筑们披上一层万花筒般的绚丽外衣；要么夜晚再来，设置好三脚架，将沿着河岸的那些巴洛克建筑的外墙上的聚光灯打出的影子，悉数收进你的镜头里。

计划：布拉格 www.visitprague.cz。这个热爱音乐的城市每年举办几十场冬季演出，从古典到爵士，每个晚上都有。街角到处分发宣传小册子，会指引你做出最棒的选择。

一场看起来无穷无尽的灯光、天使、树木和装饰品的展示，将本已很美丽的老城广场装点得更加美丽。

Top 10

十大冬季热饮

和当地人一起，喝杯适合寒冷天气的经典热饮，温暖你的身体，体验当地文化。

手工咖啡

华盛顿州，西雅图

1971年，星巴克开在派克市场的第一家咖啡馆卖出了它的第一杯咖啡，西雅图式的手工烘焙咖啡馆风格从此诞生。国会山社区有镇上最好的咖啡馆，例如两层楼的维塔咖啡，一个有着18年历史的西雅图机构的旗舰店。

www.caffevita.com

马黛茶

阿根廷

阿根廷人享用这种日常生活中占据重要地位的浸泡茶的方式，是大家围坐在一起，通过同一根麦秆或者金属吸管，轮流从一个色彩鲜艳、雕刻精美的葫芦里啜饮。游客们可以在这种植物盛产的地区参观马黛茶的生产线，学习它的生产全过程——从树上到葫芦里。

www.rutadelayerbamate.org.ar

痛 饮

英格兰，萨默塞特

“Wassailing”原本是在英国的仪式上人们向健康的果园祝福的祝酒词，记录在一次一个月的庆典上。这个传统至今仍延续在诸如萨默塞特郡之类的地方，在那里你可以亲自参加制作，用苹果酒浇上树根，装饰以柠檬和面包干，不过别忘了给自己留一杯“痛饮”哦！

www.visitsomerset.co.uk

热啤酒

波兰，克拉科夫

波兰传统很少会令味蕾失望，这种季节性的温热啤酒，也不例外。就像其他地方的红酒和苹果酒一样，这种麦芽酒是经过加热的、起泡的，然后被送上来。许多酒吧都提供这种热饮，真是对寒冷天气的一种弥补。试试Glonojad素食酒吧的露台吧，就在马泰伊科广场的侧翼。

www.glonojad.com

格拉格

挪 威

这是一种经过加热的，有点辛辣的，甚至还有点刺激的饮料，会出现在每一份冬季菜单上，对于斯堪的纳维亚人来说，格拉格可以算是地区性的最受欢迎的饮料了。通常它是用热红葡萄酒和柠檬、肉桂混合，再加入用雪碧浸泡过的葡萄干制成。你可以混合一些热水（但是不要煮），或者直接喝。

浓缩咖啡

意大利，佛罗伦萨

在意大利旅行，体验咖啡文化，与在广场里四处张望，或者欣赏那些文艺复兴时期的杰作，是同样重要的事情。作为浓缩咖啡的起源地，意大利对于这种强效的小杯饮品的确有着吹牛的资本。在圣乔瓦尼广场上著名的斯库蒂利咖啡餐厅繁忙的咖啡吧里，品尝一杯浓缩咖啡吧。

www.scudieri.eu

热巧克力

奥地利，维也纳

作为文化的源泉，维也纳无处不在的咖啡馆给维也纳人的日常生活制造了一个光环。热巧克力就是这样一个与经典咖啡的甜蜜分离，尤其是当它以奥地利式的方式被端上来的时候。奢华的德梅尔甜品店，提供的巧克力饮料还加上了姜或者豆蔻的花边，而维也纳最古老的咖啡馆佛劳乎伯，坚持着最经典的方式——mit schlag，当然还是加奶油。

www.demel.at、www.cafe-frauenhuber.at

香料奶茶

印度，加尔各答

红色陶杯的碎片在路边小摊的底座周围散落着，卖茶的人不断向路过的人招手希望他们加入这买卖。这种甜甜的加了香料的奶茶，也被叫做卡拉克茶，在印度到处都是。在加尔各答，将空杯子扔向墙壁或地上，是当地一个传统。

咖啡庆典

埃塞俄比亚，亚的斯亚贝巴

一份邀请参加传统咖啡庆典的请柬证明了埃塞人的热情好客。这个场合包括绿色咖啡豆的烘焙，手工研磨，还有稳当的续水。你可以在亚的斯亚贝巴的中心Habesha餐厅体验下，或者长途跋涉到西南部的津马去看看古怪的Jebena咖啡壶雕像，对当地人来说，太大了，也看够了。

addisababaonline.com

普洱茶

中国，云南

中国的茶贩们曾经过2250千米的茶马古道从云南去西藏，用茶叶交换马匹。普洱，这种深色的发酵茶，得名于沿途一个小交易点，在贮存发酵的过程中变得微苦，能够解腻。

墨西哥人通过在甜味里混合一些辣味的方式，将热巧克力的口味又提升了一个层次。旁边是些准备好的适合蘸着吃的油炸饼。

桑给巴尔

在这座田园诗般的东非岛屿上的音乐节期间，随着声音摇摆吧！

在桑给巴尔这个传说中的东非岛屿，当黄昏降临石头城时，从佛罗哈尼公园的小贩手中买几个咖喱角和海鲜卷饼，然后闲庭信步，来到历史悠久的古堡。在古堡里，你在主台阶附近的草地上占个位置。当你还没有来得及吃完手中的即兴晚餐，就已经开始跳起舞来，随着那来自非洲大陆和印度洋岛屿上狂野而多变的音乐，马里的沙漠之魂，莫桑比克的马拉班达，几内亚的尼龙弦吉他大师的演奏。

这是在非洲赤道线附近一年之中最热的时候，但那并不能阻止人们随着非洲年度音乐盛宴上的音乐节奏而舞动脚步；这也是桑给巴尔国际音乐节，从2004年开始每年2月举办，将非洲大陆内外的一些既成的流派聚集到一起，融合起来。台下的观众与台上的艺人们同样风情万种。“那真的是一种很特别的感觉，当你听着台上的马拉维灵魂歌手的演唱，而看着一位马赛人在你身边跳的如火如荼的时候。”桑给巴尔旅游手册的作者伊丽莎白·沃伦说。

音乐只是这盛会中的一部分。在节庆中人们还可以看到龙舟比赛，加入街头游行，在节日集市上浏览手工艺品，甚至在开放的麦克风前一展歌喉，在这个环节，所有人都会被邀请演唱。

游人必知
不可抗拒的桑给巴尔塔拉比之声

弗雷迪·默丘里大概是从桑给巴尔出来的歌手中最有名的一个了，这位前英国皇后乐队的主唱1946年就出生在这里。但是在桑给巴尔岛上，最受欢迎的音乐是塔拉比。它反映了桑给巴尔多民族文化的传承，塔拉比是一种融合产品，受到中东、欧洲和印度风格的影响。这个名字来源于“Tariba”这个词，斯瓦西里语中意思是“被感动”或是“激动”。那也正是塔拉比音乐的力量——感动你，让你放下身段舞动起来。尽管也可以是独奏，不过，塔拉比最好的演奏方式还是整个的西洋管弦乐团，包括风琴、键盘和小提琴，再混合一些传统的非洲乌得琴和坎农琴。

计划：桑给巴尔 www.zanzibartourism.net Sauti Za Busana。音乐节 www.busaramusic.org。

在非洲桑给巴尔岛一年一度的桑给巴尔音乐节期间，来自非洲乃至世界各地的音乐家和舞蹈家齐聚一堂，给这座小城带来富有感染力的活力。

莫桑比克空旷无垠的海岸线和清澈的海水，带给你一次难得的海滩漫步。

莫桑比克

本盖鲁阿岛

在热带清澈而干燥的天空下，沿着绿宝石般的海水，在空旷无垠的海滩上，迷失自己。

在本盖鲁阿岛，莫桑比克南部海岸的巴扎鲁托群岛外的一个岛屿，在半透明的绿松石般的海水和蓝晶般的天空之间，天际线也隐去了。静谧是这条海岸线的主题，就连汽车都是很少见的东西。而最好的，即便是在旺季（北半球的冬天），这里的热带气候仍是最好的，干燥且不太热。

在本盖鲁阿岛上，步行是主要的交通方式。这项活动最好是在黄昏时分享受，当典型的下午的雨将空气变得柔软而湿润一些之后。缓慢的节奏，给你的感官以足够的时间去体味这起伏的海滩和汪洋。“所有你需要关注的就是那蓝色的海，”长期旅行家克里斯汀·拉锡克说，“那水，是那样的美丽宁静。”

钓鱼，当然了，在这里可是件大事。尝试着撒网去抓几条马林鱼或者吞拿鱼，通常是在夏天的海水里，或者花掉一个下午的时间跟在开着帆船出海的本地渔民身边。他们的帆船，是那种没有机动设备的木头船。“没有一丁点儿的工业化，”克里斯汀·拉锡克说道，“就是靠 30 个人在那儿划，完全手工。”

观赏本盖鲁阿岛上的 140 多个品种的鸟类，以及潜水，也都是非常受欢迎的生态导向的活动。对于岛上大概 1000 个居民来讲有个好消息：世界自然生物基金会最近指定其为“献给地球的礼物”，将投入资金帮助其保护印度洋的海水和依赖它们生存的人们。

绝佳住处
奢华而且生态友好的度假村

这些度假村能帮助你留下一个小小的足印，即便是在本盖鲁阿岛的“旺季”，即 12 月到次年 3 月间。

蔚然度假村：这是本盖鲁阿岛上的第一家度假村，拥有私人海滩别墅，而且自最初就有着社区意识，建的时候雇用的是岛上的建筑队，开业了也雇用的是当地员工。

azuraretreats.com/benguerra.co.za

本盖鲁阿岛小屋：有着茅草屋顶和海景的豪华别墅。这家酒店跟岛上的社区成员合作启动了一个环境保护项目，并且将其收益的一部分捐献给一个岛屿信托机构。

benguerra.co.za

计划：本盖鲁阿岛 www.mozambique.co.za，这个岛屿只能通过大陆小镇维兰库卢什坐船到达。维兰库卢什国际机场所提供的大部分是，将这里与约翰内斯堡和马普托连接的航线。

这不是在坦桑尼亚赛伦盖蒂国家公园的看齐“五大”动物的游戏，这是一场遇见——小小的紫胸佛法僧（一种鸟）。

肯尼亚/坦桑尼亚

赛伦盖蒂

见证一群群的牛羚、狮子等动物，在它们壮观的年度大迁徙中是怎样轰轰隆隆地穿过赛伦盖蒂草原。

赛伦盖蒂是一个占地31800平方千米的庞大生态系统，非洲丛林国家的中心位置，跨过肯尼亚和坦桑尼亚的边境，是联合国教科文组织的世界遗产名录之一，至今也仍有马赛勇士们生活其中，狩猎其上。这就是电影《走出非洲》里所描述的那种非洲，也正是“Safari”这个词和这种狩猎活动的诞生地。如果你来到非洲是为了动物而来，那么没有比这更好的地方。动物们产子季节从1月到3月，正是来这里的最好时机，野草最为繁茂。

一个壮观的游戏，那些大的……

赛伦盖蒂可以说是陆地上最好的地点，来见证“五大”动物——狮子、花豹、大象、犀牛和野牛，当然还有河马、鳄鱼、猎豹、狒猴，以及其他几百种动物。观赏成千上万的动物们的队伍绝尘而去，一代又一代，这是地球上最伟大的游行。

暴雨散去的季节，是来观看这大迁徙的最好时机。40多万头牛羚的方阵在2到3周之内就集结起来，是一种自然而然的周期同步。这场规模浩大的旅行，从坦桑尼亚南部赛伦盖蒂的恩戈罗火山

游客必知
塞伦盖蒂的濒危物种

由于市场对于犀牛牙制品的需求飙升，导致犀牛数量锐减，特别是濒危的黑犀牛，它们的数量持续减少。可悲的是，大象如今也成了濒危动物，对于象牙制品的需求给大象的生存带来了巨大的威胁。非洲野犬这种成群结队出行的动物，如今也极少有机会看到，以至于它的出现都能成为新闻。豹猫也成了稀有物种，最脆弱的猎豹漫步在不断缩小和消失的草原之上。一条计划中横穿塞伦盖蒂草原的高速路将进一步毁坏野生动物的生存环境。

口地区出发，跃进、冲锋，发出咕噜咕噜的声音，在这条迁徙路上前行，一直到肯尼亚南部的马赛马拉自然保护区。整个行程超过800千米，并不是每一只动物都能活着到达目的地。而确保你能看到大迁徙的方法是“待在离动物们过河点最近的私人禁猎区里，”米卡托狩猎旅游公司的Lewela Mwawaza建议，“乘坐热气球或直升机当然更好了。”

以及那些小的……

这伟大壮观的场面也包括200万只其他种类食草动物的迁徙，从瞪羚到斑马在内，所有那些在赛伦盖蒂草原上以春芽幼草为食、以石头丘陵为床，在水坑和风吹草低的平原上时不时做个短暂逗留的动物们，常常就在你身外不过几尺远的距离。大迁徙当然是最明显的诱惑，但是也有许多游客回到这里，是为了近距离地遇见非洲那些更为温和也更少为人所知的物种，比如色彩艳丽的紫衣佛法僧、害羞的长颈鹿群，以及散落在大草原上，一代又一代，振奋了无数游客的伞状金合欢树。

即便是对那些狩猎游的老将们，观看赛伦盖蒂草原上的野生动物大迁徙依然惊心动魄。“每一年我都带客人们去看年度大迁徙，”火光探险公司和坦桑尼亚鲁皮塔岛屿度假村的创始人汤姆·利思戈说道，“我依然满怀敬畏之心，没有哪一年是相同的。”

饕客必读
落日晚饮的历史

跟大部分鸡尾酒不同，落日晚饮——口语化的英国术语——更多是关于时间和地点，而不是内容。它可以是任何一种鸡尾酒，只要是在完成一天的工作后——或者，类似游客这种情况，指的是一天的丛林追踪结束后。但是在非洲，一定要在夕阳西下时饮用。它给予狩猎者们的，不光是一次放松的机会，还让你在这片伟大而广袤的荒野上一个静思的时刻。它的名字得来可以追溯至20世纪早期，很快受到了那几位热爱狩猎的饮用者的欢迎，诸如海明威、卡伦（因《走出非洲》而成名），以及泰迪·罗斯福。

计划：赛伦盖蒂迁徙游，米卡托（www.micato.com）是口碑最好的旅行社。超越旅行社（www.andbeyondafrica.com）服务周到，有热情的当地导游，他们则有着丰富的自然、历史知识。

成千上万只牛羚的队伍中夹杂着斑马以及其他大大小小的动物，正在进行它们每年的穿越赛伦盖蒂之旅。

中国

哈尔滨

在冰与雪的仙境里，在灯光璀璨的城堡和宝塔之间徜徉。

黑龙江是中国东北部与俄罗斯西伯利亚地区接壤的省份，冬天无疑是无比寒冷的。然而在其省会城市哈尔滨，人们通过雕刻精美的冰雕，给这漫长而寒冷的几个月带来了亮色，冰雕用于1月和2月举办的国际冰雪艺术节。

裹紧大衣，穿上厚实的靴子，来探索这座城市吧。苍白的冬日阳光照耀着那些著名地标的巨大仿真再现景观。积雪在你的脚下被压的硬硬实实，当你漫步雅典卫城顶上，或是走进紫禁城大门的时候。取暖？那就在冰冻的松花江上滑下一个巨大的冰雪滑坡，然后看那江心的小岛变成另一个世界，那世界，闪闪发光的冰奇光异彩。当夜幕降临，深红、宝石蓝、柠檬绿等各种色彩都从那半透明的冰砖里闪耀出来。

“非常的超现实主义，不管是规模还是那些灯光——就好像身处一部奇幻电影里。”中国旅游公司的克里斯蒂安·斯坦利说，这家公司提供哈尔滨和冰雪节的旅游路线。“你会感觉自己非常渺小，而且忍不住疑惑他们是怎样这么快建起这些冰雕的。很难相信只不过几个星期的功夫，这些又将全部消失——融化了。”

优中之选 西伯利亚虎公园

公园离哈尔滨不远，当天可往返，你可以去参观西伯利亚虎，听它们的咆哮声。它坐落在城市西北角的松花江上，这座公园被建立以用来保护这些雄伟的动物，世界上最大的猫科动物。几百头纯种东北虎已经适应了冬季的寒冷，自由自在地漫步在这1.4平方千米的公园里，与山猫、花豹、黑美洲狮为邻。游客们只能乘坐被丝网围住的旅行车，那些好奇的老虎可能还会偶尔来考察一番。不怕恶心的游客，可以买一些活的动物，比如鸭子、鸡甚至是牛来喂老虎，看这些野兽之王是怎样撕裂它们的猎物。

www.thechinatravelcompany.com

计划：国际冰雪艺术节 en.cnta.gov.cn。中国旅游公司（www.thechinatravelcompany.com）的冰雪节路线访问哈尔滨。

夜幕降临，冰雕艺术家们利用冰块、灯光和想象力创作出来的冰雕作品照亮了中国东北的哈尔滨市。

沿着象岛可以同时看到河流、海水和白沙海滩，这样的宁静瞬间，比比皆是。

象 岛

河流还是大海？雨林还是瀑布？或者，就在这白沙滩上发发呆吧。

直到 10 年前，仅有的那些到达象岛的外国人还只是些好奇的背包客，准备好要在这干燥而温度适宜的冬天几个月里，在温暖的阳光下，探索这座岛屿的神秘。尽管象岛及其卫星岛如今已经成为许多游客的目的地，但这座群岛还是保留了其自然本色。《国家地理探险杂志》作者 Christian DeBenebetti 推荐这里是一个“出众的海湾探险地，有着云雾缭绕的山峰和离岸的礁石”。岛的西海岸，有着细腻象牙色细沙的天堂般的沙滩，而在东海岸，则主要是以密集的雨林、红树林和岛上的瀑布吸引游客。

岛上最长最受欢迎的海滩是 Hat Sai Khao（白色沙滩）。而在更远的南部，有一处更棒的心灵慰藉之地，Hat Klong Prao（空抛海滩）。这块海滩被两条小河分成 3 个部分，中间明净的河口提供给人们一幅既可以看到河流又可以看到海的壮丽景致。租一只皮划艇或是独木舟、划桨荡舟，进入河口经过渔民的房子，或是出海到附近的 Ko Yuak 和 Ko Pli 岛，这两座岛都有很棒的浮潜地。

绝佳住处
生机勃勃且宁静的住处

象岛阿玛瑞翡翠湾：

从舒适的私密阳台上看太阳升起在雨林云雾缭绕的山头，又落入远远的于昌岛海滩的海岸线以外。花上一天的时间在海滩和酒店的水疗会所放松放松，到了晚上，再出发去感受下白色沙滩或者柴切特村里的 VJ 广场上活力四射的夜生活。

www.amari.com/emeraldcove

琥珀沙滩度假村：

想要一个更宁静的住处，试试岛最东北端的琥珀沙滩。一对退休后的英国夫妇来这里经营了这家旅店，它家的安宁静谧的气氛包围了这里的游客。

www.ambersandsbeachresort.com

计划：象岛 www.tourismthailand.ord。轮渡通常在兰喔码头离开陆地，停留在多个海滩。象岛最北端的 Ao Sapparot 是最方便的目的地。

新加坡的乌节路，主要的娱乐区，一到圣诞季就成了灯光的漩涡。

亚洲

新加坡

这个亚洲岛屿因其夸张的装饰和灯光展示，宣告了其世界上最华丽的圣诞之名。

巨大的MM巧克力豆舞蹈者穿越一个3层楼高的姜饼屋的门廊，驯鹿在白雪覆盖的森林里腾跃，动画雪人在被闪闪发光的金色小灯泡挂满的树边低吟颂歌。你目之所及全是灯光，各种各样的灯光攀援着摩天大厦的边缘，遮掩住商场的橱窗，沿着街道串成一串，一直到你目光的尽头。

尽管人口中的基督徒不足15%，这个节日让这座城市闪亮到你以为自己来到了曼哈顿……如果不是因为那种黏乎乎的热带气息。然而，这是12月的新加坡，这座小小的亚洲岛城有着要干大事的姿态，包括它要成为世界上最华丽的圣诞装饰的追求。

“我们没有雪也没有松树，我们没有驯鹿也没有烟囱，而且我们也肯定没有宁静的夜晚，”作家和社会评论家阿德里安·谭说，“可是，圣诞节一定是个新加坡式的节日，我们有两种消费热情——购物和美食。将这些跟新加坡人刚刚拿到年终奖的这个年末的节日联系到一起，你将得到的会是一次完美风暴。”

游客必知
屠妖节：新加坡的另一场灯光秀

新加坡的节日季是从多彩的屠妖节开始的，这是印度的一个关于灯的全国性节日，在新加坡又称万灯节，持续一个星期，高潮时人们沿着小印度区的实龙岗路搭起各种华丽的拱门，点亮各种灯光秀。在家中，印度人点起小油灯，来庆祝光明战胜黑暗、善良打败邪恶，在历史传说中则演化成克里希纳王战胜邪恶的纳拉卡苏拉王的故事。屠妖节的传统还包括手部彩绘、焰火、特别的节日蛋糕和蜡烛，以及穿上你最好的新纱丽，到当地印度庙宇或是印度歌舞的户外表演中去。

www.lisha.org.sg/Little_India_Celebrations.aspx

计划： 新加坡旅行 www.yoursingapore.com。新加坡圣诞 celebratechristmasinsingapore.org。

澳大利亚

黄金海岸

在澳大利亚的冲浪胜地，在翻滚的海浪间欢腾吧。

有着长达 64 千米的海滩——昆士兰州的黄金海岸，就在布里斯班南边，拥有澳大利亚最好最稳定的海浪。从 12 月到次年 4 月间，自太平洋吹来的渐强的东风，制造了通常在 30 到 60 厘米的海浪，在“冲浪天堂”这个被命名的恰到好处的这项运动的中心，吸引了成群的冲浪者们来到这里，急于一试身手。

在遍布海滩的许多个冲浪学校里练习下基本动作。冲浪板在手，轻轻走在朝阳下闪着粉色光泽的金色沙子上。这么早的时间，还只有骨灰级的冲浪者会出现在这片沙滩上。但是完美的夏日温度，任何时候都在召唤你。在那些有名的冲浪点，比如彩虹湾，或是布雷岬，它们的右手边有长长的管状波浪，勇敢地冲进那被阳光温热了的海水中去吧！

冲浪板疯狂地想要抓住一个冲浪者，当它咆哮着冲向岸边时，用你的膝盖将重心上移，最终会是颤抖着站起来。有那么几个瞬间，你会觉得自己冲浪的样子就像那些职业选手一般，在头顶眩目阳光和脚下折射出光芒的深蓝海水之间驰骋。而下一秒，你已经被浪头打翻了。没关系，当你重新冒出水面抓紧冲浪板的时候，你已经在为下一次蓄势待发了。做好准备，抓住下一次的完美浪尖吧！

优中之选
冲浪者的世外桃源：南史翠布鲁克岛

离开人群拥挤的冲浪天堂，来到南史翠布鲁克岛，这是一个自然保护区，有宁静的来自水面的风吹过岛上的灌木丛林。它就坐落在黄金海岸北部的陆地外，“南史翠岛（当地人的称呼）”有着将近 23 千米质朴而人迹罕至的冲浪海滩，以及上百只友好的袋鼠。徒步穿越丛林时，留神看下那些身手敏捷的袋目动物们，包括金色黑尾袋鼠、棕短鼻袋狸、短嘴针鼹。在森林木屋或是露营点放松下，或许，会有好奇的袋鼠朋友们来加入你的篝火晚会哦。

www.goldcoast.qld.gov.au

计划：澳大利亚黄金海岸 www.goldcoast.com.au。冲浪天堂冲浪学校（www.surfinparadise.com）提供初学者课程，地点在沙尾。

在澳大利亚的黄金海岸线上，浪花翻滚无歇，时常挑战着冲浪者们。

Top 10

十大新年夜庆祝活动

在这个普天同庆的日子，以大大小小各种各样的庆祝活动，来敲响和平的钟声。

纽约州，纽约市

纽约时代广场上的新年倒数活动，吸引了千百万来自全球各地的人们围坐在电视机前观看直播，并期待着自己也在那现场。上百万狂欢的人们挤到位于百老汇大街和第七大道交汇处，在这座霓虹闪烁的城市中心，等待着带电子显示屏的水晶球从纽约时代大厦顶端掉落的时刻。时代大厦，正是这标志性的时代广场得名的由来。这项活动在美国已经有着 100 多年的传统了。

www.nycgo.com

内华达州，拉斯维加斯

在世俗浮华赌场林立的拉斯维加斯，当新年的钟声敲响时，焰火也同时照亮了巴黎酒店、米高梅酒店、贝拉吉奥酒店，以及这条著名的大街上林立的一系列赌场酒店的上空。成千上万的人们为了巨星们这一晚的演唱会和表演来到这里，整座城市也因他们而热闹非凡起来，直到新年的阳光升起，照亮周边的沙漠。

www.lvcva.com

巴西，里约热内卢

雷韦隆，里约的新年庆祝方式，是世界上规模最大的新年晚宴之一。数以百万计的当地居民和外地游客排列在绵延数英里的海滩，在午夜时分向海浪中抛洒鲜花，为的是纪念非洲海洋女神叶曼雅，她的传说跟圣母玛利亚有部分重合。在那之后，所有的街道、酒吧和餐厅都被各种聚会、舞蹈和音乐所填满。

www.rcvb.com.br

英国，伦敦

上百万急切的伦敦人，在泰晤士河岸边排列成行，在特拉法加广场聚集成群，等待着这座城市突然绽放出炫目的光彩的时刻。到了午夜，大笨钟周围的塔楼上火光迸射，伴随着十二响的钟声。所有的目光这时都转向被称为“伦敦之眼”的著名摩天轮，那里正在制造一场旋转的焰火和灯光秀，伴随着回响全城的英式摇滚的音乐声。

www.visitlondon.com

法国，巴黎

在新年前夜，巴黎，这座灯光之城变成了焰火之城。成百上千的人们排列到香榭丽舍大街上，手中握着香槟酒瓶，只为看看埃菲尔铁塔。到了午夜时分，焰火会从整个铁塔向外迸射，跟其他任何地方比起来，这里是最为美丽的风景之一。

en.parisinfo.com

西班牙，马德里

马德里人庆祝新年的方式是吞下 12 颗葡萄——每一颗都伴随午夜时分新年钟声的一次敲响。随着 12 次钟声的结束准时吃完葡萄则被认为是来年将有好运气的兆头。成千上万的人们聚集在太阳门广场上，参加跨年仪式，又排列在格兰大道上，观赏焰火。

www.spain.info

黎巴嫩，贝鲁特

每个新年都是一个承诺，这个饱受战争之苦的黎巴嫩都城，一切都会变得好起来。上千人聚集到奈及梅广场上建于 1933 年的艺术装饰的钟楼前观赏灯光秀。到了午夜，恋人亲吻、焰火燃烧，照亮了这座折中主义的都会城市里泛光灯映射下的教堂尖顶和清真寺光塔。

www.lebanon-tourism.gov.lb

日本，东京

在东京，新年前夜，街道上餐馆里都满是人群，许多人在吃荞麦面以期健康快乐的新一年。寺院响起午夜倒计时的钟声，给这庆祝又添加了一份梦幻色彩。在这里待到 1 月 2 日，其中有一天天皇会打开皇宫对公众开放。

www.gotokyo.org/en

南太平洋，圣诞岛

以另外一个节日来命名，（因阿梅莉亚·厄尔哈特的飞机可能的失踪地而闻名），圣诞岛或者基里巴斯（南太平洋基里巴斯共和国），是在全世界最早庆祝新年到来的几个有人类居住的地方之一。只有 5000 个居民的圣诞岛，新年夜的庆祝是一场亲密的活动，岛上的大部分地方是野生动物保护区。

www.shire.gov.cx

澳大利亚，悉尼

在悉尼，每个人都来到海边庆祝新年夜。到午夜时分，标志性的悉尼港大桥和附近的建筑，点亮了世界上最壮观的焰火。

www.sydneynewyearseve.com

悉尼歌剧院，通常是游客们来到港口时停留的焦点，伴随着烟花的表演会掀开新年的新篇章。

保罗·米勒

南极半岛

任何人都会成为一个自然的探询者，若他在冰雪的温室中住上一些日子。——法兰西斯·培根（画家）

我们的宇宙，根据大多数科学家的理论，已经存在了大约137亿年了。尽管南极只存在了其中的6000万年，它仍然是一个测量这世界及其变化的节奏之佳处，而这变化来自于巨大的气候变化。将一种节奏与另一种搭配，看你能混搭出怎样的律动来。

好了，现在我身在南极半岛上，为一些曲谱而创作一系列的草稿，那些曲谱，我最终会将之变为四重奏中的片段、艺术廊里的展示，以及出自自身经验的一曲交响乐。我注视着这片景致，想着怎样收集其中的一些印象，并将材料提炼成一些我在谱曲时能够用上的东西（视觉的、声觉的和只用于写作的），最终到达那个点，声音和艺术可以给你描绘出下面的世界正在发生的事情。

接下来的步骤是关于这所有的一切是怎样融合起来的。DJ文化就是拼接、采样、拼接、切割，等等。每一样东西都是这混合物中的一部分，而在各种声源之间是没有边界的。测绘取样技术和环境本身之间有着足够的空间。这世界本身就是一盘非常巨大的录音带，我们只需要知道怎样使用它。

我的南极远征是一场进入假想境界的旅程，那是一个小说与日常现实相冲突的世界。音乐是一面镜子，我们举起它面向世界，看看我们能从音调、音高以及序列中派生出什么来。南极是地图上的边界，但是我们都知道它是怎样深刻地在影响着地球的节拍、季节的韵律。我只是在想，我要让这个念头转起来。

保罗·米勒，是一位作曲家、多媒体艺术家、编辑和作家。在2012–2013年间，他是纽约大都会艺术博物馆的首任常驻艺术家。左图是他的原创艺术作品。

“我的南极远征是一场进入假想境界的旅程，那是一个小说与日常现实相冲突的世界。”

如今尚不属任何一个政府也未经开发的南极大陆及其霍尔特德海湾，依然是一片只属于浮冰、山峰、积云和天空的王国。

马尔堡峡湾

在海岸线上的仙境来一次远足吧，沿着南岛的天际线山峰，到隐蔽的海湾，再到平静的洞穴。

在南岛上的马尔堡峡湾，一些久经风吹海蚀的山谷组成了新西兰的世界第五大海岸线。从夏洛特女王步道的高处，凝望那些虎皮绿蕨一直下降延伸到海边，绿松石般的海水在2月的夏日阳光下闪亮，温度20℃ -60℃，这里是整个国家最明亮的地区。

在夏洛特女王峡湾尽头的船穴开始这段徒步旅程，这里同时也是新西兰最富历史痕迹的地点，曾经深为库克船长所爱。“因此，闪亮，是库克船长对这片他最喜欢的区域的评价，此后50年里英国人都以他对夏洛特女王的描述来想象整个新西兰。”新西兰自然学家和国家地理专员麦尔肯·坎贝尔说。

如今，240年过去了，仍然遗世独立的这片区域，依然有着不减的魅力，闪亮的海水、遥远的水湾、绝妙的海岸步道，还有崎岖的丛林。坎贝尔补充说：“我最值得纪念的旅程就是白天行走，晚上住在一个被改装的北海渔船上，吃着从这片海里打捞起来的新鲜海鲜，夜品当地葡萄酒，晨起水中漫游。每一天，我都在行走、在相遇，与路途中邂逅的意趣相投的人们分享那些陪伴我们旅程的好东西。”

游客必知
沉浸毛利文化

毛利人将南岛的北部尽头称为“Te Tan Ihu”，意思是“半神毛伊的独木舟之船头”。有着8个被认定的毛利人部落，在尼尔森－马尔堡地区，整个区域都沉浸在古典抑或现代的毛利文化中。参观毛利人聚居地，比如在怀卡瓦的那一个，就在皮克顿镇外，而你在进入布满雕刻图像的集会场欣赏歌舞表演和享用美食之前，土著勇士们会首先展示他们称之为“闻”的特色碰鼻礼。

www.waikawamarae.org.nz

计划： 马尔堡峡湾 www.newzealand.com/int/marlborough-sounds。马尔堡峡湾探险公司（www.marlboroughsounds.co.nz）提供有向导的徒步旅行、山地自行车，以及峡湾中的海洋划艇旅游路线。

沿着世界之边缘的马尔堡峡湾旅行的背包客，停下来坐赏那遥远而震撼人心的远景。

在南极戴维斯站附近海域，成年和幼年的帝王企鹅，正在准备下水游泳。

南极洲

南极

一边在轮船甲板上的烤肉宴大快朵颐，一边凝望企鹅们嬉水。

已是将近100年过去了，自英雄年代的那些探险家们——阿蒙森、斯科特、沙克顿开始他们到达南极点的挑战，他们中的一些队员，也在那遥远的征程中丧生。但那片巨大而荒芜的“白色大陆”——南极，世界上最后一片巨大荒原，从未丧失过它的力量。

南极的夏季，从12月到次年3月，对游客来说是最好的时间。在这几个月里，你能遇到鲸鱼和企鹅，在地球最南端相对温暖的阳光中嬉戏玩耍。

苏尼瓦·索比，第一支不带狗徒步走向南极点的全女性组织中的一员，赞美那种“共享的生活感”的一种经历：“南极，激发了隔离感、荒芜感，以及那种发自内心的反思。作为人类，你是谁。”

不像早期的探险家们，如今的游轮提供了安全简便的南极大陆和水域旅行。徒步登上一座散落着聒噪的企鹅聚居地的雪山，或者是在有选择的蓝色冰山间来一次皮筏之旅观看鲸鱼和海豹，之后再来一次轮船甲板上的烤肉宴让你满血复活。雷吉音乐和铁板汉堡或许不够协调，但加香料的热红酒可是寒冬的绝配。唯一有可能的打扰就是冲到栏杆边看游过的鲸鱼、海狮和企鹅。

绝佳住处
冰地露营

当皮筏将你放下在一片冰雪覆盖的海岸，只给你留下铲子、睡袋和睡袋套时，你大概会想想，天啊，我究竟是把自己置于什么境地了？然后，你就会开始挖掘你的“雪墓”，作为一晚的睡床。没有床垫、没有客房服务、没有中央供暖，但是，在南极冰雪中露营过夜，将会是你难忘的经历，以及关于100年前的阿蒙森、斯科特和他们的队友们曾在这儿经历过什么给你的一个小小提示。好几家公司提供露营选择，包括泛洋探险公司（www.oceanwide-expeditions.com）。

计划：南极游轮 www.oneoceanexpeditions.com、www.quarkexpeditions.com、www.oceanwide-expeditions.com、www.nationalgeographicexeditions.com。大部分游轮是从阿根廷南端乌斯怀亚出发。

重大活动时间表

春季

- 西南偏南节，奥斯汀，德克萨斯州：3月中 (pp. 20 - 21)
- 侯丽节（色彩节），斋浦尔，印度：3月的满月之日后 (pp. 72 - 73)
- 圣胡安 - 卡皮斯特拉诺燕子，加利福尼亚州：3月19日 (p. 12)
- 太阳金字塔春分日，墨西哥城，墨西哥：3月20日 (p. 34)
- 相扑锦标赛，大阪和东京，日本：3月和5月 (p. 76)
- 圣周：大斋期最后一周（莱昂，尼加拉瓜 p. 31；塞维利亚，西班牙 p. 60）
- 叮砰南音乐节，纳什维尔，田纳西州：4月初 (p. 15)
- 郁金香节，伊斯坦布尔，土耳其：3月末至4月中 (pp. 62 - 63)
- 高尔夫大师赛，奥古斯塔，佐治亚州：4月第一周 (p. 25)
- 国王日，阿姆斯特丹，荷兰：4月27日 (p. 42)
- 佛蒙特州枫树节，圣奥尔本斯，佛蒙特州：4月末 (p. 22)
- 航海周，安提瓜岛：4月末至5月初 (p. 30)
- 新奥尔良爵士乐文化遗产节，新奥尔良，路易斯安那州：4月最后一个周末至5月第一周 (p. 19)
- 五月天，基辅，乌克兰：5月1-9日 (pp. 74 - 75)
- 赫罗纳花卉节，赫罗纳，西班牙：5月7-15日 (pp. 58 - 59)
- 世界烤肉冠军赛，孟菲斯，田纳西州：5月中 (p. 18)
- 罗马尼朝圣，圣玛丽，法国：5月24-25日 (pp. 52 - 53)
- 印第安纳波利斯500英里比赛，印第安纳波利斯，印第安纳州：5月最后一周 (pp. 16 - 17)
- F1 方程式大赛，摩纳哥：5月末 (p. 45)
- 国旗日和鲱鱼拍卖，席凡宁根，荷兰：6月初 (p. 43)
- 菲斯世界宗教音乐节，菲斯，摩洛哥：6月初 (p. 66)
- 布鲁姆日，都柏林，爱尔兰：6月16日 (p. 38)

春季活动和景点概况

月表地形火山坑，爱达荷州 (p. 13)
西奥多·罗斯福国家公园，北达科他州 (p. 14)
湍流漂流，西弗吉尼亚州 (p. 23)
葡萄酒节，弗吉尼亚州 (p. 24)
大烟山，田纳西州 / 北卡罗来纳州 (pp. 26 - 27)
潜水，波多黎各 (p. 28)
圣卢西亚，加勒比海地区 (p. 29)
收获可可豆，厄瓜多尔 (p. 35)
危地马拉高地，中美洲 (pp. 36 - 37)
洛蒙德湖，苏格兰 (p. 39)
瓦登海国家公园，丹麦 (p. 44)
巴黎，法国 (pp. 46 - 49)
科莫湖，意大利 (pp. 54 - 57)
多瑙河三角洲观鸟，罗马尼亚 (p. 61)
圣凯瑟琳修道院，西奈半岛，埃及 (pp. 64 - 65)
穿越阿特拉斯山，摩洛哥 (p. 67)
维多利亚瀑布，赞比亚和津巴布韦 (p. 70)
大金佛塔节，仰光，缅甸 (p. 71)
赏樱花，日本 (p. 77)

夏季

- 白夜节，圣彼得堡，俄罗斯：夏至前后一周，6月21日或22日 (p. 129)
- 午夜日下高尔夫，冰岛：6月中至6月末 (p. 115)
- 太阳节，萨克塞华曼，秘鲁：6月21日或22日 (pp. 112 - 113)
- 皇后镇冰雪节，皇后镇，新西兰：6月末 (pp. 160 - 161)
- 全美樱桃节，特拉弗斯城，密歇根州：6月末至7月初 (p. 95)
- 赛马节，锡耶纳，意大利：7月2日和8月16日 (p. 137)
- 华盛顿国家广场独立日庆典，华盛顿特区，美国：7月4日 (p. 103)
- 卡尔加里牛仔节，阿尔伯塔省，加拿大：7月初至7月中 (p. 88)
- 塔希提舞蹈节，塔希提，法属波利尼西亚：7月初至7月中 (p. 155)
- 大北方艺术节，伊努维克，加拿大西北地区：7月中 (p. 81)
- 那达慕盛会，乌兰巴托，蒙古国：7月11-13日 (p. 152)
- 拉地拉那节，拉地拉那，智利：7月16日 (p. 110)
- 欢笑喜剧节，蒙特利尔，魁北克，加拿大：7月中至7月末 (p. 99)
- 钦科蒂格野马游泳赛，亚萨提格岛，弗吉尼亚州：7月最后一个周三 (pp. 106 - 107)
- 新港爵士音乐节，新港，罗德岛：7月末和8月初 (p. 102)
- 温哥华国际焰火节，温哥华，英属哥伦比亚，加拿大：7月末至8月初 (p. 80)
- 萨尔茨堡音乐节，萨尔茨堡，奥地利：7月末至8月 (p. 136)
- 爱丁堡边缘艺术节，爱丁堡，苏格兰：8月 (pp. 118 - 121)
- 中世纪节，哥得兰岛，瑞典：8月初 (p. 125)
- 英仙座流星雨：8月11-13日 (pp. 100 - 101)
- 爱荷华州博览会，得梅因，爱荷华州：8月中 (p. 98)
- 探戈世界锦标赛，布宜诺斯艾利斯，阿根廷：8月初至8月末 (p. 114)
- 特柳赖德电影节，特柳赖德，科罗拉多州：劳动节周末 (p. 94)

夏季活动和景点概况

阿拉斯加观熊 (pp. 82 - 85)
圣胡安岛，华盛顿州 (pp. 89 - 91)
太平洋屋脊步道，加利福尼亚州 / 俄勒冈州 / 华盛顿州 (pp. 92 - 93)
帕利斯岛，南卡罗来纳州 (p. 108)
铜峡谷火车之旅，墨西哥 (p. 109)
迪亚曼蒂那国家公园，巴西 (p. 111)
康沃尔海滩，英格兰 (p. 124)
斯瓦尔巴群岛，挪威 (pp. 126 - 127)
波罗的海渡轮 (p. 128)
佩内达吉尔斯国家公园，吉尔斯，葡萄牙 (p. 130)
沿比利牛斯山脉骑行，法国 / 西班牙 (p. 131)
薰衣草，普罗旺斯，法国 (pp. 132 - 133)
畅游瑞士湖泊 (pp. 134 - 135)
圣托里尼，希腊 (page 140 - 141)
维罗纳露天体育场歌剧，维罗纳，意大利 (p. 142)
奥卡万戈三角洲洪水季，博茨瓦纳 (p. 143)
纳库鲁湖观火烈鸟，肯尼亚 (pp. 144 - 145)
遇见野生黑猩猩，卢旺达、乌干达和小刚果 (p. 146)
漫步沙丘，纳米比亚 (p. 147)
开普酒乡，南非 (pp. 148 - 151)
香港海滩，中国 (p. 153)
攀登富士山，日本 (p. 154)
大堡礁，澳大利亚 (pp. 156 - 157)
卡卡杜国家公园，澳大利亚 (p. 158)
滑雪，雪山，澳大利亚 (p. 159)

秋季

秋季活动和景点概况

冬季

冬季活动和景点概况

图片出处

2-3, Michael Melford/NG Stock; 4, LOOK Die Bildagentur der Fotografen GmbH/Alamy; 6, Giovanni Simeone/SIME; 10-11, TAKASHI SATO/amanaimages/Corbis; 12, littleny/Shutterstock; 13, Dr. W. B. Karesh; 14, Don Johnston/All Canada Photos/Getty Images; 15, Will Van Overbeek/NG Stock; 16-7, William Manning/Corbis; 18, Randy Harris/Redux; 19, Amy Harris/Corbis; 20-21, ZUMA Wire Service/Alamy; 22, Robert F. Sisson/NG Stock; 23, Greg Von Doersten/Aurora/Getty Images; 24, Christy Massie/Courtesy of visit charlottesville.org; 25, Andrew Davis Tucker/Staff/the Augusta Chronicle/ZUMAPRESS.com/Alamy; 26-7, Visuals Unlimited, Inc./Adam Jones/Getty Images; 28, Vilainecrevette/Alamy; 29, Wildroze/iStockphoto; 30, Alison Langley/Aurora/Getty Images;
31, THALIA WATMOUGH/aliki image library/Alamy; 33, Hemis/Alamy;
34, Frans Lemmens/Hollandse Hoogte/Redux; 35, Owen Franken/Corbis; 36-7, holgs/iStockphoto.com; 38, AP Images/John Cogill; 39, Jim Richardson/NG Stock; 41, Stuart Monk/Alamy; 42, Paul van Riel/Hollandse Hoogte/Redux; 43, VALERIE KUYPERS/AFP/Getty Images; 44, Andy Rouse/naturepl.com; 45, O.DIGOIT/Alamy; 46, JTB MEDIA CREATION, Inc./Alamy; 47, CW Images/Alamy; 48, Bruno De Hogues/Getty Images; 49, PCN/Corbis; 51, Bon Appetit/Alamy; 52, Nigel Dickinson; 53, Luca da Ros/Grand Tour/Corbis; 54, Sandra Raccanello/SIME; 55, Massimo Ripani/SIME; 56, Craig Oesterling/NG My Shot; 57, Zoltan Nagy/SIME; 58-9, Owen Franken/Corbis; 60, Peter Turnley/Corbis; 61, imagebroker/Alamy; 62, Günter Gräfenhain/Huber/SIME; 63, Borderlands/Alamy; 64-5, Matt Moyer/NG Stock; 66, Bertrand Rieger/Hemis/Corbis; 67, Anders Ryman/Corbis; 69, Terry Eggers/Corbis; 70, Neil_Burton/iStockphoto; 71, Günter Gräfenhain/Huber/SIME; 72-3, KAMAL KISHORE/Reuters/Corbis; 74-5, kiyanochka/iStockphoto; 76, Orient/Huber/SIME; 77, JTB MEDIA CREATION, Inc./Alamy; 78-9, Richard Taylor/4Corners/SIME; 80, Ugur OKUCU/Shutterstock; 81, Sasha Webb; 82, Mark Conlin/Getty Images; 83, Alaska Stock LLC/NG Stock; 84, Danita Delimont/Alamy; 85, Barrett Hedges/NG Stock; 87, WaterFrame/Alamy; 88, Steve Estvanik/Shutterstock .com; 89, Joel W. Rogers/Corbis; 90-91, Danita Delimont/Alamy; 92-3, Rich Reid/NG Stock; 94, David McNew/Getty Images; 95, AP Images/the Record-Eagle, Keith King; 97, BARBARA GINDL/epa/Corbis; 98, Marvin Dembinsky Photo Associates/Alamy; 99, Yves Marcoux/Getty Images; 100-101, Matt Currier Photography; 102, AJ Wilhelm/NG Stock; 103, Hemis/Alamy; 105, Buddy Mays/Alamy; 106-107, Medford Taylor/NG Stock; 108, Christian Heeb/laif/Redux; 109, Carolyn Brown/Photo Researchers/Getty Images; 110, Hemis/Alamy; 111, imagebroker/Alamy; 112-13, Keren Su/China Span/Alamy; 114, Ralph Lee Hopkins/NG Stock; 115, diddi@diddisig.is/Flickr/Getty Images; 117, Frans Lanting/NG Stock; 118, Marco Secchi/Alamy; 119, nagelestock.com/Alamy; 120, AdamEdwards/Shutterstock; 121, Jeff J Mitchell/Getty Images; 123, Gail Mooney/Corbis; 124, Pietro Canali/4Corners/SIME; 125, Albert Moldvay/NG Stock; 126-7, Ralph Lee Hopkins/NG Stock; 128, BOISVIEUX Christophe/hemis.fr/Getty Images; 129, Massimo Ripani/SIME; 130, Peter Essick/NG Stock; 131, Richard Manin/Hemis/Corbis; 132-3, Belenos/Huber/SIME; 134, Richard Taylor/4Corners/SIME; 135, mediacolor's/Alamy; 136, Massimo Borchi/SIME; 137, Grant Rooney/Alamy; 139, Jens Schwarz/laif/Redux; 140-41, David Noton Photography/Alamy; 142, Sabine Lubenow/Getty Images; 143, Richard Du Toit/Minden Pictures/NG Stock; 144-5, Chris Bolin/First Light/Getty Images; 146, Guenter Guni/iStockphoto; 147, Frans Lanting/NG Stock; 148, Monica Gumm/laif/Redux Pictures; 149, Justin Foulkes/4Corners/SIME; 150, Van Berge, Alexander/the food passionates/Corbis; 151, Michael Melford/NG Stock; 152, Bruno Morandi/Getty Images; 153, Walter Bibikow/Getty Images; 154, amana images inc./Alamy; 155, Rothenborg Kyle/Getty Images; 156-7, Fred Bavendam/Minden Pictures/NG Stock; 158, Peter Walton Photography/Getty Images; 159, Photograph by David Messent/Getty Images; 160, David Wall/Alamy; 161, Doug Pearson/JAI/Corbis; 162-3, Giovanni Simeone/SIME; 164, Inga Spence/Alamy; 165, Jodi Cobb/NG Stock; 166-7, P Robin Moeller/

iStockphoto.com; 168, Blaine Harrington III/Corbis; 169, Rolf Nussbaumer Photography/Alamy; 170-1, Paul Nicklen/NG Stock; 172, Allen Fredrickson/Icon SMI/Corbis; 173, Kevin R. Morris/Corbis; 174-5, H. Mark Weidman Photography/ Alamy; 176, Doug Wilson/Alamy; 177, Pete Ryan/NG Stock; 179, Martin Thomas Photography/ Alamy; 180, Chris Murray/Aurora/ Getty Images; 181, Tyler Nordgren; 182-3, Michael Melford/NG Stock; 184-5, Bill O'Leary/the Washington Post via Getty Images; 186, Corbis; 187, Reinhard Dirscherl/Alamy; 188, AP Images/Marco Ugarte; 189, Dordo Brnobic/NG My Shot; 190, Sebastian Giacobone/ Shutterstock; 191, Michael & Jennifer Lewis/NG Stock; 192, Dave Donaldson/Alamy; 193, Benoit Jacquelin/iStockphoto; 195, Cephas Picture Library/Alamy; 196, John Miller/Robert Harding World Imagery/Corbis; 197, Heiko Specht/ laif/Redux; 198, Intrepix/ Shutterstock.com; 199, CAMERA PRESS/Sergey Pyatakov/RIA Novosti/Redux; 200, Greg Dale/NG Stock; 201, Reinhard Schmid/ Huber/SIME; 203, oktoberfestbrisbane.com.au; 204, imagebroker.net/SuperStock; 205, ARCO/C Bömke/age fotostock; 206, KIKETXO/Shutterstock; 207, Guido Cozzi/SIME; 208, Reinhard Schmid/Huber/SIME; 209, Yonatan Sindel/Flash90/Redux; 210-211, Dave Yoder; 212, NHPA/ SuperStock; 213, Danita Delimont/ Gallo Images/Getty Images; 215, Francois Lacasse/NHLI via Getty Images; 216, Huw Jones/4Corners/ SIME; 217, Danita Delimont/Getty Images; 218, Alfred Cheng Jin/ Reuters/Corbis; 219, imagebroker/ Alamy; 220, Michael Yamashita/NG Stock; 221, PONGMANAT TASIRI/ epa/Corbis; 223, Travelasia/Asia Images/Corbis; 224-5, Joseph J. Hobbs; 226, Dave Stamboulis/ Alamy; 227, Michael Leach/Getty Images; 228-9, Roy Samuelsen/NG My Shot; 230, Alaska Photography/ Flickr/Getty Images; 231, Rolf Hicker/All Canada Photos/Getty Images; 233, Joe McBride/Getty Images; 234, Chao Kusollerschariya/NG My Shot; 235, Diane Cook & Len Jenshel/Corbis; 236, Bill Hatcher/NG Stock; 237, Michael Rubin/iStockphoto; 238-9, Jeffrey Noble/Photo of Derrick Suwaima Davis (Hopi/Choctaw), six-time World Hoop Dance Champion/Courtesy of Scottsdale Convention & Visitors Bureau; 240, Nik Wheeler/Corbis; 241, Evan Richman/the Boston Globe via Getty Images; 242, Patrick Batchelder/Alamy; 243, Irek/4Corners/SIME; 244, Michael S. Yamashita/NG Stock; 245, Cora/ Bildagentur Schapowalow/SIME; 247, STR/AFP/Getty Images; 248, Used with permission from The Biltmore Company, Asheville, North Carolina; 249, Doug Perrine/Getty Images; 250-51, Shane Pinder/ Alamy; 252-3, Günter Gräfenhain/ Huber/SIME; 254, Orlando Barria/ epa/Corbis; 255, Kenneth Garrett/ NG Stock; 256-7, Medford Taylor/ NG Stock; 258, Konrad Wothe/ Minden Pictures/NG Stock; 259, Mike Theiss/NG Stock; 260, Raymond Choo/NG My Shot; 261, John Stanmeyer LLC/NG Stock; 262, Giordano Cipriani/SIME; 263, Catarina Belova/Shutterstock.com; 265, Bernd Römmelt/Huber/SIME; 266, Travelscape Images/Alamy; 267, O. Louis Mazzatenta/NG Stock; 268, Michael S. Lewis/NG Stock; 269, Yadid Levy/ Photolibrary/Getty Images; 270, Yadid Levy/Anzenberger/Redux Pictures; 271, Eduardo Longoni/ Corbis; 272-3, Horizons WWP/ Alamy; 274-5, Frank Lukasseck/ Corbis; 276, DEA/G. DAGLI ORT/ Getty Images; 277, Press Association via AP Images; 278, Colin Dutton/SIME; 279, John Lamb/Getty Images; 280-81, Massimo Ripani/Grand Tour/Corbis; 282, Massimo Borchi/SIME; 283, Gregor Lengler/laif/Redux; 285, Anna Watson/Corbis; 286, Rune Rormyr/NG My Shot; 287, Stefan Volk/laif/Redux; 288, Emportes Jm/ Getty Images; 289, Berthold Steinhilber/laif/Redux; 290-91, Guido Cozzi/SIME; 292, Martin Siepmann/imagebroker/Corbis; 293, Kajano/Shutterstock; 295, Lew Robertson/Getty Images; 296, Mandy Glinsbockel/Demotix/ Corbis; 297, Guido Cozzi/SIME; 298, Allen Woodman/NG My Shot; 299, Eric Isselee/Shutterstock; 300, Imaginechina/Corbis; 301, Otto Stadler/Huber/SIME; 302, LOOK Die Bildagentur der Fotografen GmbH/Alamy; 303, Blaine Harrington III/Corbis; 305, HP Huber/Huber/SIME; 306-307, John Eastcott and Yva Momatiuk/NG Stock; 306, DJ Spooky; 308, Paul Abbitt rf/Alamy; 309, Tui De Roy/ Minden Pictures/NG Stock.

图书在版编目（CIP）数据

四季旅行 / （美）美国国家地理学会编著 ; 田彩霞, 净源译. -- 北京 : 中国摄影出版社, 2015.7
书名原文: Four Seasons of Travel
ISBN 978-7-5179-0298-0

Ⅰ. ①四… Ⅱ. ①美… ②田… ③净… Ⅲ. ①旅游指南—世界 Ⅳ. ①K919

中国版本图书馆CIP数据核字(2015)第117425号

北京市版权局著作权合同登记章图字：01-2014-8075号

四季旅行

作　　者：美国国家地理学会
译　　者：田彩霞　净　源
出 品 人：赵迎新
责任编辑：常爱平　盛　夏
版权编辑：黎旭欢
封面设计：左小文
出　　版：中国摄影出版社
　　　　　地址：北京东城区东四十二条48号　邮编：100007
　　　　　发行部：010-65136125　65280977
　　　　　网址：www.cpph.com
　　　　　邮箱：distribution@cpph.com
印　　刷：北京地大天成印务有限公司
开　　本：16开
印　　张：19.75
版　　次：2015年7月第1版
印　　次：2015年7月第1次印刷
ISBN 978-7-5179-0298-0
定　　价：98.00元

审图号：GS(2015)560号